Beltz Taschenbuch 32

Über dieses Buch:
Die Freinet-Pädagogik, in Frankreich schon lange eine inhaltliche und methodische Alternative, ist auch für unser Schulsystem ein sinnvoller Ansatz. Und die deutschen Unterrichtsbeispiele in diesem Buch zeigen, daß sich die Freinet-Pädagogik bei uns mehr bewährt hat, als es vordergründig den Anschein hat.
Die französische Freinet-Lehrerin Dietlinde Baillet macht deutlich, wie die kleinen Schritte aussehen können, die zu einer Veränderung des Schulalltags führen. Anschaulich illustriert sie, daß es viele Wege gibt, Schule anders zu gestalten – auch im Sekundarstufenunterricht: als Ort, an dem Kinder frei entscheiden, sich selbst ausdrücken und Spaß am Lernen haben können.

Die Autorin
Dietlinde Baillet, geboren 1942, ist seit 1968 Deutschlehrerin in Frankreich und aktive Mitarbeiterin der französischen Freinet-Bewegung.

Dietlinde Baillet

Freinet – praktisch

Beispiele und Berichte
aus Grundschule und Sekundarstufe

Besuchen Sie uns im Internet:
http://www.beltz.de

Alle Rechte, insbesondere das Recht der Vervielfältigung und Verbreitung sowie der Übersetzung, vorbehalten. Kein Teil des Werkes darf in irgendeiner Form (durch Photokopie, Mikrofilm oder ein anderes Verfahren), ohne schriftliche Genehmigung des Verlages reproduziert oder unter Verwendung elektronischer Systeme verarbeitet, vervielfältigt oder verbreitet werden.

Beltz Taschenbuch 32
1999 Weinheim und Basel
Unveränderter Nachdruck
der 3., überarbeiteten Auflage 1993

© 1983 Beltz Verlag, Weinheim und Basel
Umschlaggestaltung: Federico Luci, Köln
Umschlagphotographie: Ecole Karine
Druck und Bindung: Druckhaus Beltz, Hemsbach
Printed in Germany

ISBN 3 407 22032 4

Inhaltsverzeichnis

Vorbemerkung 7

Vorwort 9

Teil A: Célestin Freinets Erziehungskonzeption und ihre Folgen für das schulische Zusammenleben

1. Aktive Kinder — für eine neue Gesellschaft 14
   (Spaß am Unterricht, Ausgangspunkt: das Leben, „Eine Schule des Volkes")
2. Grundzüge der Pädagogik Freinets und ihre Bedeutung für das Kind 16
   (Freie Entfaltung der Persönlichkeit, Kritische Auseinandersetzung mit der Umwelt, Selbstverantwortung des Kindes, Kooperative Arbeit und gegenseitige Verantwortlichkeit)
3. Wie sich die Praxis dieser Grundideen auf das Schulwesen auswirkt 27
   (Zielsetzungen der Lehrer, Was die Schüler kennzeichnet, Neue Beziehungen im schulischen Zusammenleben, Materielle Veränderungen, Eine andere Konzeption von Lehrplan und Beurteilung)

Teil B: Beispiele aus dem Schulalltag

1. Methoden und Unterrichtsbeispiele aus der Primarstufe

1.1. Lesenlernen ohne Fibel? 40
   (Zuerst sich ausdrücken — dann lesen, Die Arbeit in einer 1. Klasse, Fortsetzung im 2. Schuljahr, Korrespondenz, „Intelligentes Lesen", Jeanine lernt endlich lesen!)
1.2. Muttersprache: Sich verständlich machen und die anderen verstehen 46
   (Schreibenlernen ist ebenso natürlich wie Laufen lernen, Erzählen: sich mitteilen, Freie Texte, Die Arbeit am freien Text, Und die Literatur?, „Natürliche Grammatik", Arbeitsmittel zur Selbstkorrektur, Und was sonst?)

1.3. Mathematik ist überall! 59
(Klassenbesuche im 1. Schuljahr, Kritische Überlegungen zu den Beobachtungen in den Klassen, Beispiele: Entdeckungen der Kinder und die Arbeit darüber)

1.4. Eine Kunst der Kinder? 71
(Das Kind — ein Künstler, Und in der Praxis?, Bericht: Warum die Kinder gerne malen)

1.5. Musik: Was machst du? — Ich suche Töne, die einander liebhaben 78
(Zuerst seine eigene Musik erfinden — dann zuhören, Sich austauschen, Und wenn der Lehrer keine musikalische Ausbildung hat?)

1.6. Sachunterricht: Kinder wollen vieles wissen 82
(Was sie mitbringen, Eine ,,Frage-Schachtel", Und der Lehrer dabei?, Eine Arbeitsmethode?, Eine ,,Kartei für Neugierige")

1.7. Fächerübergreifender Unterricht 92
(Fächertrennung ist künstlich, Das Kreisgespräch, Natürliche Lernsituationen, Erster Bericht: Thema Wasser, Zweiter Bericht: Schule als Werkstatt)

1.8. Eine Freinet-Schule: Die Ecole Karine in Straßburg 99
(Eindrücke einer Hospitantin, Eine Pädagogik im Dienste der Kinder, Die Entwicklung zum Team, Was die Ecole Karine gegenüber einer ,,traditionellen" Schule kennzeichnet, Lehrer-Kooperation, Öffnung der Schule aufs Leben, Beziehungen zu vorgesetzten Behörden, Erfolgschancen der Schüler in der weiterführenden Schule)

2. Möglichkeiten in der Sekundarstufe

2.1. Was kann Freinet-Pädagogik in der Sekundarstufe bedeuten? 112
(Andere Lehrer-Schüler-Beziehungen, Die Arbeit organisieren, Techniken, Was den Freinet-Lehrern gemeinsam ist, Mit dem Kompromiß leben)

2.2. Muttersprachlicher Unterricht: Etwas zu sagen haben — und es sagen können 114
(Sprach-Lern-Prozeß, Freier Ausdruck, Informationen, Bericht: Wir suchen unseren Weg)

2.3. Spaß an der Mathematik? 124
(Individualisierung der Arbeit, Kooperative Organisation des Unterrichts, Kommunikation und Selbstausdruck, Freiräume schaffen, Umweltbezüge ermöglichen, Eine andere Auffassung der Mathematik — und ihre Folgen für die Schüler)

2.4. Kunsterziehung: Authentizität geht vor Ästhetik 132
(Jedes Bild — ein Dokument, Erster Bericht: Wie ich im neuen Schuljahr anfange und warum, Zweiter Bericht: Eine Arbeitskartei, Dritter Bericht: Ateliers zur Förderung von Ausdruck und Kreativität)

2.5. Berichte verschiedener Fachlehrer 143
(Biologie: Mit neuen Schülern im 6. Schuljahr, Physik: Den Schülern Verantwortung geben, Musik: Ruhe — wir spielen!

3. Schülerinteressen statt Lehrbuch — Aus der Praxis im Fremdsprachenunterricht

3.1. Beobachtungen einer Praktikantin: Freinet-Pädagogik im Deutschunterricht 148
(Eine Woche in der 9. Klasse, Das Drucken einer Schülerzeitung in der 7. Klasse)

3.2. Loslösung vom frontalen Lehrbuchunterricht 152
(Brauchen wir ein Lehrbuch?, Anreize geben, Strukturen verändern, Verantwortlichkeit abgeben)

3.3. Was unseren Unterricht kennzeichnet 174
(Schüler stellen ihre Arbeiten vor, Kooperation, Analyse von Problemsituationen)

3.4. Was die Schüler sagen 187
(9. Klasse: Ein Bericht über unsere Arbeit, 3 Jahre Freinet-Pädagogik im Deutschunterricht)

4. Die Organisation des Unterrichts

4.1. Strukturen entwickeln — wie? 190
(Schülern Verantwortung geben, Neue Beziehungen in der Klasse)

4.2. Freie Arbeit 193
(Organisation, Warum freie Arbeit?, Probleme)

4.3. Was organisiert werden muß 197
(Arbeitsplanung, Den Überblick behalten Ordnung und Ruhe)

4.4. Instanzen des Gruppenlebens 202
(Die Klassenversammlung, Die Cooperative)

4.5. Bericht: ,,Wie ich angefangen habe" 206

5. Schwierigkeiten und Probleme

5.1. Schwierigkeiten akzeptieren 210
(Zu große Klassen, Neues verunsichert, Zu wenig Autonomie, Lehr- und Stundenpläne, Mangelndes Verständnis, Ungünstige materielle Bedingungen, Eine ,,traditionelle" Lehrerausbildung)

5.2. „... aber der Zwang bleibt..." 216
(Kinderbedürfnisse und Lehrerintention, Wie ernst meint es der Lehrer?, Anpassung, Kompromisse)

5.3. Überleben — Wie? 218
(Der Realität Rechnung tragen, Sich absichern, Die Isolierung durchbrechen)

Teil C: Freinet-Pädagogik in Deutschland?

1. Die deutsche Schulsituation im Vergleich zur französischen . 222
(Das französische Schulsystem, Versuch eines Vergleichs)
2. Was realisierbar ist 228
(Konflikte aushalten, Schüler Menschen sein lassen)
3. Was deutsche Freinet-Lehrer wollen 233
(Zielsetzungen, Offenheit gegenüber anderen Ansätzen)
4. Schwierigkeiten bewältigen 236
(Schule — ein eingespieltes System, Strategien entwickeln, Mißerfolge analysieren, Schwach sein können, Hinter seinem Vorhaben stehen, Spannungen aushalten)
5. Zusammen kommt man weiter 242
(Der Arbeitskreis Schuldruckerei, Die Pädagogik-Kooperativen)

Teil D: Anhang

1. Nachwort: Die französische Freinet-Bewegung in der veränderten politischen Situation 249
2. Glossar 251
3. Literaturempfehlungen 257
4. Anmerkungen 259
5. Quellenverzeichnis der Abbildungen 266

Vorbemerkung

In diesem Buch werden viele Unterrichtsbeispiele gegeben. In jedem Fall handelt es sich darum, wie ein Lehrer mit seiner Klasse in seiner konkreten Situation die allgemeinen Prinzipien Freinets zu verwirklichen sucht. Sicher kann der Leser aus jeder dieser Situationen etwas übernehmen, aber keins dieser Beispiele läßt sich verallgemeinern. Freinet'sche Arbeitstechniken sind keine „Rezepte", keine allgemein gültigen und überall anwendbaren Unterrichtsverfahren. Sie passen sich der Situation, den konkreten Möglichkeiten in jeder Schule und Klasse an.
Wesentlich ist in jedem Fall, daß der Lehrer sich selbst mit seinen eigenen Interessen, Fähigkeiten und Problemen einbringt. Dies trägt entscheidend dazu bei, daß bei jedem Lehrer Freinet-Pädagogik anders aussieht. Jeder realisiert in seiner Klasse auch sich selbst.
Um das deutlich werden zu lassen, erschien es mir wesentlich, die Realisierung Freinet'scher Grundprinzipien anhand konkreter Beispiele aus dem Schulalltag möglichst vieler verschiedener Lehrer aufzuzeigen. Zahlreiche Kontakte mit engagierten Freinet-Lehrern, sowohl in Frankreich als auch in Deutschland, haben diese Darstellung ermöglicht.
An dieser Stelle möchte ich meinen Freunden aus der Straßburger-Freinet-Gruppe, aus dem Sekundarstufenbereich der französischen Freinet-Bewegung, aus bundesdeutschen Freinet-Gruppen, sowie allen anderen zitierten Personen für ihre Informationen, Überlegungen, Diskussionsbeiträge usw., welche die Entstehung dieses Buches in der vorliegenden Form ermöglichten, danken.

Vorwort

Ein deutsches Buch über die Freinet-Pädagogik, geschrieben von einem Mitglied der ICEM, der französischen Freinetlehrerbewegung, das ist eine Besonderheit.
Denn nur mit Verzögerung überschreiten pädagogische Ideen den Rhein. Während anglo-amerikanische Literatur seit Jahrzehnten in der Pädagogik und den Sozialwissenschaften vorherrscht — als Stichworte seien nur Lerntheorie, open education und Curriculumtheorie genannt — und ohne große Schwierigkeiten auch im Original gelesen und verarbeitet wird, ist die pädagogische Entwicklung und die pädagogische Literatur Frankreichs hierzulande weitgehend unbekannt. So war auch die Freinet-Pädagogik, die größte pädagogische Bewegung dieses Jahrhunderts in unserem Nachbarland Frankreich, die seit etwa 60 Jahren existiert und 20.000 — 30.000 Lehrer umfaßt, im deutschsprachigen Bereich lange unbekannt.
In Belgien, Schweden und Spanien hatte die Freinetpädagogik schon ab 1932 Anhänger gefunden, wurden Schulen gegründet und die Werke C. Freinets übersetzt.
In der Bundesrepublik erschien 1965 die erste Übersetzung von *„L'ECOLE MODERNE FRANCAISE"*, eine Darstellung der Freinet-Pädagogik, die C. Freinet 19 Jahre vorher herausgegeben hatte.
Danach dauerte es elf Jahre, bis weitere Bücher erschienen, weniger Übersetzungen als vielmehr Berichte von „pädagogischen Reisenden", die in Frankreich Freinet-Klassen besucht und erlebt hatten und nun voll Begeisterung versuchten, die Freinet-Pädagogik nach Deutschland zu vermitteln.
In den Jahren 1976 — 1979 setzte im Hochschulbereich und in den Medien eine Art „Freinet-Boom" ein. Zahlreiche Bücher, Aufsätze, Artikel in pädagogischen Fachzeitschriften und mehrere Filmberichte erschienen. Hintergrund und Motivation war wohl das Scheitern der Schulreform und eine verbreitete Resignation der Lehrer vor Ort nach all den theoretisch großartigen Rezepten von Emanzipation, Lernzieltheorie und Curriculum.
Eine intensive Suche nach Alternativen setzte ein und öffnete den Blick auch nach Frankreich.
Und von dem, was sie dort fanden, waren die Autoren fasziniert. Unbeachtet von Hochschule und Öffentlichkeit hatte sich hier in langen Jahren eine Praxis entwickelt, die ohne große Sprüche die Schulwirklichkeit veränderte.

Der stark impressionistische Stil dieser Veröffentlichungen und vor allem auch die Filme spiegeln jene euphorische Begeisterung der deutschen Autoren wieder.
Eindrücke und Bilder werden über die Kultur- und Sprachschwelle geholt. Die daraufhin in der BRD entstehende, junge Freinet-Bewegung ist stark auf eine solche Vermittlung angewiesen, da der direkte Zugang, abgesehen vom Elsaß, auf Grund der wenigen Französisch-Kenntnisse verwehrt ist. So fehlt auch der direkte Arbeitskontakt mit der französischen Freinet-Bewegung.
Die spontane Fasziniertheit vom ,,Paradies Frankreich" droht inzwischen mancherorts zur Enttäuschung zu führen. Es fehlt die Kenntnis weiterer Literatur zur Methodik und zum Konzept, die vertiefte Kenntnis und der Erfahrungsaustausch über die Unterrichtstechniken.
In dieser Situation ist die Arbeit von Dietlinde Baillet willkommen. Dieses Buch ist nüchtern. D. Baillet schwärmt nicht, sondern zeigt mit einer beeindruckenden Fülle an Praxisbeispielen und Material auf, welche pädagogische und politische Konzeption die Freinet-Bewegung erarbeitet hat und vertritt, sie beschreibt detailliert die einzelnen Techniken, ihren Einsatz in den verschiedenen Schulstufen und Fächern. Die Schwierigkeiten werden nicht verschwiegen. Frankreich ist kein (Schul)paradies.
Es ist ein großer Vorzug, daß mit Dietlinde Baillet hier ein aktives Mitglied der französischen Freinetbewegung ICEM schreibt, aus ihrer eigenen Praxis heraus. Dies in einer vielleicht historischen Situation der französischen Freinet Bewegung. Denn lange Jahre hat das ICEM ohne Unterstützung, ja, gegen den behördlichen Widerstand arbeiten müssen. So sind die übergroßen Erwartungen nach dem Wahlsieg Mitterands verständlich.
Dieses Buch macht auch deutlich, daß Freinet-Pädagogik kein fertiges System ist, daß es keinen Personenkult mit Freinet gibt. Freinet selbst hat dies zu verhindern gewußt. Nach vier Jahren Schuldienst gründete er seine erste Lehrerkooperative (Genossenschaft), die C.E.L., und führte mit anderen Lehrern eine Klassenkorrespondenz durch. Von Anfang an war dies eine kooperative Bewegung. Techniken und Material wurden und werden erst nach gründlicher Erprobung in vielen Klassen allgemein eingeführt. Die Kooperation wird auch im Buch selbst deutlich durch die Praxisbeispiele, die viele Kollegen zur Verfügung gestellt haben. Ein Zeichen für das Öffnen des eigenen Klassenraumes, für das sich selbst der Kritik stellen, für die gegenseitige Hilfe und Solidarität, die den einzelnen trägt.
Der Inhalt und das Entstehen dieses Buches macht die Internationalität der Freinet-Bewegung deutlich. Die Kontakte zwischen den verschiedenen nationalen Bewegungen sind stärker geworden. So konnte D. Baillet ihr Buch auch in Kooperation mit deutschen Freinet-Lehrern schreiben.

Die kurze Analyse der beiden Schulsysteme ist ein wichtiger Beitrag für die Weiterentwicklung der Freinet-Pädagogik in der BRD. Können doch erst auf der Grundlage der Erkenntnis der jeweils eigenen Bedingungen, Ausgangssituationen und der spezifischen Umwelt passende Konzeptionen und Materialien entwickelt werden und ein *sinnvoller Einsatz von pädagogischen Techniken* erfolgen.

Die deutschen Unterrichtsbeispiele machen deutlich, daß sich inzwischen die Freinet-Pädagogik in der BRD in der Praxis mehr bewährt hat, als es den Anschein hat.

Erstmals wird in diesem Buch auch ausführlich und detailliert die Praxis der Freinet-Pädagogik im Sekundarstufenunterricht aufgezeigt. Die Kapitel zeigen, daß es trotz Fachunterrichts, wenigen Wochenstunden und engen Lehrplänen gelingen kann, einen wirklichkeitsnahen und schülerorientierten Unterricht in Gang zu setzen.

Gerade in der gegenwärtigen Misere der Hauptschule und des immer rigider werdenden Klimas für die Gesamtschulen, ermutigen diese Beispiele zum Durchhalten und Weiterarbeiten.

Ich bin sicher, diese Darstellung der Freinetpädagogik leistet einen wichtigen Beitrag, die ursprüngliche Faszination zu bewahren und gibt Anstöße zu bewußtem und kooperativem Handeln.

Eine Perspektive, die Resignation unnötig macht!

Klaus Hoff

Teil A:

Célestin Freinets Erziehungskonzeption und ihre Folgen für das schulische Zusammenleben

1. Aktive Kinder — für eine neue Gesellschaft

Spaß am Unterricht

Was einen Hospitanten in einer Freinet-Klasse frappiert, beruht in erster Linie auf einem anderen Lehrer-Schüler-Verhältnis: Der Lehrer ist nicht ständiger Bezugspunkt, die Kinder handeln in vielen Fällen selbständig und ohne seine Anleitung.

„Erst wieder einmal Kreis zur Tagesplanung. Die Vorträge von gestern werden aufgegriffen. Die besten Sachen werden ausgewählt. Das soll alles in unser Hochwasserbuch. Und da müßte unbedingt noch ein Text über die alte Mühle dazu. Na ja! Nadine erklärt sich bereit, den zu schreiben. Welche Texte drucken wir? Vorschläge, klare Abstimmung. Michaels Text ist zwar sehr lang (die armen Setzer!), aber eindeutig der beste. Vier Texte sollen mit der Schreibmaschine geschrieben werden. Eine Arbeitsgruppe für die Auswahl der Zeitungsbilder und -artikel bildet sich. Sabine, Marco und Nadine sollen ihre Bilder noch zweimal malen, für die Partnerklasse und fürs Tagebuch... Die Setzer arbeiten auf Hochtouren, Guy hackt auf der Schreibmaschine, einige malen, die Zeitungsgruppe diskutiert, wählt aus und klebt, Thomas und Beate filtern immer noch Rheinwasser, ihnen fallen immer neue Versuche ein. Einige Kinder sind aber schon mit ihrem Thema fertig und nehmen sich andere Aufgaben."[1]

Der Lehrer ist nicht ständiger Bezugspunkt, die Kinder handeln selbständig

Schüler ergreifen Initiativen, ohne vorher um Erlaubnis zu fragen, bestimmen selbst ihre Tätigkeiten und entscheiden über die Art, in der sie vorgehen. Sie beurteilen Situationen und äußern ihre Meinung, auch wenn sie der Meinung des Lehrers oder der Klasse entgegensteht. Sie zeigen Interesse für die Arbeit der Klassenkameraden. Ihr Schulalltag ist offen zum Lebensalltag hin, er kennt keine von vornherein festgesetzen Grenzen. Aus ihrem Verhalten geht hervor, daß sie Spaß an der Schule haben. Ziel des Lehrers ist es, das Kind auf eine Art und Weise lernen zu lassen, die es zur Unabhängigkeit führt.

Ausgangspunkt: Das Leben

,,Jeden Morgen findet ein Kreisgespräch statt. Zur Zeit werden da Texte aus Schülerzeitungen vorgelesen. Texte, die ihnen gefallen haben. Oder sie erzählen etwas, Anekdoten, Dinge, die sie erlebt haben... Aus diesen Gesprächen ergeben sich eine Menge Arbeitsanregungen, in vielen verschiedenen Bereichen... Wenn wir z.B. vom Fuchs gesprochen haben, und keiner weiß, wie er lebt, was er frißt, dann ist das der Ausgangspunkt für die Ausarbeitung eines Vortrages, die Herstellung eines Albums, für uns, für die Korrespondenten. Es ist gleichzeitig auch ein Anlaß für Texte...
Nach dem Kreisgespräch kommt freie Arbeit, da kann viel Verschiedenes getan werden: Briefe an die Korrespondenten, Erkundungen in Französisch, Mathe, Arbeitskarten, Eigendiktate, Beschäftigung mit Gedichten, Lektüre, Herstellung von Alben, Ausarbeitung von Vorträgen... Es wird viel für die Korrespondenz getan. Die Entdeckungen in Mathe und die neuen Ideen im Sport werden aufgeschrieben... Und sehr oft wird in den Ateliers gearbeitet: Theater, Holz, Ausschneiden, Malen, Basteln, Klebearbeiten..."[2]

Ausgangspunkt des Tuns der Kinder ist nicht eine vorbereitete Unterrichtsstunde, in der die zu erwerbenden Kenntnisse dem Modell des Lehrers entsprechend vermittelt werden, wobei dieser bestimmt, wie vorzugehen ist und die Ergebnisse der Arbeit beurteilt. Es sieht vielmehr so aus, daß die Kinder aus einer Vielzahl angebotener Möglichkeiten ihre Tätigkeiten frei aussuchen. Allerdings werden sie dann angehalten, die gewählte Tätigkeit mit Sorgfalt zu Ende zu führen. Entscheidungsfreiheit also, die jedoch nicht gleichzusetzen ist mit Zügellosigkeit. Der Lehrer versucht nicht, mittels eines Lehrprogramms das Interesse der Kinder für ihre Umwelt zu wecken — nein, die Arbeit geht von den Erlebnissen der Kinder und ihren Fragen aus. Auf diese Weise lernen die Kinder sehr schnell, kritisch zu beobachten und zu beurteilen. Sie werden angeregt, sich eine eigene Meinung zu bilden und deren Richtigkeit durch weitere Nachforschungen zu überprüfen.

„Eine Schule des Volkes"

Von der Wirklichkeit ausgehend, soll in erster Linie die Fähigkeit, Initiativen zu ergreifen und sich auf unvorhergesehene Situationen einzustellen, sowie die Fähigkeit zu gemeinsamer Arbeit entwickelt werden. „Wir wollen ein Erziehungssystem, dessen Werte Kritikvermögen, Teilung von Verantwortung, Initiative, gegenseitige Hilfe, Kooperation, persönliche Entfaltung, brüderliches Teilen sind", heißt es im neuen Grundsatzdokument des ICEM, den „Perspektiven für eine Volkserziehung".[3]

Hier kommt die politische Dimension der Freinet'schen Praxis zum Vorschein: „Eine Schule des Volkes" nennt Freinet sein Ziel. Es geht ihm nicht um eine Eliteschule, sondern um eine Schule für alle, in der gerade auch die in der Gesellschaft am meisten Benachteiligten sich entfalten können. „Weil die Schule eine öffentliche Einrichtung ist, in der die herrschenden Werte der Gesellschaft weitergegeben werden, können ihre Initiativen einen wichtigen psychologischen Einfluß auf das soziale Umfeld ausüben. Wer mit Ausdauer eine Politik der Öffnung der Schule auf die Berufe und das Leben des Stadtviertels oder des Dorfes praktiziert hat, der weiß, in welch starkem Maße dies dazu beitragen kann, Einstellungen positiv weiterzuentwickeln, sogar in einem insgesamt eher ungünstigen politischen Kontext."[4]

Ein gesellschaftlicher Anspruch der Pädagogik: Es wird eine Beziehung zwischen Schule und Lebensumwelt der Kinder geschaffen. Sie ist in dieser Form nur möglich in der Schule des Wohnviertels, der öffentlichen Schule also. Von daher erklärt sich die Entscheidung der Freinet-Pädagogik, auf die Möglichkeiten einer privaten Schule (die in den meisten Fällen mit einer Eliteschule gleichzusetzen ist) zu verzichten, und ihr erzieherisches Konzept innerhalb der öffentlichen Schule zu realisieren — mit allen Grenzen und Beschränkungen, die eine solche Wahl einschließt.

2. Grundzüge der Pädagogik Freinets und ihre Bedeutung für das Kind

In der Regelschule wird das Kind — und somit der spätere Erwachsene — als Objekt betrachtet, seine persönliche Identität wird ignoriert: Seine Gefühle und Bedürfnisse, seine Interessen — diese Aspekte werden im System Schule unzureichend berücksichtigt. Der Schüler wird standardisiert, er hat einer Norm zu entsprechen. Die Hauptsorge des Erziehers ist, daß diese Norm respektiert wird.

Dagegen wehrt sich die Pädagogik Freinets. Das Recht auf Verschiedenheit ist eines ihrer wesentlichen Grundprinzipien: Es gibt keinen Kindertyp, sondern Kinder. Es liegt nicht an den Kindern, den Normen der Schule zu entsprechen; es ist Aufgabe der Schule, der Verschiedenheit der Kinder Rechnung zu tragen. Die Schule soll dem Kind die Möglichkeit bieten, sich zum Subjekt entfalten zu können, zu einer für sich selbst verantwortlichen Persönlichkeit. Das ist nur möglich, wenn der Erzieher die kindlichen Bedürfnisse berücksichtigt. Der Grundtenor einer solchen erzieherischen Haltung läßt sich in vier Punkten zusammenfassen:
— Der Erzieher respektiert das Recht des Kindes, sich seiner eigenen Persönlichkeit entsprechend zu entfalten.
— Er bietet ihm die Möglichkeit, seinen natürlichen Wissensdrang aktiv in der kritischen Auseinandersetzung mit seiner Umwelt zu befriedigen.
— Er lehrt das Kind, selbst Verantwortung für seine Arbeit zu übernehmen.
— Und er ermöglicht ihm ein positives soziales Leben als mitverantwortliches Glied der Klassengruppe.

Bestimmte Unterrichtstechniken und Arbeitsmittel dienen dem Ziel, diese Punkte soweit wie möglich zu realisieren. Im Folgenden soll dargelegt werden, welche Techniken jedem der vier Punkte entsprechen und inwiefern sie für die kindliche Entwicklung von Bedeutung sind.

Freie Entfaltung der Persönlichkeit

Alle Kinder und Jugendlichen haben, sofern es ihnen noch nicht durch negative Erfahrungen verleidet ist, ein natürliches Mitteilungs- und Kommunikationsbedürfnis. Diesem Bedürfnis Rechnung zu tragen, heißt, ihnen das Recht auf freie Entfaltung ihrer Persönlichkeit zuzugestehen: Dazu gehört die Möglichkeit, sich frei auszudrücken sowie die Möglichkeit des Austausches, der Kommunikation.
Wichtig ist, daß der Erzieher dieses Sich-Mitteilen des Kindes in vielen Bereichen ermöglicht, ohne es festzulegen. Das Kind wird die verschiedenen Ausdruckstechniken ausprobieren und vielleicht eine Vorliebe für die eine oder andere entwickeln. In jedem Fall aber hat es die Freiheit, zu entscheiden, welche Technik am ehesten dem entspricht, was es mitzuteilen hat. Mehrere Unterrichtstechniken sind hier zu nennen. Zunächst die aufs Lesen und Schreiben orientierten: Freier Text, Schuldruckerei, Klassenzeitung, Korrespondenz. In der 1979 unter dem Titel „Ein erster Blick auf die Freinet-Pädagogik" veröffentlichten Informationsschrift des ICEM[5]) werden diese vier Techniken folgendermaßen beschrieben:

„Freier Text, das ist...

Eine Technik des Lebens.
Ein Text, geschrieben, wann und wo das Kind es wünscht, an welchem Ort und auf welcher Unterlage auch immer.
Er ist Anlaß für ein Gespräch, eine Erörterung, einen Dialog:
Eine Aktivität, die darauf zielt, dem Kind zu helfen, seine Gedanken unter Berücksichtigung der Rechtschreibung zu präzisieren und zu meistern.
Er ist der Ausdruck, den das Kind selbst gewählt hat.
Maßgebend ist immer dieser Ausdruck, den das Kind selbst gewählt hat, um seine Gedanken mitzuteilen, auch wenn er nicht den ästhetischen und intellektuellen Kriterien des Erwachsenen entspricht.

aber nicht...

Eine Unterrichtsform, ein Ritual.
Die Bearbeitung eines sog. freien Themas und auch nicht ein Text über ein vorgegebenes Thema.
Ein Vorwand für Sprachübungen (Grammatik, Rechtschreibung, Konjugation, Wortschatz), wie es manche moderne Didaktik vorsieht. Es geht nicht um einen „schönen" Text mit gut gegliedertem Satzbau."[6]

„Druckerei in der Schule, das heißt...

Ein Mittel, das kindliche Schreiben aufzuwerten:
Der gedruckten Seite mißt der Leser in der Regel einen besonderen Wert bei, da er sie sofort einem offiziellen Text gleichsetzt.
Der Druck verleiht dem Text des Kindes denselben Wert wie dem Text eines Erwachsenen.
Ein Mittel der Entmystifizierung des gedruckten Wortes:
Das eigene Drucken erlaubt dem Kind, gedruckte Texte kritisch zu beurteilen."

„Klassenzeitung, das bedeutet...

Ein Werkzeug des freien Ausdrucks:
Aufgrund ihres Inhaltes: freie Texte, freie Bilder, Wiedergabe von Arbeits- und Untersuchungsergebnissen, Gruppentexte über das Leben in der Klasse, Spiele...
Durch die im eigenen Probieren entwickelte Verwendung des Druck- und Vervielfältigungsmaterials;
Durch das Ausprobieren der Darstellung, der Seitengestaltung, der Illustrationstechniken.

Ein Kommunikationsmittel:

Durch Austausch und Kritik der Klassenzeitung können Drucktechniken und Inhalt verbessert werden, können sich neue Arbeitsmöglichkeiten zeigen, kann eine Korrespondenz entstehen. Ein Zeugnis der kindlichen Kreativität."

,,Und Korrespondenz?

Das Kind hat ein natürliches Kommunikationsbedürfnis. Dieses berücksichtigt die Klassenkorrespondenz und bietet so eine Möglichkeit authentischer Kommunikation.
Die auf der Korrespondenz beruhende Aneignung von Wissen hat nicht allein dokumentarischen Charakter. Durch die persönliche Beziehung kommt ihr eine besondere Eigenschaft zu, die über den schulischen Rahmen hinausgeht. Korrespondenz, das bedeutet, freiwillig eine Mühe auf sich zu nehmen. Für den Briefpartner ist einem das nicht zuviel. Korrespondenz ist ein Schritt auf dem Wege zu gegenseitigem Verstehen, Kooperation, Brüderlichkeit, Freundschaft, Liebe.
Man kann praktisch alles austauschen, aber meistens handelt es sich um Einzelbriefe, Klassenbriefe, gedruckte Texte, Klassenzeitungen, Alben, Pakete (Geschenke aller Art, Naschereien inbegriffen), Untersuchungsergebnisse, Tonbandaufnahmen, Kassetten."

Diese vier Unterrichtstechniken entsprechen dem Mitteilungsbedürfnis des Kindes. Sie dienen der Aneignung des Schreibens und Lesens ebenso wie seiner Vervollkommnung. Der Lernprozeß beruht in jedem Fall auf echter Kommunikation: Das Kind hat etwas mitzuteilen, oder es will den Inhalt einer Mitteilung wissen, also diese entziffern.
Die Entfaltung der Persönlichkeit wird aber nicht nur im schriftlichen, sondern auch im mündlichen Bereich gefördert. Hier vollzieht sie sich im Kreisgespräch: Es handelt sich dabei um ein freies Gruppengespräch über die täglichen Erlebnisse und Erfahrungen der Kinder.
Aber auch alle freien Gestaltungstechniken sind hier zu nennen: freies Malen und Zeichnen, plastisches Gestalten (Ton, Holz...), Film und Fotografie, freies Theater- und Rollenspiel, freies Musizieren, freier Tanz und Körperausdruck.
Alle Techniken des freien Ausdrucks dienen der Entwicklung der kindlichen Gestaltungskraft und Phantasie. Die Kinder stellen sich in spielerisch-kreativer Weise dar. Sie erleben, daß ihre Worte, Gedanken, Gefühle für andere von Bedeutung sind. Und sie lernen, aufeinander einzugehen: Offen für andere zu sein, und sich selbst anderen zu öffnen.

Der übliche Weg im herkömmlichen Literatur- und Kunstunterricht führt vom Kulturgut zur Erziehung des einzelnen. Bei Freinet vollzieht sich der Weg umgekehrt: Er führt zunächst vom individuellen Erlebnis und der individuellen Gestaltung zur Mitteilung in der Gruppe, mit allen Phänomenen des Gruppenlebens, die persönliches Betroffensein zur Ursache und zur Wirkung haben. Und im Austausch der Gruppe entsteht das Interesse für kulturell Vorgegebenes: ,,Wenn man sich selbst ausdrücken will, kann man nicht ignorieren, wie andere sich ausgedrückt haben!", sagt die Lehrerin einer ersten Klasse dazu. Die Kunstwerke der Erwachsenen sind also nicht nur Objekt passiver Bewunderung, sondern sie regen die Phantasie an und motivieren die Kinder zum künstlerischen Tun.

Kritische Auseinandersetzung mit der Umwelt

Der an Freinet orientierte Lehrer räumt dem Alltagsmilieu des Kindes in der Schule einen zentralen Platz ein. Damit trägt er dessen natürlichem Wissensdrang und seiner Neugier Rechnung.
In seiner Umwelt findet das Kind eine große Anzahl Informationen, Tatsachen, Gegenstände, für die es sich interessiert. Diese bilden den Ausgangspunkt für praktische Arbeitsvorhaben und Experimente an Objekten bzw. für Untersuchungen und Erkundungen. Letztere finden in den meisten Fällen außerhalb der Schule statt: in Handwerksbetrieben, Fabriken, Stadtteilen, Bauernhöfen usw., oder in der Natur. Die Auseinandersetzung mit dem Objekt läuft meistens auf ein schriftliches, bildlich oder audio-visuell festgehaltenes Ergebnis hinaus (bzw. kann sie auch den umgekehrten Weg von der theoretischen Formulierung zur konkreten Herstellung nehmen). In jedem Fall macht das Kind dabei die wichtige Erfahrung einer Einheit von theoretischer und praktischer Arbeit — die in der heutigen Arbeitswelt größtenteils verlorengegangen ist und auch im landläufigen Unterricht nur in seltenen Fällen existiert.

,,Tastendes Versuchen"

Der von Freinet verwendete Begriff ,,tâtonnement expérimental" ist damit nur unvollkommen übersetzt — aber bisher ist im deutschen Sprachbereich noch kein besserer Ausdruck dafür entwickelt worden. Was ist mit ,,tastendem Versuchen" gemeint? Der Begriff drückt im wesentlichen ein forschendes Verhalten angesichts einer Fragestellung aus. ,,Das Bedürfnis zu untersuchen, sich mit seiner Umgebung vertraut zu machen, sich — in jeder Hinsicht — zu bereichern und vorwärtszukommen, ist dem Menschen, wie allen Lebewesen, angeboren... Eine der Handlungen, die er angesichts einer Problematik ausprobiert, führt zum Erfolg. Damit hat er eine Entdeckung gemacht; vielleicht haben andere sie schon vor ihm gemacht, aber für ihn ist es trotzdem eine Entdeckung. Er wird seinem Bedürfnis folgen, die gelungene Handlung zu wiederholen, und diese wird sich, wenn sie wirklich gelungen ist, festigen, konsolidieren, und wird sich nach und nach als Lebenstechnik fixieren." So erklärt Freinet, aus der Haltung des „tastendes Versuchens" heraus, jeden menschlichen Fortschritt.[7]

Christian Bermon, Direktor der Ecole Karine in Straßburg, einer der wenigen Schulen, in der alle Lehrer nach Freinet'schen Prinzipien arbeiten (vgl. S. 99 ff.), sagt dazu: „Das ‚tastende Versuchen' ist die einzige Möglichkeit, Menschen heranzubilden, die fähig sind, zu erfinden, nicht nur zu reproduzieren." Und weiter zur Unterrichtspraxis an seiner Schule: „Wir wollen den Kindern helfen, daß sie ihre Umwelt kritisch betrachten lernen. Um ihre fundamentalen Bedürfnisse zu berücksichtigen, ermöglichen wir ihnen das ‚tastende Versuchen' in allen Bereichen: beobachten, experimentieren (auch wenn sie sich dabei schmutzig machen), Fragen an ihre Umwelt und Fragen an die Vergangenheit stellen, Beziehungen herstellen, Hypothesen aufstellen und auf ihre Richtigkeit hin überprüfen, sich irren und neu anfangen."

Beim Vorgang des „tastenden Versuchens" werden mehrere Etappen durchlaufen, die eine Interaktion zwischen dem einzelnen Schüler und der Klassengruppe darstellen[8]:

1. Eine Feststellung oder Beobachtung, die oft in Form einer Frage ausgedrückt wird. Der Ausgangspunkt liegt im Lebensbereich des Kindes. Neugierde, Staunen, das Bedürfnis zu verstehen sind treibende Faktoren.
2. Die Darlegung der beobachteten Tatsache oder der Versuch, sie in einer konkreten Situation nachzuvollziehen.
3. Reaktionen: Bestätigung durch weitere Beispiele, die durch das Eingreifen anderer Elemente abgewandelt werden kann. Zweifel. Es kommt zu einer Diskussion und zur Aufstellung von Hypothesen.
4. Untersuchungen: Wiederholung der Ausgangssituation, auf Grund von Kritik nuancierte Wiederholung, Versuch, abweichende Meinungen durch Experimente zu belegen. All dies führt zu einer Neuformulierung des Ausgangspunktes (die oft klarer ist als die ursprüngliche Formulierung) und zur Prüfung der anderen Hypothesen.
5. Feststellungen, die zu neuen Reaktionen führen. Erneutes Durchlaufen der Etappe 3.
6. Rückkehr zur Etappe 4: Versuch, Unsicherheiten immer stärker einzugrenzen.

Bei diesem ganzen Prozeß handelt es sich nicht in erster Linie darum, absolute Bestätigung zu erlangen (zumal die Kinder den Endpunkt einer solchen Untersuchung durch weitere Fragen immer mehr verschieben). We-

sentlich ist vor allem die Aneignung eines forschenden Verhaltens, das durch Überlegung und Erfahrungen untermauert wird. Solche Erfahrungen stellen außerdem Bezugspunkte für spätere Ableitungen dar.
Vom üblichen schulischen Vorgehen unterscheidet sich dieser Lern- und Verstehensvorgang in folgenden Punkten:

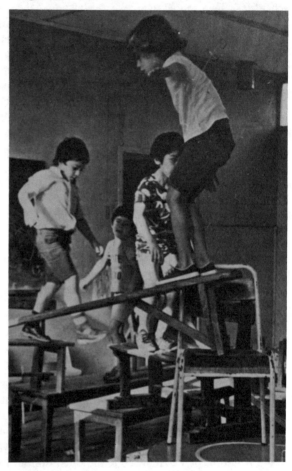

Eine ganzheitliche Aneignung von Kenntnissen: Auseinandersetzung mit Fragen des Gleichgewichts

Der Ausgangspunkt kommt vom Kind, und seine Wichtigkeit liegt in dessen tiefgreifender Motivation.
Die „Antwort" auf eine Frage wird nicht von dem, der sie weiß (dem Lehrer) gegeben: sie wird erarbeitet.
Das Kind wird in die Situation versetzt, die Elemente der Antwort selbst herauszuarbeiten. Diese Antwort beruht also nicht auf einer fürs Kind unbegründeten Lehrermeinung, sondern auf seiner eigenen Erfahrung.

Wenn der Lehrer eine theoretische Erklärung gibt, tut er es nur im nachhinein, nach vorausgegangenem Experiment. Je mehr diese Erklärung einem Bedürfnis entspricht, das das Experiment nicht hat befriedigen können, umso eher akzeptiert das Kind sie und eignet sie sich an.

Im Gegensatz zum üblichen Lehrprozeß, der bestenfalls die Fähigkeit fördert, sich etwas zu merken und es wieder anzuwenden, kommt hier die ganze Persönlichkeit ins Spiel: das Erlebnis (samt seinem emotionalen Aspekt) wird mittels Hand, Augen und Gehirn durch Experimente und sich daraus ergebende Schlußfolgerungen nachvollzogen. Die Aneignung von Kenntnissen ist also das Ergebnis eines ganzheitlichen Vorgehens.

Das Lernen aus der Konfrontation mit seiner Lebensrealität bereitet das Kind darauf vor, diese in aktiver Weise zu beherrschen, es steht der immer komplexer werdenden Umwelt nicht hilflos und passiv gegenüber.

Aufgabe des Lehrers ist es dabei nicht, ihm die Dinge leichter zu machen als sie sind. Seine Rolle besteht darin, möglichst viele Tätigkeiten anzubieten bzw. zu erlauben, die eine solche kritische Auseinandersetzung mit der Umwelt ermöglichen, und ihm helfend zur Seite zu stehen. Auf diese Weise erarbeitet jedes Kind sich seine eigenen Begriffe. Sein Wissen basiert zunächst auf eigenen Erfahrungen, oft jedoch auch auf denen der Klassenkameraden.

Selbstverantwortung des Kindes

,,In einer Schule, in der es Verbote regnet, ohne daß man wüßte, warum oder woher, droht jede Eigeninitiative zu einem Delikt zu werden, jede eigene Entscheidung, jede Freiheit, jede Verantwortlichkeit ist einfach undenkbar. Wenn jedoch alles verboten ist, ‚weiß man überhaupt nicht mehr, was man machen soll': man tut einfach irgendetwas. Deshalb scheint es uns unerläßlich, daß der einzelne (ob erwachsen oder nicht) seine eigenen Anhaltspunkte finden kann", heißt es in dem schon erwähnten Grundsatzdokument des ICEM.[9]

Seine eigene Situation einzuschätzen und seine Arbeit den selbstgewählten Maßstäben entsprechend zu organisieren — das ist eins der Lernziele der Schüler in einer Freinet-Klasse. Das Recht auf Verschiedenheit, das die Freinet-Pädagogik jedem einzelnen Kind einräumt, bedeutet in diesem Zusammenhang z.B.: verschiedene Interessen und Fragestellungen, verschiedenartig geförderte oder ausgebildete Veranlagungen, unterschiedliche Lern- und Arbeitsrhythmen. Wenn der Lehrer wirklich der Persönlichkeit jedes einzelnen Kindes in der Klasse gerecht werden will, ist es geradezu unmöglich, daß er zum selben Zeitpunkt von allen Kindern die gleiche Arbeit erwartet!

Stattdessen hält er die Schüler dazu an, selbst über ihre Arbeitsinteressen zu entscheiden und diesen Interessen entsprechend die Arbeit einer gewissen Zeiteinheit (Tag, Woche usw.) zu organisieren, und zwar in Abhängigkeit von ihrem persönlichen Arbeitsrhythmus. Eine derartig freigewählte Arbeit erweist sich als sinnvoller für das Kind, es arbeitet motivierter und lernt besser und leichter.

Freie Arbeit: Kinder arbeiten motivierter

Da es zum anderen bei dieser Arbeitsweise keinem normativen Rhythmus unterliegt, bleibt auch dem langsameren Kind eine Versagersituation erspart. Seine Entwicklung ist in jedem Fall auf Erfolg gegründet, da es sich selbst gegenüber laufend Fortschritte macht.
Bei dieser Form der freibestimmten Arbeit erhalten zahlreiche Arbeitsmittel ihren sinnvollen Einsatz:
— Karteien zur Selbstkorrektur (z.B. Rechnen, Rechtschreibung)[10]
— Arbeitskartei für praktische Vorhaben und Experimente[11]
— die „Arbeitsbibliothek"[12]
— eine in der Klasse angelegte Dokumentensammlung usw.

Ein wichtiger Faktor dabei ist, daß das Kind lernt, seine eigene Arbeit zu organisieren. Es lernt, seinen individuellen Arbeitsplan aufzustellen und sich daran zu orientieren. Wenn dieser Plan etwa durch einen anderen Verlauf der Arbeit in Frage gestellt wird, kommt es notgedrungen auch mit den Schwierigkeiten des Planens in Berührung — es wird lernen, seine nächste Arbeit besser zu planen.
Selbst die Verantwortung für seine Arbeit zu übernehmen, heißt zum anderen auch, daß der Schüler lernt, seine eigene Arbeit einzuschätzen, zu beurteilen. Dies kann in einer „Rückbesinnung" geschehen, einem kurzen Gespräch in der Klasse (z.B. am Tages- oder Wochenende), in dem die

Kinder über die geleistete Arbeit berichten, oder in einer schriftlichen Arbeitsbilanz, die dem Lehrer in periodischen Abständen vorgelegt wird. Oft werden erledigte Arbeiten auch in Tabellen eingetragen, die im Klassenzimmer aushängen. Hier gibt es fast so viele Praktiken wie Lehrer bzw. Klassen, denn in den meisten Fällen erarbeitet der Lehrer sich mit seiner Klasse selbst die ihrer Situation am besten entsprechende Form der Lernkontrolle.

Wichtig dabei ist wohl vor allem, daß der Schüler die Abhängigkeit vom fremden Urteil überwindet und selbst die Fähigkeit entwickelt, seine Arbeit kritisch zu beurteilen, und zwar sowohl in quantitativer als auch in qualitativer Hinsicht.

Kooperative Arbeit und gegenseitige Verantwortlichkeit

,,Wir wollen eine kooperative Schule, in der die Erwachsenen (die auch untereinander kooperieren) ihre Erwachsenenrolle nicht aufgeben, in der aber die Kinder einen wachsenden Anteil der Verantwortlichkeit übernehmen und sich so auf ein Leben als aktive Bürger vorbereiten". So antworten die Lehrer der Ecole Karine auf die Frage nach dem Verhältnis zwischen dem Lehrer als Erwachsenem und offiziell Verantwortlichen und der Klasse. An Stelle der Autoritätsbeziehung tritt die Integration des Lehrers als Partner.

,,Die Schüler wissen, daß sie in der Arbeitsorganisation und bei der Auswahl der verschiedenen Tätigkeiten mitbestimmen können. Wenn ich keine überzeugenden Argumente habe, wiegt ihre Entscheidung stärker als

Der Lehrer als Partner

meine — auch wenn das nicht immer einfach für mich als Lehrer ist", sagt Christian über das Verhältnis zu seinen Schülern aus der 5. Klasse.
Die neuen Arbeitstechniken lassen Konflikte zu Tage treten, fördern gemeinsame Beschlüsse und ermöglichen das Entstehen von z.T. einander entgegengesetzten Projekten. Es wird notwendig, Konflikte zu lösen. Der Lehrer lehnt es jedoch ab, eigenmächtig zu entscheiden; er gibt das Problem an die Klasse weiter. So wird die Klasse der Ort, wo organisiert und kontrolliert wird, wo Bilanz gezogen wird und Analysen stattfinden.

Die Klassenversammlung entsteht. Hier werden Vorschläge für die Arbeit gemacht, wird Kritik und Zustimmung ausgesprochen und die Lösung von Konflikten in Angriff genommen.

Die Klassenversammlung ist die beschlußfassende Instanz der kooperativen Organisation des Unterrichts. Zu ihren Funktionen gehören:
die Festlegung der Unterrichtsziele, bei der neben den Interessen und Vorhaben der einzelnen und der Klassengruppe auch die schulischen Anforderungen berücksichtigt werden müssen. Sie schlägt sich in einem gemeinsamen Arbeitsplan nieder (es kann sich z.B. um einen Tages- oder Wochenplan handeln);
die räumliche, zeitliche und finanzielle Organisation und die Verteilung von Verantwortlichkeiten. Sie zeigt sich in Wandzeitungen und vielen verschiedenen Formen von Tabellen und Plänen;
die konstruktive und helfende Kritik der Gruppe, die das Kritikvermögen der Kinder entwickelt und das Urteil des Erwachsenen relativiert.

In der Klasse entsteht ein befreiendes Klima. Statt auf Gehorsam und Selektion beruht die Tätigkeit der Kinder auf Initiativen, auf gegenseitigem Vertrauen und auf gegenseitiger Hilfe.

Das Kind lernt, daß eine Gruppe nicht ohne Lebensregeln funktionieren kann. Da es die Notwendigkeit solcher Lebensregeln erfahren und selbst an ihrer Erarbeitung mitgewirkt hat, akzeptiert es sie. Diese Regeln können zum anderen auch in Frage gestellt und neu erarbeitet werden, falls dies sich als notwendig erweisen sollte.

Konflikte werden offen ausgesprochen und in der Gruppe diskutiert. Dies ist wesentlich, auch wenn nicht für jedes Problem eine Lösung gefunden werden kann: das Kind lernt dabei die Problematik eines demokratischen Zusammenlebens kennen, in dem Freiheit immer gekoppelt ist mit Frustration.

Genau wie die Arbeit in der Klasse vollzieht sich auch die Arbeit der Lehrer untereinander kooperativ, etwa in regelmäßigen regionalen Arbeitsgruppen und auf verschiedenen überregionalen Lehrertreffen.[13] Auf diese Weise hat jeder Lehrer die Kontaktmöglichkeiten, die gegenseitigen Austausch und Rückhalt erlauben — beides ist in einer Umwelt, die einem oft eher verständnislos, wenn nicht gar feindlich gegenübersteht, von Bedeutung!

Zum anderen werden durch solche Kontakte konkrete Arbeitsvorschläge für den Unterricht entwickelt und neues Unterrichtsmaterial hergestellt. Alle Unterrichtsmaterialien und Arbeitsmittel, die in Frankreich durch die CEL (s. S. 256), in Deutschland durch den Material-Vertrieb der Pädagogik-Kooperative e.V. (s. S. 248 und 251) veröffentlicht wurden, sind in kooperativer Zusammenarbeit von Lehrern entstanden.

3. Wie sich die Praxis dieser Grundideen auf das Schulwesen auswirkt

Wie sieht Schule in vielen Fällen aus?
Schulische Arbeit ist sehr oft eine Arbeit, die man ohne Lust tut. Freier Ausdruck wird unterbunden, Kommunikation verhindert. Kritisches Verhalten wird unterdrückt (die Rede des Lehrers darf ebensowenig in Frage gestellt werden wie das geschriebene Wort). Das ganze System ist auf Gehorsam begründet, der selbst wiederum auf Angst beruht.

Im Gegensatz dazu ist die Unterrichtspraxis eines Freinet-Lehrers von Lebendigkeit, Vertrauen und Optimismus geprägt. Dies läßt sich aus der Konzeption der Freinet—Pädagogik erklären, und zwar speziell aus der grundsätzlichen Achtung der individuellen Eigenheiten jedes Kindes, aus dem Erfolgserlebnis als Grundlage der schulischen Erziehung und aus dem Prinzip der Erziehung zur selbständigen Arbeit. Die Grundhaltung des Lehrers dem Kind gegenüber ist fundamental positiv. Freinets ganze erzieherische Konzeption beruht auf der Überzeugung von einem natürlichen Grundbedürfnis des Kindes, sich zu entwickeln und vorwärtszuschreiten: ,,Indem die Schule das Bedürfnis des Menschen, unaufhörlich emporzusteigen und zu wachsen, ignorierte, hat sie sich des stärksten menschlichen Motors beraubt'', sagt Freinet.[14] Eine solche natürliche Entwicklung ist aber nur möglich, wenn jedes Kind seinem eigenen Weg folgen kann. Deshalb macht es sich der Lehrer zur Aufgabe, die Unterschiedlichkeit der Kinder zu respektieren, sie zu akzeptieren, wie sie sind, und jedem die Möglichkeit zu geben, sich auf seine eigene Weise zu entfalten.

Die folgenden Seiten, die zu einem wesentlichen Teil auf den Ergebnissen einer Umfrage unter Lehrern der Straßburger Freinet-Gruppe beruhen, zeigen, inwiefern die Zielsetzungen der Lehrer, das Schülerverhalten, die

Jedem Kind die Möglichkeit geben, sich auf seine eigene Weise zu entfalten

innerschulischen Beziehungen, die materielle Gestaltung des Unterrichts und auch die Beurteilung der Schülerarbeit von einer solchen positiven Grundeinstellung dem Kind gegenüber geprägt werden.

Zielsetzungen der Lehrer

Hier einige Lehrer-Antworten auf die Frage ,,Welche Unterrichtsziele verfolgst du? Was willst du erreichen?"

Liliane (1. Schuljahr):

mehr Autonomie, Rücksichtnahme aufeinander
daß der Abstand zwischen guten und schlechten Schülern nicht größer wird
daß möglichst alle lesen lernen (indem ich denen, die es nicht allein schaffen, helfe)
daß die Schwächeren, z.B. in Mathematik, nachkommen (ich versuche, sie besonders zu fördern)
daß ich als Lehrerin in der Lage bin, auf jedes Kind einzugehen.

Christian (5. Schuljahr):

dazu beitragen, daß die Kinder sich Arbeitsmethoden aneignen
ihren Wissensdrang wecken
sie auf Möglichkeiten hinweisen und ihre Initiative herausfordern
ihr Kritikvermögen entwickeln
die persönliche Arbeit der Kinder begünstigen
ein Klima des gegenseitigen Zuhörens in der Klasse schaffen, in dem jeder seine Bedürfnisse und Wünsche mitteilen kann
die Kinder wirklich mitverantwortlich sein lassen.

André (Sekundarstufe I, Französisch):

daß jeder Schüler sich so gut wie möglich ausdrücken kann, um seine Ideen und Gefühle mitteilen und seine Meinungen durchsetzen zu können
daß jeder seinem eigenen Rhythmus entsprechend lernen kann
daß Erfolgserlebnisse für alle möglich werden (Selbstbestätigung in einem Bereich erleichtert das Gelingen in anderen Bereichen)
daß die Schüler eine positive Haltung der Gruppe gegenüber entwickeln (Verantwortung, Rücksichtnahme, Zusammenarbeit)

Patrick (Sekundarstufe I, Mathematik und Physik):

die intellektuelle Neugier der Kinder wecken, die ihnen Lust zum Lernen macht
ihr kritisches Urteilsvermögen entwickeln

Anja (4. Schuljahr):

daß die Kinder Spaß an der Schule haben
daß sie sich frei ausdrücken können
ein Klima des Vertrauens (in der Klasse und zwischen Schülern und Lehrer) schaffen

Sylviane (2./3. Schuljahr):

daß die Kinder ein soziales Verhalten lernen (in der Gruppe kann man nicht immer tun, wozu man gerade Lust hat)
daß sie lernen, ihre Arbeit selbst zu organisieren
daß sie das Wort ergreifen: in Frage stellen, ihre Wünsche ausdrücken
daß sie Einfluß auf das Leben in der Klasse nehmen und zahlreiche Tätigkeiten innerhalb dieser ausüben
daß sie die geforderten Lernziele erreichen.

Andrée (Sekundarstufe I, Französisch):

daß die Kinder sich entfalten können, ihre eigenen Werte erkennen und behaupten lernen

daß sie ihre Muttersprache als Werkzeug zum Sprechen, Schreiben und Denken beherrschen lernen, damit sie ihre Umwelt verstehen und sich sozial einfügen können

daß sie, anstatt sich anzupassen, auf positive Weise lernen, sich gegen Dinge zu behaupten, die ihnen nicht akzeptabel erscheinen (z.B. soziale Ungerechtigkeiten): indem sie etwas tun

politische Beeinflussung vermeiden und die Schüler dazu führen, daß sie Position ergreifen.

Im Gegensatz zur Regelschule, in der man lernen muß und die in erster Linie auf Faktenwissen und Lehrergehorsam gegründet ist, wird hier vor allem der menschliche Faktor deutlich. Es handelt sich um Unterrichtsformen, die Kindern wie Lehrern gefallen. Allerdings können sie unter den Bedingungen der Normalschule oft nur innerhalb gewisser Grenzen realisiert werden. Andrée sagt in Bezug auf ihre Unterrichtsziele: ,,Dies sind Ideale. Meine Schule (und das Schulsystem insgesamt) teilt diese nicht, und ich werde als eine Art Außenseiter betrachtet." Vielen anderen Lehrern geht es ebenso.

Was die Schüler kennzeichnet

Sie haben Freude an der Schule und zeigen Interesse für ihre Arbeit.
Sie wissen, daß man unbegründete Normen nicht in jedem Fall respektieren muß, aber sie akzeptieren Einschränkungen, die notwendig sind, damit jeder in der Gruppe zu seinem Recht kommt.
Sie schlagen selbst Arbeiten vor und sind den Arbeiten der Mitschüler gegenüber nicht gleichgültig.
Sie sind kreativ und forschungslustig und legen im Alltag eine stärker entwickelte Persönlichkeit an den Tag als der Durchschnittsschüler.
Sie wissen, daß sie das Recht haben, alles zu sagen, was sie denken, und daß sie angehört und ernst genommen werden.
Sie erwarten nicht, daß ihnen alles Wissen vom Lehrer vermittelt wird, sondern suchen selbst danach, wo und wie sie Antwort auf ihre Fragen finden können.
Sie haben zahlreiche Interessen und sind offen für Neues.
Sie sind gewöhnt, überlegt und selbständig zu handeln und verhalten sich verantwortlich.
Sie wissen, was sie tun und warum.

▲ *Probleme durch Diskussionen lösen*

◄ *Die Möglichkeit zur regelmäßiger manueller Arbeit*

Sie übernehmen in zunehmendem Maße die Organisation der Arbeit und der Beziehungen in der Klasse.
Sie verfügen über die Möglichkeit zu regelmäßiger manueller Arbeit.
Sie haben gelernt, Probleme in der Klassengruppe durch Diskussionen zu lösen, verstehen sich im Allgemeinen gut und verhalten sich vertrauenswürdig innerhalb der Gruppe.
Sie wissen, daß auch Erwachsene nicht fehlerlos sind.
Sie sind es gewohnt, ihre Arbeiten in der Klassengruppe vorzustellen, mit dem Ziel, daß diese beurteilt, kritisiert, verbessert oder überarbeitet werden.

Auch diese Aufzählung von Schülereigenschaften durch die Lehrer enthält natürlich z.T. Ideale: so möchte man seine Schüler, darauf ist die Erziehung ausgerichtet. André sagt dazu: „Schüler anderer Klassen, deren Lehrer sich nicht autoritär verhalten, können dieselben Eigenschaften haben — nur wird in Freinet-Klassen mehr Wert darauf gelegt." In diesen Klassen haben die Schüler verhältnismäßig viele Möglichkeiten, sich auf so einen Idealzustand hin zu entwickeln und sind auf dem Wege dazu.

Die Lehrer der ‚Ecole Karine'[15] sagen z.B., daß sie sich um Drängeleien und Streitigkeiten auf dem Weg zwischen Pausenhof und Klasse nicht mehr zu kümmern brauchen, weil es die einfach nicht mehr gibt — offensichtlich haben ihre an freien Ausdruck gewöhnten und aktiven Schüler diese Art der Abfuhr von Aggressivität nicht mehr nötig.
Und die Schüler einer 7. Klasse setzten sich während des zweiwöchigen Fehlens ihrer Deutschlehrerin in den dadurch entstehenen Freistunden (zum Erstaunen der Kollegen) daran, deutsche Texte zu schreiben oder an Karteikarten zu arbeiten — ein Zeichen dafür, daß diese Unterrichtsstunden wenigstens zu einem Teil ihre persönliche Sache sind.

Zu menschlichen Fehlern und Schwächen, die Idealen überall entgegenstehen, kommt auch hier wieder in vielen Fällen der negative Einfluß einer anders eingestellten Umwelt (schulisches Vorleben der Kinder, Eltern, Vorgesetzte, anders denkende Kollegen...). Das führt dann oft dazu, daß die Kinder selbst ihrem Unterricht mit gemischten Gefühlen gegenüberstehen: Sie haben Spaß daran und fühlen sich wohl — aber gleichzeitig entwickeln sie eine Art Schuldgefühl. Eigentlich kann es ja ,,gar kein richtiger Unterricht" sein, wenn man Spaß daran hat: Schule ist doch vom Wesen her langweilig! Und sie meinen, nicht genug zu arbeiten — ihre verschiedenartigen und vielfältigen Tätigkeiten sind doch ,,keine richtige Arbeit"!

,,Schule, das sind Rechenaufgaben, Aufsätze, Diktate", sagen Anjas Schüler, ,,Ausflüge, Korrespondenz, Tanz, Theater, Klassenzeitung, Musik — das ist doch keine Arbeit!"

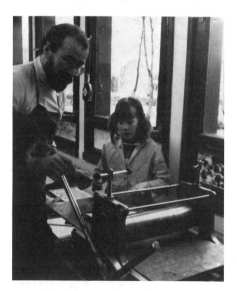

Neue Beziehungen im schulischen Zusammenleben

Im allgemeinen reagieren die Kinder auf ein derartiges Angebot von Schule aber positiv. Sie schätzen es, sie selbst sein und frei ihren Interessen nachgehen zu können.

Ganz von selbst entstehen dabei im schulischen Zusammenleben andere Beziehungen als sie im konventionellen Unterricht üblich sind.

*Die Rolle des Lehrers:
helfen, beraten*

Die Lehrer-Schüler-Beziehung

Lehrer und Schüler sind Partner, die auf ein gemeinsames Ziel hinarbeiten. Der Schüler lernt aktiv und engagiert. Funktion des Lehrers ist nicht in erster Linie die Vermittlung von Wissen. Sie besteht vielmehr in der helfenden, beratenden und koordinierenden Rolle, die er in der Klasse spielt. Natürlich ist der Lehrer auch Vertreter des Schulsystems und der Erwachsenenwelt, verantwortlich dafür, daß die Realität berücksichtigt wird, und verantwortlich für die Sicherheit in der Klasse.

Andrée: „Ich habe eine stärker menschliche Beziehung zu meinen Schülern, keine Beziehung ‚von oben herab‘. Ich möchte, daß sie jederzeit den Eindruck haben, für sich selbst zu arbeiten, nicht für mich. Wenn sie nicht mehr aus Gehorsam arbeiten, tun sie es allerdings doch oft noch auf mich bezogen: um mir Freude zu machen. Aber vielleicht ist das doch schon ein etwas höherer Grad von Autonomie?"

Die Beziehungen der Kinder untereinander

Anstelle von Konkurrenzverhalten findet man Zusammenarbeit und gegenseitige Hilfe:

Anstelle von Konkurrenz Zusammenarbeit und gegenseitige Hilfe

Ein wesentlicher Faktor in der Entwicklung weg von einem für Frankreich ganz besonders typischen Individualismus, der auch im heutigen Schulalltag noch stark verbreitet ist. Die Kinder lernen, positive Kritik zu üben. In diesem Blickwinkel hat Kritik keine vernichtende, sondern eine helfende Bedeutung.

„Ich stelle fest, daß sie es lernen, in der Gruppe zu leben, aufeinander Rücksicht zu nehmen, und wenn notwendig, das Funktionieren der Gruppe in Frage zu stellen" (*Christian*).
„Wir haben in der Klasse Regeln aufgestellt: — Ich falle niemandem ins Wort. — Wenn ich durch die Klasse gehe, achte ich darauf, niemanden zu stören. — Ich spreche leise, wenn ich mit jemandem etwas zu bereden habe." (*Sylviane*)

Die Einstellung des Kindes zu Wissen und Können

Anstatt fremdes Wissen passiv aufzunehmen, eignet sich das Kind in motiviertem aktiven Handeln sein Wissen selbst an. Es gewöhnt sich daran, seinen Neigungen und Bedürfnissen entsprechend zu arbeiten. Dabei lernt es nicht in einem vorgeschriebenen Rhythmus, sondern oft sehr überraschend und unsystematisch. Es hat nicht nur fremdes Wissen aufzunehmen, sondern auch eigenes weiterzugeben — was wesentlich zur Hebung seines Selbstgefühls beitragen kann.

Materielle Veränderungen

In ihrer Grundsatzerklärung sagen die Lehrer der Freinet-Bewegung: „Wir lehnen jeden methodischen Totalitarismus ab und fordern, daß die Eigenerfahrungen jedes Kindes, in ihrer Unterschiedlichkeit und ihrem Reichtum respektiert werden"[16]. Daß die Kinder solche Eigenerfahrungen machen können, setzt ein entsprechendes Milieu voraus: ein Milieu, das so reich wie möglich an materiellen Anregungen ist und das eigene Experimente und Versuche begünstigt.

Gerade in der Schaffung dieser materiellen Bedingungen liegt die besondere Stärke der Freinet-Pädagogik gegenüber anderen reformpädagogischen Konzepten. Sie lebt nicht von Idealvorstellungen, die erst nach völliger Umstrukturierung des Schulsystems realisierbar sind. Dem Lehrer geht es darum, hier und sofort etwas für die Kinder zu tun — so wenig es vielleicht zunächst sein mag —, und er beginnt damit, die materiellen Voraussetzungen dafür zu schaffen. Er stellt den Kindern praktische Arbeitsmittel und -bedingungen zur Verfügung, die vielfältige Lern- und Arbeitssituationen ermöglichen — die Veränderung der Beziehungen in der Klasse ist eine Folgeerscheinung dessen. Andrée, Französischlehrerin in der Mittelstufe sagt: „Anstatt das übliche Schulverhalten mechanisch zu wiederholen, habe ich mir angewöhnt, mich immer von Neuem zu fragen: warum eigentlich so?" Eine kritische Infragestellung des „Üblichen", die Vorgegebenes in der Optik dessen prüft, was es den Kindern bringen kann. Was sich dabei als sinnlos erweist, wird (im Rahmen des Möglichen) verändert.

Die materiellen Veränderungen betreffen drei verschiedene Bereiche:

Eine andere Planung der Unterrichtszeit

Der Schultag wird nicht voll ausgeplant. Die Planung erfolgt in Kooperation von Lehrer und Klassengruppe und sieht in jedem Fall freie Zeiteinheiten vor, in denen die Kinder sich ihren eigenen Projekten widmen können. In dieser „freien Arbeitszeit" wählen die Schüler ihre Tätigkeiten völlig frei aus.

Eine andere Planung der Unterrichtszeit

Eine andere Nutzung von Mobiliar, Räumen usw.

Der zur Verfügung stehende Raum wird mitsamt seinem Mobiliar in der Weise verwendet, die den Interessen und Bedürfnissen aller am besten entspricht[17]. Die Schülertische werden so aufgestellt, daß sie zum einen möglichst wenig Platz einnehmen, und zum anderen den Anforderungen der individuellen oder Gruppenarbeit am ehesten entsprechen. Diese Anordnung kann jederzeit in Abhängigkeit von den momentanen Bedürfnissen verändert werden.

Der so freigewordene Raum dient der Einrichtung verschiedenster Arbeitsecken, z.B. zum Drucken, Malen, Basteln, Lesen usw.

Klassenschrank, Lehrertisch und andere eventuell verfügbare Möbel werden so sinnvoll wie möglich von allen genutzt.

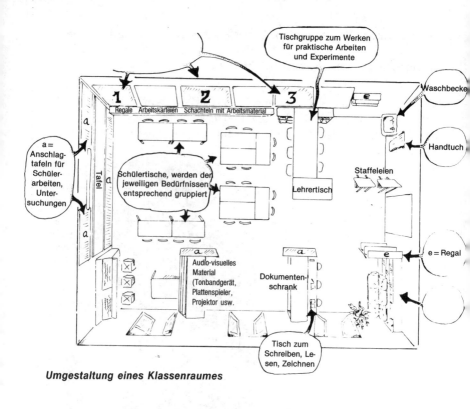

Umgestaltung eines Klassenraumes

Der Notwendigkeit eines vielfältigen und reichhaltigen Lebens in der Klasse gehorchend entwickeln viele Lehrer bzw. Klassen die einfallsreichsten Ideen für die weitere Ausgestaltung ihres Klassenzimmers: so wird z.B. eine ausgehängte Tür zur mit Farben und Pinseln fertig eingerichteten Malecke umfunktioniert; oder ein geeigneter Karton wird mit Aufhängeleisten als „Hänge-Akten-Schrank" zur Aufbewahrung von Zeichnungen und verschiedenartigen Dokumenten eingerichtet. Die Wände werden so weit wie möglich zum Aushängen verschiedenster Dokumente, Schülerarbeiten, Arbeitspläne und -bilanzen u.ä. genutzt. Wenn es an Platz zum Trocknen der fertiggestellten Druckabzüge fehlt, werden sie mit Wäscheklammern an einer durch den Raum gespannten Schnur aufgehängt...

Die Liste der Ideen ließe sich beliebig fortsetzen, doch fehlt es hier an Raum dazu. In sämtlichen Publikationen zur Freinet-Pädagogik kann man aber solche Anregungen finden[18]. Zum anderen wird auch jede Möglichkeit, außerhalb des Klassenzimmers zu arbeiten, genutzt (Flur, Treppenhaus, Materialräume usw.).

Nicht dasselbe Lehrbuch für alle

Anderes Arbeitsmaterial

Wie aus allem Vorhergehenden sicher schon deutlich wird, bedeutet Arbeitsmaterial nicht: dasselbe Lehrbuch für alle. Wenn der Lehrer die Möglichkeit dazu hat, wird er statt einer Serie derselben Lehrbücher eine Anzahl verschiedenartiger Dokumente oder anderer Arbeitsmittel anschaffen. In jedem Fall stellt er den Schülern möglichst viel und verschiedenartiges Arbeitsmaterial zur Verfügung:

Möglichst viel verschiedenartiges Arbeitsmaterial

Karteien und Arbeitshefte zur Selbstkorrektur für die individuelle Aneignung des Lehrstoffes; Schuldruckerei, Material und Anregungen zur Herstellung einer Klassenzeitung; eine Dokumentation: Bücher und Zeitschriften, Schallplatten, Tonbänder u.ä.; die verschiedensten Ausdrucksmittel: Stifte und Farben, Ton, Gips und vieles mehr; Spiele; Material zum Basteln, Handarbeiten und Werken, und dergleichen mehr.

All dies Material steht den Schülern zur freien Verfügung und wird auch von ihnen mit verwaltet. Damit sie eigenständig damit umgehen können, ist eine übersichtliche Anordnung notwendig, die den Kindern erlaubt, im entsprechenden Moment zu finden, was sie brauchen. Zum anderen ist es nur durch eine gute Organisation in der Klassengruppe möglich, daß eine solche Materialfülle sich immer in einsatzbereitem Zustand befindet.

Eine andere Konzeption von Lehrplan und Beurteilung

Die ständige Auseinandersetzung mit Lehrplänen, Beurteilungen und Prüfungsanforderungen stellen den empfindlichsten Punkt in der Freinet-Pädagogik dar. Durch ihre grundsätzliche Entscheidung für die öffentliche Schule geraten die Lehrer in Konflikte zwischen ihrer pädagogischen Konzeption und den Anforderungen des Schulsystems.[19]

Wie weit diese Konflikte reichen, ist je nach Ort und Gegebenheiten unterschiedlich.

Es ist selbstverständlich, daß Lehrpläne und Prüfungsanforderungen in der Arbeit mit den Kindern berücksichtigt werden müssen. Lehrpläne werden jedoch nicht als ein linear durchzuarbeitendes Programm aufgefaßt, sondern als Lernbereiche, die sich zwar jeder erarbeiten muß, aber nicht unbedingt in einer vorgeschriebenen Reihenfolge und einem festgelegten Rhythmus. Die Prüfungsvorbereitung wird soweit wie möglich mit anderen Arbeitsmethoden als sinnlosem Auswendiglernen und Pauken realisiert.

Bei der allgemein ebenfalls unerläßlichen Zensurengebung werden die Schüler soweit wie möglich einbezogen: Selbstbeurteilung der Schüler und Einschätzung durch die Gruppe ergänzen die Bewertung durch den Lehrer. Da, wo es möglich ist, wird auf Zensuren verzichtet. Daß jeder Lehrer seine eigenen Anhaltspunkte und Hilfsmittel zur persönlichen Information über die Leistungen der Schüler hat, ist selbstverständlich.

> *Christian:* „Es gibt keine Zensuren, aber ich habe für meinen eigenen Gebrauch Tabellen, in denen ich Dinge wie die Qualität ihrer Texte oder die Fortschritte in der Rechtschreibung notiere. So kann ich die Entwicklung jedes einzelnen verfolgen und ihn auf die ihm am besten entsprechenden Arbeitsmöglichkeiten hinweisen. Im Übrigen wird die Arbeit von der Klasse bewertet."

Teil B:

Beispiele aus dem Schulalltag

1. Methoden und Unterrichtsbeispiele aus der Primarstufe

1.1. Lesenlernen ohne Fibel?

Zuerst sich ausdrücken — dann lesen

Entgegen der üblichen Auffassung der Schule — vom Lesen übers Schreiben zum schriftlichen Ausdruck des Denkens zu gelangen — kennzeichnet Freinet den normalen Verlauf der Entwicklung folgendermaßen: der Ausdruck des Denkens erfolgt zuerst durch die Sprache, dann durchs Zeichnen und dann durch die Schrift. Das Lesenlernen, von Erkennen der Wörter und Sätze bis zum Verstehen des Inhaltes, ist eine nächste Etappe.

„Zuerst sich ausdrücken, dann erst lesen", heißt ein Kapitel der Abhandlung Freinets über den natürlichen Lernvorgang der Muttersprache[20].
„Das pädagogische Prinzip, von dem wir ausgehen, ist: Die Wörter, die mehr oder weniger logischen Konzepte, die durch sie ausgedrückt werden, sind nur dann bereichernd, wenn sie das Ergebnis und die Fortsetzung unserer persönlichen Erfahrung sind, wenn sie eine Bedeutung in unserem Leben haben..." sagt Freinet in dieser Abhandlung.[21]

In den ersten Lebensjahren sind die kindlichen Kommunikationsmöglichkeiten Sprache und zeichnerisches Mitteilen. Im Alter von etwa 5 bis 6 Jahren beobachtet das Kind in seiner Umwelt eine andere Art des Sich-Ausdrückens: die Schrift. Aus seinem natürlichen Nachahmungstrieb heraus entsteht das Bedürfnis, sich diese Ausdrucksform, deren große Bedeutung in seiner Umwelt ihm nicht entgeht, anzueignen. Seine Motivation ist umso stärker, je mehr diese Ausdrucksweise es selbst emotional betrifft: wenn es seine eigenen Erlebnisse oder Gefühle mitteilt.

Ich und die Christa gingen
einmal allein in den Wald.
Da haben wir was ganz
Schreckliches gesehen.
Da kam die Hexe mit voller
Wut angerannt und nahm
uns mit in ihr Haus.
 Simone

Text aus der Klassenzeitung der 1B

Die Arbeit in einer 1. Klasse

Wie sieht nun diese Art des Lesen- und Schreibenlernens in der Praxis aus? Hier soll die Arbeitsweise von Julie-Marie[22], Lehrerin einer ersten Klasse mit 25 Schülern, geschildert werden.

Am ersten Schultag bekommt jedes Kind ein Heft mit dem Angebot, etwas darin zu zeichnen. Das fertige Bild legt es dann der Lehrerin vor und erzählt ihr etwas darüber.

Vom ersten Tage an zeigen sich die Kinder dabei in ihrer ganzen Vielfalt: die einen geben eine lange Aufzählung von Details, andere erzählen eine langatmige Geschichte zu ihrem Bild, während dritte das Bild in einem Satz beschreiben. Nachdem die Lehrerin jedem Kind ein Sätzchen seines Bildkommentars (in Schreibschrift) aufgeschrieben hat, „malen" die Kinder ein Wort oder das ganze Sätzchen nach.

Kindertext „Der König und die Königin pflücken Blumen und das Kind auch"
(1. Schuljahr)

In einer folgenden Phase zeigt jedes Kind der Klasse sein Bild und versucht, mehr oder weniger erfolgreich, den Begleittext vorzulesen. Obwohl diese Phase verhältnismäßig lang ist und es in der Klasse ziemlich laut wird, zeigen die Kinder ein echtes Interesse an Bildern und Texten und stellen Fragen zu beiden.

Dieses Vorgehen wiederholt sich in den ersten zwei Wochen täglich. Sehr schnell hat damit jedes Kind in seinem Heft einen kleinen Vorrat an Wörtern, auf den es bei neuen Texten zurückgreifen kann.

Beobachtung einer Praktikantin: „Ein Kind schrieb als ersten Satz am Anfang des Jahres: ‚Le soleil brille quand la fille va à la piscine.' (Die Sonne scheint, als das Kind zum Schwimmbad geht.) Am nächsten Tag malte dieses Kind wieder ein Bild und wollte, daß die Lehrerin daneben schreibt: ‚Hier j'étais à la piscine avec mon frere.' (Gestern war ich mit meinem Bruder im Schwimmbad.) Die Lehrerin schrieb das Sätzchen, ließ aber das Wort ‚Schwimmbad' aus und fragte das Kind, was es gestern geschrieben hatte. Durch den Vergleich der beiden Sätze kam das Kind selbst darauf, daß das Wort Schwimmbad in beiden Sätzen vorkommt. Es mußte das Wort selbst in den zweiten Satz einsetzen"[23)]

Hinzu kommt vom ersten Tage an die Druckerei. Die Klasse verfügt über eine Druckpresse und einen Satz Lettern. Zuerst druckt jedes Kind — mit Hilfe der Lehrerin — seinen Namen. (Sobald einige Kinder mit dem Vorgang des Druckens vertraut sind, helfen diese den anderen, die technischen Probleme zu bewältigen.) Der erste gedruckte Text der Klasse — eine Liste der Vornamen aller Kinder — betrifft also alle. Die Lehrerin überträgt diese Liste (in Schreibschrift und in derselben Anordnung) an die Tafel. Jeder Schüler sucht seinen Vornamen an der Tafel und auf dem gedruckten Blatt, das er vor sich liegen hat, und unterstreicht ihn. Dann lesen die Kinder den Text an der Tafel und danach den gedruckten Text vor. Sie gewöhnen sich von Anfang an daran, die geschriebenen Wörter mit den gesprochenen zu vergleichen. In der Folge werden Texte der Kinder auf dieselbe Art behandelt.
Die Klasse liest also keine für die Kinder anonymen Texte. Die Lesephase ist immer mit einem gruppendynamischen Vorgang verbunden: mittels der Texte lernt man einander kennen und akzeptieren.

Wir haben eine Druckerei
und   +   ● ●
wir freuen uns, daß wir so
eine   +   ■
schöne Druckerei haben.
Wir sind 20 Kinder. ✸

Michael Lindlahr *Gedruckter Kindertext*

Nach 10 Tagen ist ein Teil der Schüler fähig, einige Wörter und auch einige Laute zu erkennen und zu schreiben.

Jeder Schüler besitzt ein zweites Heft, in das alle in der Klasse gedruckten Texte, nachdem sie an der Tafel gelesen worden sind, eingeklebt werden. Außerdem werden diese Texte, ebenso wie eine Reihe von Wörtern (der, die, und, Sonne, Blume, Haus, ist...), die einige Kinder global wiedererkennen, in Druck- und Schreibschrift auf große Papierbögen übertragen und in der Klasse aufgehängt. Dieses zweite Heft (nach Freinet kann man es das ,,Lebensbuch" der Klasse nennen) und die ausgehängten Texte und Wortlisten enthalten einen allen Kindern gemeinsamen Wortschatz. Sie können Wörter, die schon vorgekommen sind und die sie für einen neuen Text brauchen, darin wiederfinden und werden damit etwas unabhängiger von der Lehrerin.

In der dritten Woche wird die bisher tägliche Bild-Text-Sequenz jeden zweiten Tag durch eine Sequenz ,,Arbeit am Laut" abgelöst (Wiedererkennen eines Lautes). Julie-Marie bemerkt schon nach etwa drei Wochen, und zwar sobald diese Arbeit über die Vokale und das ,,l" hinausgeht, daß einige Kinder hierbei überfordert sind. Sie führt in diesem Moment die differenzierte Arbeit ein. Die Kinder, die offensichtliche Schwierigkeiten haben, können wählen zwischen verschiedenen anderen Beschäftigungen: Spiele, Lesespiele, vervielfältigte Arbeitsblätter usw. Allerdings achtet sie darauf, daß so viele Kinder wie möglich bei der Laut-Arbeit mitmachen, selbst wenn sie sich auf ein mündliches Mitarbeiten beschränken.

Diese Arbeit am Laut sieht folgendermaßen aus: Eine Reihe Wörter aus den Texten der Kinder, die den entsprechenden Laut, z.B. ,,b", enthalten, werden an die Tafel geschrieben. Die Kinder lesen und wiederholen sie und kreisen das ,,b" ein. Dann suchen sie andere Wörter, in denen man ,,b" hört. Danach macht jedes Kind mit Hilfe einer vervielfältigten Anleitung eine Arbeit, die sich auf den behandelten Laut bezieht. Dabei können die Kinder zusammenarbeiten und einander helfen.

Während der ersten Hälfte des Schuljahres läuft die Arbeit im großen und ganzen in dieser Form. Also abwechselnd jeden zweiten Tag:
- Zeichnung und Text, dazu Lesen des gedruckten Textes
- Vorlesen von Schülertexten, Arbeit am Laut und Arbeitsblatt dazu.

Pro Woche sind das etwa: 2 individuelle Texte
2 gedruckte Texte
2 Sequenzen ,,Arbeit am Laut".

Im zweiten Halbjahr führt die Lehrerin einfache kleine Lesehefte ein. Diese von der CEL herausgegebenen Bücher (,,livrets de lecture") enthalten einen sehr einfachen Wortschatz, und die häufige Wiederholung von Wörtern und Wendungen macht die Texte sehr einprägsam. Da Julie-Marie zu diesen Büchlein Arbeitskarten erstellt hat, können die Kinder damit individuelle Arbeiten verrichten, die über das Wochenprogramm der Klasse hinausgehen.

Insgesamt versucht Julie-Marie, den individuellen Arbeitsrhythmus der Kinder zu respektieren und darüber hinaus ein Minimum an Arbeit von allen zu erlangen. Normativ ist dabei der Rhythmus der Klassengruppe.

Einige komplizierte Laute werden bis zum Ende des 1. Schuljahres nicht behandelt. Von 25 Kindern können 2 wegen großer Schreibschwierigkeiten nicht ins zweite Schuljahr aufgenommen werden. Von den übrigen liest die Hälfte im Laufe des zweiten Schuljahres fließend ganze Abschnitte, alle Kinder sind fähig, einen einfachen Satz oder einige Wörter zu lesen.

Fortsetzung im 2. Schuljahr

Die beschriebene Art des Schreiben- und Lesenlernens setzt Julie-Marie in ihrem 2. Schuljahr durch folgende Arbeitsschwerpunkte fort:
— Kinder-Texte (ein Text pro Woche, da sie ziemlich lang sind), deren Zielsetzung gleichzeitig Sicherheit im Schreiben, freier Ausdruck und Lektüre ist. Die Kinder bedienen sich beim Schreiben eines kleinen Wörterbuches und der Sammlung der gedruckten Texte der Klasse.

Die kleine Schildkröte geht auf die Straße, sie sieht eine Hexe. Und die Hexe sieht die kleine Schildkröte und versucht sie zu fangen, aber da ist ein Zweig und die Hexe fällt hin! *Anne (7 Jahre 2 Monate)*

Schülertext „Die kleine Schildkröte" (2. Schuljahr)

— Druckerei
— Arbeit am Laut: Alle behandelten und bekannten Laute sind in der Klasse ausgehängt. Noch unbekannte Laute werden in einer wöchentlichen Arbeitssequenz behandelt. Das Auswahlprinzip sind Lese- oder Schreibschwierigkeiten der Kinder.
— Lektüre: Schülertexte (einmal pro Woche), Bücher und Alben aus einer Leserunde (dreimal pro Woche).
— Grammatik: Untersuchung von Satz- und Funktionsgruppen im Satz (ausgehend von Schülertexten).
— Vorlesen auf Tonband: Die Kinder suchen dazu Texte aus, die ihnen gefallen: eigene Texte, in der Klasse gedruckte Texte oder Bücher.

Nach Julie-Marie sind es vor allem zwei Aspekte, die die Freinet-Arbeit stark belasten: der unterschiedliche Arbeitsrhytmus der einzelnen Kinder, der eine Differenzierung der Arbeit erfordert, und das skeptische Verhalten der Eltern gegenüber diesem neuen Unterrichtsverfahren, das erst allmählich in Elternabenden abgebaut werden muß.

Korrespondenz

Für die meisten Freinet-Klassen stellt der Briefwechsel mit einer anderen Klasse oder innerhalb einer Korrespondenzrunde, an der mehrere Klassen beteiligt sind, eine wichtige Ergänzung im Schreib- und Leselern-Prozeß dar. Korrespondenz ermöglicht eine persönliche Beziehung des Kindes zu Personen, zu denen es keinen direkten Kontakt hat.

Korrespondenz: Lesen und Schreiben wird als sinnvoller Vorgang erlebt

Gesprochene Sprache als Kommunikationsmittel genügt hier nicht mehr, und deshalb wird Schreiben und Lesen in den Augen des Kindes ein sinnvoller Vorgang.

„Intelligentes" Lesen

Die nach Freinet praktizierte Lese-Methode ist für das Kind sehr motivierend. Lesen und Schreiben ergänzen die Möglichkeiten der Kommunikation in seinem natürlichen Lebensbereich.

Da die Kinder zunächst ihre eigenen Texte schreiben und lesen, wissen sie, was die Wörter oder Sätze bedeuten, auch ohne Wörter oder Buchstaben zu kennen und zu unterscheiden. Das Erkennen der Wörter oder Sätze geht also dem Lesen voraus; das Erkennen des Wortbildes ist immer mit dem Verstehen der Bedeutung des Wortes verbunden. Beim Setzen der Drucktexte bemerkt das Kind dann, daß Wörter aus Buchstaben und Sätze aus Wörtern bestehen. Hierin kann der Ansatzpunkt liegen für eine phonetische Arbeit (die im Französischen wesentlich mehr Schwierigkeiten bietet als im Deutschen) und für ein erstes Untersuchen von Wort- und Satzstrukturen. Es bleibt allerdings problematisch, dies bei allen Kindern einer Klasse erreichen zu wollen.

Natürliches Vorgehen beim Lesen- wie beim Schreibenlernen bedeutet zunächst Sich-Ausdrücken, Sich-Mitteilen und die Mitteilung des anderen zu verstehen. Wesentlich ist für das Kind, hinter den Schriftzeichen deren Inhalt zu erkennen oder zu erraten, also ihre Bedeutung herauszufinden. Erfahrungsgemäß artikuliert das Kind die Wörter zunächst noch nicht gut. Aber es liest den Text auf eine „intelligente" Weise, es versteht, was es liest — im Gegensatz zu einer mechanischen Leseweise, bei der das Kind zwar perfekt ausspricht, aber nicht die Bedeutung des Textes versteht.

Jeanine lernt endlich lesen!

Marguerite berichtet aus ihrem ersten Jahr in einer Einklassenschule: „Ich hatte vier Schüler im 1. Schuljahr, zu denen Jeanine gehörte, die schon 2 Jahre im 1. Schuljahr gewesen war, ohne ein einziges Wort gelernt zu haben. Die anderen drei waren im vorhergehenden Jahr auch schon in der Klasse gewesen, aber in der Gruppe der Vorschulkinder. Wir benutzten keine Fibel, sondern gingen von Kindertexten aus. Die Kinder machten normale Fortschritte, aber besonders Jeanine fand ein außerordentliches Vergnügen darin, ihre Texte vorzulesen, sie ausgehängt oder in ihr Leseheft geklebt und später gedruckt zu sehen. Dagegen war sie allergisch gegen jegliche Schreibübungen. Mehrere Monate lang hat sie kaum einen ihrer Texte (ihre Texte waren ein bis zwei Zeilen lang) ganz abgeschrieben, oder aber sie brachte den ganzen Vormittag damit zu.
Nach ein oder zwei Monaten hatte sie ihre Lese-Hemmung überwunden, und in der Folgezeit hat sie sehr schnelle Fortschritte gemacht und in ihrem Lesevermögen bald die Kinder des 2. und 3. Schuljahres eingeholt. Während ich mit dem 1. Schuljahr arbeitete, beobachteten uns die anderen Kinder, die währenddessen andere Arbeiten machten, oft heimlich und ich denke, daß mehrere bei ihrem Zuhören das Lesen neu entdeckten."[24]

1.2. Muttersprache: Sich verständlich machen und die anderen verstehen

Schreiben lernen ist ebenso natürlich wie Laufen lernen

„Unsere natürlichen Methoden beruhen auf genau denselben Prinzipien, nach denen seit Menschengedenken Kinder sprechen und laufen gelernt haben. Niemand wäre je auf die Idee gekommen, daß dazu Regeln, Aufgaben und Unterricht notwendig seien.

... indem man spricht, lernt man zu sprechen; indem man schreibt, lernt man zu schreiben...
Das Kind lernt in einer Rekordzeit sprechen, weil es pausenlos spricht und weil die Mutter ihm unermüdlich zuhört und ebenfalls mit ihm spricht. Das Kind würde ohne irgendeine systematische Übung und ohne besondere Regel schreiben lernen, wenn dieselben unerläßlichen Bedingungen gegeben wären; d.h. wenn es nicht jeden Tag nur ein paar Minuten schreiben oder lesen würde, sondern sozusagen pausenlos...

In unseren Klassen...:
— schreiben die Kinder viele freie Texte, und es ist selbstverständlich, daß diese vorgelesen werden, damit einer zum Druck ausgewählt werden kann;

> Die 2b schaut an der Tankstelle zu.
> Der Tankwart tankt das Auto voll. Dann geht der Tankwart in sein Haus und der Autofahrer bezahlt.
> Bei der Tankstelle ist eine Wiese. Als RahPael auf der Wiese herumlief, hat der Herr Hoff geschimpft.

Text aus der Klassenzeitung der 2B   Markus

— sie lesen die Texte und die Briefe ihrer Korrespondenten;
— sie schreiben an diese;
— je nach ihrem Arbeitsplan schreiben sie die Woche über Texte für Berichte und Vorträge;
— das, was sie denken und wie sie es ausdrücken, bildet wirklich den Mittelpunkt ihres Lebens."[25]

Soweit, was Freinet selbst über die Aneignung und Beherrschung des schriftlichen Ausdrucks schreibt. Ganz offensichtlich spielt die Motivation des Kindes hier eine wesentliche Rolle: man lernt, sich auszudrücken, weil man etwas zu sagen hat. Dazu ist eine freie, offene Atmosphäre unerläßlich: Offenheit des Lehrers für die Kinder und Offenheit der Kinder untereinander.

Erzählen: sich mitteilen

Es fängt damit an, daß man etwas zu erzählen hat. ,,Das Kind erzählt'', sagt Freinet, ,,weil es ein dringendes Bedürfnis in sich trägt, sich mitzuteilen, die anderen an seinen Emotionen teilhaben zu lassen.''[26]
Es erzählt z.B. in freien Klassengesprächen: da kann jeder reden über was er will, und es ist auch wichtig, darauf zu achten, daß jeder irgendwann die Gelegenheit dazu hat. In vielen Klassen wird diesem freien Gespräch eine festgelegte Zeit eingeräumt (etwa die erste Viertelstunde am Morgen). Es stellt einen Übergang zwischen dem außerschulischen Leben der Kinder und dem Schulalltag dar. Die Kinder berichten, was sie erlebt haben: affektiv wichtige Erlebnisse (,,Gestern abend bin ich mit Mutti spazieren gegangen. Es war dunkel und windig.'') ebenso wie Informationen (,,Meine Kusine ist operiert worden...''). Sie lernen erzählen: sich verständlich auszudrücken, Zusammenhänge darzulegen. Aber sie lernen auch, zuzuhören, sich für die anderen zu interessieren.
Solche freien Klassengespräche spiegeln das Klima und die Entwicklung in der Klasse wieder und fördern die Herausbildung eines Kollektivbewußtseins: ,,Wir können einander (fast) alles sagen, wir können (fast) alles anhören, weil wir lernen wollen, uns besser zu verstehen.''[27] Jeder einzelne lernt, seinen Platz in der Gruppe zu finden, die Rechte der Mitschüler anzuerkennen, und die Gruppe mit den ihr eigenen Gesetzmäßigkeiten zu akzeptieren.

,,Mir scheint, daß sich die Sache nach und nach gut eingespielt hat. Die Kinder haben die Rolle der freien Gespräche gut verstanden. Sie haben die anderen verstehen gelernt und sie haben gelernt, zuzuhören (vorher hörte immer nur einer zu: ich). Und sie bemühen sich, das, was sie erzählen wollen, daraufhin zu prüfen, ob es alle interessiert'', berichtet eine Lehrerin.[28]

Der Lehrer hat bei diesen Gesprächen eine wichtige Rolle zu spielen: aufnahmebereit und aufmerksam zu sein und dafür zu sorgen, daß auch die Kinder offen füreinander und aufmerksam sind.

Freie Texte

Wenn die offene Atmosphäre geschaffen ist und die Kinder sich daran gewöhnt haben, in der Klasse von sich zu erzählen, tun sie dies auch in Texten. Sie brauchen kein vom Lehrer vorgegebenes Thema, sie haben selbst genug zu sagen.

„Gegen Ende des 1. Schuljahrs fingen einige Kinder, die schon gut lesen konnten, an, freie Texte zu schreiben und zu drucken. Ich sagte ihnen, sie könnten einfach Erlebnisse aufschreiben, die ihnen gerade einfallen. Im ersten Heft der Klassenzeitung, das ungefähr zur Zeit des großen Schnees fertig wurde, sind fünf Texte enthalten und ein Lied. Der Schnee spielt eine große Rolle in den Texten und die Fibelkinder. Obwohl die Fibelkinder die Akteure sind, kann man an einem Text von D.H. merken, daß er persönliche Erfahrungen verarbeitet:

Heike sucht Michael. Heike hat Micha gefunden. Die beiden gehen schlafen. Vater und Mutter gucken Fernsehen.

Im zweiten Heft, das auch noch im 1. Schuljahr fertig wurde, hat A.R. einen Traum aufgeschrieben, der auch seinen Widerwillen gegen Schule zeigt:

Ich ging zur Schule. Da sah ich, daß mein Hund in dem Tornister war. Ich wollte das der Mutter sagen. Aber sie war schon weggefahren. Mist! Da wachte ich auf.

Im zweiten Schuljahr hatte ich folgende Organisationsform eingeführt: Die Kinder bekommen jeden Tag eine „Schreibzeit", in der sie nach Wahl Rechtschreibkartei, Arbeitsheft Sprache und Sprechen oder freie Texte machen können. Sie schreiben die freien Texte ins Schulheft vor. Ich berichtige die Rechtschreibfehler. Am nächsten Tag wird der Text sauber auf ein Blatt mit Linienblatt abgeschrieben und im Kreis vorgetragen und besprochen. Die Kinder haben beim Vorlesen interessiert zugehört. Aber beim näheren Besprechen waren meist nur wenige Kinder interessiert. In diesem Kreis werden dann auch von den Kindern die Geschichten zum Drucken ausgewählt. Die handgeschriebenen Blätter werden in Geschichtenheften gesammelt, die in der Bücherei bleiben und gern gelesen werden."[29)]

Oft jedoch ist den Kindern das Erzählen in vorhergehenden Schuljahren schon abgewöhnt worden. Dann muß man ihnen Hilfe geben, es wieder zu lernen.

Christian: „Am Anfang des Jahres schlage ich eine Menge Schreibmöglichkeiten vor (ich präzisiere dabei, daß es sich nicht um freie Texte handelt, sondern um Anregungen für die, die nicht wissen, was sie schreiben sollen):

IDEEN FÜR TEXTE...

- *Bei einem Spaziergang wirst du gekidnappt... Erzähle!*
- *Die ganze Klasse fährt nach Afrika, um einen Schatz zu suchen. Was passiert alles?*

- *Du besitzt die Gabe, dich in Tiere zu verwandeln. Erzähle deine Abenteuer.*
- *Eines Morgens stellst du fest, daß du dich unsichtbar machen kannst. Erzähle, was du alles erlebst.*
- *Erzähle von: einem Traum*
  einem Spiel
  einem Fest
  einem Streich
- *Du lebst am Nordpol* } *Erzähle von deinem Leben!*
  auf einer Insel
- *Suche zwei oder drei Gedichte aus. Lies sie. Schreibe die Wörter oder die Wendungen, die dir gefallen, auf. Mache damit ein neues Gedicht.*
- *Schreibe ein Portrait, z.B.: von deinem Bruder, deiner Schwester*
  von deinem Großvater
  von deiner Freundin, deinem Freund
- *Rätsel: Jemand, von dem die anderen nicht wissen, wer er ist, stellt sich vor. Z.B. Astérix, eine Rose, du, ein Lehrer, ein Staubsauger, ein Kühlschrank...*
- *Erfinde eine Geschichte, z.B.:*
  Das Geheimnis einer Streichholzschachtel
  Ein Schrei in der Nacht
  Der Mann mit der schwarzen Hand
  Pillen, von denen man stumm wird
  Es spukt im Keller!
  Jonathan ist verschwunden
- *Schreibe zum Wort ,,STADT" alle Wörter und Ausdrücke auf, die dir einfallen. Unterstreiche die, die dir gut gefallen. Schreibe einen Text (oder ein Gedicht), in dem sie vorkommen.*
  Andere Themen: Berg, Wald, Fluß, Meer, Nacht, Regen, Glück, Freude, Lachen, Weinen, Schule, Freunde...[30]

Sehr schnell stelle ich fest, daß das Vorlesen ihrer Texte und das Gespräch darüber in der Klasse stark motivierend auf die Schüler wirkt. Die Dynamik ist ausgelöst... jedes Kind schreibt wenigstens einen Text in der Woche. Was den Inhalt und die Form der Texte anbelangt, so kann man im Laufe des Jahres eine deutliche Entwicklung beobachten."

Wenn die Kinder den freien Text erst entdeckt haben, hören sie nicht mehr auf zu schreiben. Sie haben gespürt, daß es bedeutsam für sie ist, etwas mitzuteilen zu haben. Manchem hilft der freie Text, seinen Platz in der Klasse zu finden:

,,Unser zweites Geschichtenbuch in diesem 2. Schuljahr ist nun bald fertiggestellt.
Ich selbst bin mit wachsender Faszination der Entstehung dieses Buches gefolgt.

In vielen dieser Geschichten drücken Kinder ihre Angst, ihre Wut, ihre Sehnsüchte und Wünsche, ihre Zuneigung und Liebe zu sich und anderen aus.
Über das Schreiben, Vorlesen, Darüber-Reden und Vorspielen konnten sie sich selbst und andere bewußter sehen und erleben. Einige, so habe ich das Gefühl, sind auf dem Weg zu einem neuen Selbstvertrauen.
Andere benutzen dieses Medium einfach zur Kontaktaufnahme...
Es begann mit den Geschichten von Matthias.
Matthias, Mittelschichtkind, sehr intelligent, schnell, aber immer nur für kurze Zeit konzentriert arbeitend, meist unruhig, sprunghaft, viel herumhängend, schreibt kurz hintereinander drei Texte:

1. Die Geschichte vom Grashalm
Es waren einmal ein Grashalm und ein Blatt, die waren Freunde. Da kam auf einmal ein Junge, der nahm einen Rasenmäher und hat das Blatt in zehn Stücke zerschnitten.

2. Die Geschichte vom Bein
Es war einmal ein schöner Sonntagsmorgen. Da war das Bein warm. Da kam der Fuß, der sagte: ‚Ich bin kalt.' Da sagte das Bein: ‚Ich wärme dich.'

3. Vom Hasen, den alle hassen
Es war einmal ein Hase, den haßten alle. Und wenn er mal fragte, ob sie mit ihm spielen wollten, dann sagten sie: ‚Nein!'

In meinen eher sporadischen Notizen finde ich über ihn:
Einzelkind.
Mutter holt ihn bis jetzt regelmäßig mittwochs vom Schwimmbad ab.
Mutter weiß nicht, welche Interessen er hat.
Kinder sagen: Matthias liest nicht. Er blättert seine Hefte nur durch und stört die anderen beim Lesen. Marc bemerkt dazu: M. hat zu Hause auch keine Lust zu lesen, wenn seine Mutter das will. (M. liest fließend.)
Kinder machen mich darauf aufmerksam, daß M. durch die Schulflure rennt, nur um im Kreis neben mir sitzen zu können.
Notiz vom 4.12.: M. kommt mehrmals und läßt sich von mir beim Ausfüllen seiner Uli-Blätter helfen. Dann sehe ich, daß er damit auch zu Martina geht. Ich zweifele daran, daß er die Hilfe wirklich braucht. Vielmehr habe ich den Eindruck, daß er einfach auf Kontaktsuche ist.
M. spielt eigentlich nie allein. Ich habe aber das Gefühl, daß er zu keiner Gruppe richtig dazu gehört, sondern oft nur geduldet wird. Wenn irgendwelche Gruppen gebildet werden, drängt und bettelt er, damit er einbezogen wird.

Es gab Gespräche beim Vorlesen, Setzen und Drucken der Texte zwischen M. und der Klasse, zwischen M. und mir. Er knüpfte sich danach das

Sprachbuch ‚Uli schreibt Geschichten' vor, arbeitete es in einem Zuge durch. Jetzt, da er damit fertig ist, schreibt er wieder Geschichten, die sich aber auf einer etwas anderen Ebene bewegen.

4. Die Geschichte vom Punkt
Der Punkt sagt: ‚Ich muß überall hin, und wo ich hin muß, ist der Satz zu Ende.' Der Satz ist zu Ende. Und jetzt ist sogar die Geschichte zu Ende. Punkt.

Jetzt, da ich darüber schreibe, fällt mir auch auf, daß er seit einiger Zeit schon im Kreis nicht mehr neben mir saß..."[31]

Auf die vielseitige Verwendung der freien Texte — sie drucken und in einer Klassenzeitung veröffentlichen, an die Korrespondenten schicken, in der Klasse in ,,Geschichtenbüchern" sammeln usw. — soll hier nicht näher eingegangen werden, es ist an anderer Stelle darüber geschrieben worden.[32]

Die Arbeit am freien Text

,,Beim Verbessern der Geschichten mußte ich mir oftmals eingestehen, daß meine Verbesserungsvorschläge, soweit sie mehr als nur die Rechtschreibung betreffen (Wiederholungen meiden, Sätze nicht nur mit ‚Da' anfangen, etc.) von einer etwas oberflächlichen Auffassung von gutem Stil ausgingen, und daß die Kinder, wenn sie etwas auszusagen hatten, mit ihrer eigenen Ausdrucksweise ihren Gefühlen viel näher kamen. Manchmal weigerten sie sich auch einfach, auf meine Vorschläge überhaupt einzugehen... Ich bin, wenn es nötig wurde, mit sehr großer Vorsicht an die ‚Verbesserung' von Texten gegangen. Woher auch soll ich bei Unklarheiten im Text wissen, was das Kind ausdrücken will? ‚Was fühlst du? Was denkst du? Meinst du es so oder anders?' Wenn das abgeklärt war, konnte das Kind es auch ausdrücken..."[33]

Freinet sagt dazu: ,,Es verlangt viel Fingerspitzengefühl, den kindlichen Ausdruck nicht zu beeinträchtigen, sondern ihn im Gegenteil zu begünstigen."[34] Das heißt aber nicht, daß am freien Text nichts zu verändern oder zu verbessern wäre. Freinet: ,,Es gelingt einem nie, selbst wenn man erwachsen und darin geübt ist, daß ein Text beim ersten Mal perfekt ist. Man muß die Kinder daran gewöhnen, daß die Notwendigkeit, ihren Text zu überarbeiten, zu polieren, zu vervollkommnen, kein schulischer Vorgang ist, sondern ein Prozeß, der in der Ordnung der Dinge liegt und mit dem sich auch die Erwachsenen abfinden müssen."[35]
In der Klasse wird gemeinsam einer der vorgelesenen Texte zur Überarbeitung an der Tafel ausgesucht:

,,Judith und Doris haben einen Text über unsere Klasse geschrieben. Wir besprechen ihn an der Tafel. Es ist das erste Mal, daß wir das tun.

Ohne daß ich etwas gesagt habe, kommentieren die Kinder den Text und machen Verbesserungsvorschläge: ‚Der Stephan, — der Andreas' das klingt nicht gut, schreib doch einfach ‚Stephan' und ‚Andreas'. Andere protestieren: ‚Etwas stimmt nicht!' Erst verstehe ich nicht, was sie meinen. ‚Birol kann mehr als ‚etwas'!' Aha, sie meinen Birols Deutschkenntnisse. Angeregte Diskussion: ‚Kann gut deutsch' stimmt auch nicht! Da ist auch Birol selbst dagegen: ‚Halb' sagt er. Damit sind alle einverstanden. Birol schreibt noch einen Satz dazu. Schwierig wird es bei dem Satz mit den Plakaten. Ich kennzeichne mit farbiger Kreide, welche Abschnitte sie geschrieben haben:
— Drucken
— 3 Kinder
— Plakate
Da finden sie alle, es sei zu wenig Information im Plakatsatz. Es wird eine schwierige Phase. Einige verlieren die Lust. Mir selbst fällt auch nichts ein. Allen ist klar, hier fehlt das richtige Verb. Da ruft Micha: ‚Beschrieben'. Das muß zwar noch erklärt werden, aber dann finden es alle gut. Judith formuliert noch ‚unser Leben'. Das Problem ist gelöst.
Dann meckert Guy, was die Grüße sollen. Die werden schnell gestrichen. Der Text steht. Alle sind zufrieden.

vorher

Wir drucken viele Geschichten. Das macht uns Spaß. Der Stephan Schön ist der lauteste aus der Klasse. Birol ist ein Türke. Er kann aber schon etwas Deutsch. Der Andreas ist der kleinste Junge in der Klasse. Wir haben Plakate von uns gemacht.
Viele Grüße
Judith und Doris

nachher

Wir drucken viele Geschichten. Das macht uns Spaß.
Stephan Schön ist der lauteste aus der Klasse.
Birol ist ein Türke. Er kann aber schon halb deutsch. Er will ein Deutscher sein.
Andreas ist der kleinste Junge aus unserer Klasse.
Wir haben Plakate gemacht, auf denen wir unser Leben beschrieben haben.
Judith und Doris"

Freinet, der sich gegen jede abstrakte Behandlung grammatischer Fragen wendet, sieht in dieser Form der Textüberarbeitung eine wichtige Möglichkeit, den Sprachlernprozeß voranzutreiben. Textkorrektur darf jedoch nicht zum Vorwand werden, den Lehrplan durchzuziehen, sondern muß einzig und allein im Dienste des Textes erfolgen. ,,Wenn das Kind ganz in seinem Thema aufgeht, mit Freude darüber schreibt, liest oder zeichnet, dann ist es aufgeschlossen, spontaner Anstrengung und schneller Assimilation fähig, aber man darf nicht versuchen, mittels dieser Fähigkeiten schneller den Mechanismus beherrschen zu wollen. Diesen zu entdecken, muß dem Kind vorbehalten bleiben..."[37]

Arbeit an der Sprache also ausgehend von dem, was das Kind — zunächst noch ungeschickt — ausdrückt: Arbeit am freien Text.
- Zunächst an der Textdisposition: oft ist die Einführung zu lang im Verhältnis zum Text selbst.
- Nicht immer ist der Inhalt klar, das Kind hat Mühe, seine Gedanken deutlich auszudrücken. Aus seiner subjektiven Sicht vergißt es für das Textverständnis wesentliche Elemente. Hier kommt ihm die Klasse mit ihren Fragen zu Hilfe.
- Auch an der sprachlichen Gestaltung ist zu arbeiten. Ungeschickte Sätze werden besser ausgedrückt. Dabei kommt es dem Lehrer zu, darauf zu achten, daß elementare syntaktische Regeln berücksichtigt werden.

Und die Literatur?

Die Suche danach, wie man etwas besser ausdrücken kann, kann zum Ansatzpunkt des Interesses dafür werden, wie andere, ‚kompetente' Leute dergleichen ausgedrückt haben. Wenn das Kind in diesem entscheidenden Moment Originaltexte von Schriftstellern oder Dichtern zur Verfügung hat, kann man sicher sein, daß es sich für deren Ausdrucksmittel wirklich interessiert und sich wahrscheinlich das eine oder andere davon aneignet. Hier hat die Auseinandersetzung mit dem literarischen Text ein Bedürfnis zum Ausgangspunkt, und damit wird sie sinnvoll. Sie ist dem Kind nicht künstlich aufgepfropft.

Lesen: ein Bedürfnis

Natürliche Grammatik

Arbeit an der Literatur findet aber auch in traditioneller Weise statt. Die Kinder werden in verschiedener Form mit Autorentexten bekanntgemacht: Textresümee, Textrekonstruktion, Beobachtungen an einem Text, Adaptation im Rollenspiel und ähnliches mehr.

„Natürliche Grammatik"

Freinet: „Die scholastische Methode muß durch eine natürliche Methode ersetzt werden, bei der die Wörter und Sätze Leben erhalten."[38] Ausgangspunkt einer „natürlichen Grammatik" ist die lebendige Sprache, so wie sie sich in einem Klima des freien Ausdrucks entwickelt.[39]

> *Regine:* „Ein Satz von Ghislain löste ein kleines, zugleich bewunderndes und neckisches ‚Oh!' bei Anne aus. Ich schrieb den Satz an die Tafel: ‚Moi, je ne m'amuse plus'. Jeder kriegte einen Zettel, auf den er schrieb, was ihm dazu einfiel. Ich klebte alle diese Zettel in meinen Hefter (s. S. 55).
>
> Am Abend las ich alles in Ruhe durch, und an den nächsten zwei Tagen bekam jedes Kind einen Arbeitsbogen. Darauf hatte ich einige ihrer Sätze wiedergegeben, aber an den Fehlerstellen, oder da, wo häufig dieselben Wörter wiederkehrten, hatte ich Lücken gelassen: wir haben das zusammen gelesen und ergänzt.
>
> Mit etwas Glück hat die Übung die Struktur dieser Form der Verneinung bei den Kindern fixiert. Sie waren ja durch ihre eigenen Versuche, mit dem Satz von Ghislain etwas anzufangen, schon sensibilisiert."

Marguerite führt in ihrer Einklassenschule (Vorschule bis 5. Schuljahr) den wesentlichen Teil der sprachlichen Arbeit auf eine ähnliche Weise durch. Ausgangspunkt ist ein fehlerhafter Satz in einem Schülertext oder Gespräch, er wird an die Tafel geschrieben. Danach verläuft die Arbeit in folgenden Phasen:
1. Gespräch über diesen Satz, Beobachtungen: — Das ist genauso wie...; — Mich erinnert das an...
2. Untersuchungen, Versuche, den Inhalt des Satzes anders (besser) auszudrücken (einzeln oder in Gruppen): — Man könnte es so sagen (oder schreiben):...
3. Auswertung all dessen, dabei gibt es mehrere Möglichkeiten:
   — eine Übereinstimmung mit schon Bekanntem wird festgestellt.
   — neue Untersuchungsmöglichkeiten haben sich ergeben und werden verfolgt.
   — eine provisorische Regel wird formuliert (sie kann richtig, aber auch falsch sein).
4. Der Satz wird (mit dem Namen des Kindes, von dem er stammt) in den Grammatikhefter abgeschrieben. Für jedes neue Problem wird eine

neue Seite genommen. Wenn in der Folgezeit ein schon behandeltes Problem in einer anderen Form wieder auftaucht, wird es auf die entsprechende Seite dazugeschrieben.
5. Eine Übung zu dem besprochenen Problem.
6. Das so Gelernte kann in der Anfangsphase der Untersuchung einer neuen Frage wieder auftauchen.

Beide Lehrerinnen beurteilen die Reaktionen ihrer Schüler auf diese ,,natürliche" Art der Grammatikbehandlung als positiv. Marguerite: ,,Seit wir auf diese Weise arbeiten, geht es bei uns in Grammatik immer sehr lebhaft zu. Jeder kann zu den Sätzen an der Tafel irgendetwas beitragen. Verschiedene Gruppenphänomene kommen ins Spiel, Phantasie und Persönlichkeit werden angeregt." Regine: ,,Was mir an einer solchen Arbeitssituation gefällt, ist, daß jedes Kind seine Rolle spielen kann: der Dichter, der Spaßkopf, der Mathematiker, der Träumer... Jeder hat etwas beizutragen, das zum Ausgangspunkt neuer Untersuchungen werden kann. Und sie wissen das. Bei all ihrer Unterschiedlichkeit ist es leicht, die verschiedensten (grammatischen oder sonstigen) Probleme... mit ein bißchen Phantasie zu behandeln."

Arbeitsmittel zur Selbstkorrektur

Zur selbständigen sprachlichen Arbeit der Schüler werden die verschiedensten Arbeitsmittel entwickelt. Die wichtigsten sind Karteien und Serien von Arbeitsheften mit Übungen zur Rechtschreibung und Grammatik. Die Schüler benutzen sie in der für die persönliche Arbeit reservierten Zeit je nach ihrem Bedarf.

Material zur individuellen Arbeit

Dieses Material zur individuellen Arbeit hat mehrere Vorteile:
- Der Schüler benutzt es bewußt: er sucht selbst das aus, was ihm die Aneignung neuer Kenntnisse erlaubt oder Wissenslücken schließen hilft. Und er entscheidet selbständig, wann er was machen will.
- Er lernt, methodisch und diszipliniert zu arbeiten: er muß die Arbeitsanweisungen lesen und verstehen, seine Kenntnisse selbst einschätzen, seine Antworten korrigieren. Und er muß die Fähigkeit erlernen, seine Arbeit selbständig zu Ende zu führen.
- Manches Material regt zu weiteren Untersuchungen an (Die Französisch-Arbeitshefte z.b. enden oft mit einer offenen Frage), daraus kann sich ein Austausch mit anderen Kindern ergeben.
- Kooperatives Zusammenarbeiten zweier oder mehrerer Schüler ist möglich.

Auch für den Lehrer ist das Material von Bedeutung:

- Die Kinder erleben ihn nicht mehr als einzige Wissensquelle.
- Die Herstellung von Arbeitsmaterialien zwingt ihn dazu, sein eigenes Wissen aufzuarbeiten, Dokumente zu sortieren und für den Schüler „lesbar" zu gestalten.
- In den meisten Fällen arbeiten mehrere Lehrer zusammen an der Herstellung von Material, und der dabei stattfindende Austausch ist für alle positiv.
- Durch die selbständige Arbeit der Schüler kann er stärker auf die Kinder eingehen, die besondere Hilfe brauchen. Außerdem hat er die Möglichkeit, die Schüler zu beobachten und gewinnt dabei manchen Aufschluß über sie.
- Durch den Plan, in dem die Kinder notieren, welche Arbeiten sie gemacht haben, ist er zu jeder Zeit über den Arbeitsstand jedes einzelnen informiert.

Innerhalb der französischen Freinet-Bewegung gibt es sehr viel Material zur individuellen Arbeit. Es wird von den Lehrern immer wieder überarbeitet und verbessert, bzw. auch erneuert. Dabei gehen sie von ihren Erfahrungen im Unterricht aus. Auch die deutschen Freinet-Lehrer beschäftigen sich mit der Ausarbeitung solchen Materials.[40]

Man kann sich jedoch zum sofortigen Gebrauch zunächst auch selbst Material herstellen:

„Nun habe ich aus einem etwas anspruchsvolleren Sprachbuch ein Kapitel über Satzbau zu Arbeitsmaterial gemacht. Seiten, die die Kinder selbstständig bearbeiten können, habe ich herausgetrennt, die Arbeitsanweisungen z.T. vervollständigt, diese Seiten dann numeriert in Klarsichthüllen gesteckt und in einen Ordner geheftet. Die vier Kinder, die immer sehr schnell mit ihrer Arbeit fertig waren, habe ich, nach vorheriger Befragung, an diesen Schnellhefter gesetzt. Sie bearbeiten ihn völlig selbständig. Die Blätter, die sie erstellen, hefte ich dann hinten in den Ordner ein. Sie können den anderen Kindern zur Kontrolle dienen."[41]

Und was sonst?

Im Muttersprachunterricht gibt es natürlich noch viele andere Möglichkeiten. Ob die Korrespondenz mit einer anderen Klasse einen wesentlichen Raum einnimmt, die Beschäftigung mit Poesie oder das Schreiben und Aufführen von Theaterstücken, ob mehr oder weniger Schülervorträge, Erkundungen oder Umfragen gemacht werden, ob Comics entstehen oder von allen zusammen ein Klassenroman geschrieben wird — all das hängt von den Interessen der Klasse und auch vom Lehrer ab. Wenn der Lehrer das Glück hat, die Klasse in allen (wie es in Frankreich üblich ist) oder in möglichst vielen Fächern zu unterrichten, ergibt es sich von selbst, daß die einzelnen Fächer ineinander übergreifen. Verständnis und Ausdrucksvermögen in der Muttersprache werden bei einer Form der Arbeit, wo sie im Lebenszusammenhang notwendig sind, auf natürliche Weise sozusagen pausenlos weiterentwickelt.

1.3. Mathematik ist überall!

1979 war es der Straßburger Regionalgruppe des I.C.E.M. möglich, einen sechswöchigen Fortbildungslehrgang für Grundschullehrer in eigener Regie zu organisieren[42]. Ziel war dabei, vom Austausch über die Praxis der einzelnen Teilnehmer zu einer Grundsatzdiskussion zu gelangen, und in einer weiteren Etappe zur Herstellung von direkt verwendbaren Arbeitsmaterialien. Hier soll in Kürze dargestellt werden, welche Arbeit in diesem Lehrgang zum Thema ,,Mathematik" geleistet wurde.
Eine solche Darstellung erlaubt, sich von der Praxis verschiedener Lehrer im Mathematikunterricht ein Bild zu verschaffen. Dabei kann man feststellen, daß diese Praxis ein ständiger Entwicklungsprozeß ist: für die Lehrer ist es selbstverständlich, sie immer wieder in Frage zu stellen, und sie möglicherweise zu verbessern. Zum anderen werden hierbei einige wichtige Grundsatzfragen eines nicht lehrplan-, sondern kind-orientierten Mathematikunterrichts aufgeworfen.

Klassenbesuche im 1. Schuljahr

1. Beispiel: Mathematik-,,Ateliers"

Die Arbeit der Kinder in Ateliers ist der Ausgangspunkt für die kollektiven Arbeitsphasen der Klasse. Für jedes Atelier gibt es eine Schachtel mit

Mathematikatelier „Maschinen" (1. Schuljahr)

dem entsprechenden Arbeitsmaterial. Die Kinder durchlaufen die verschiedenen Ateliers in einer festgelegten Reihenfolge, d.h., jedes Kind wird im Lauf einer gewissen Zeit mit den verschiedensten Arbeitsanregungen konfrontiert. Es gibt folgende Ateliers:

— „Maschinen": Aus zusammenschraubbaren Kunststoffleisten stellen die Kinder Formen her, probieren Formveränderungen aus und untersuchen diese.

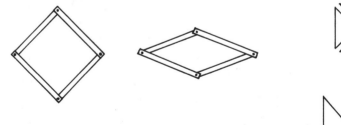

— Winkeldreiecke und Lineale: Die Kinder zeichnen Konstruktionen z.B. folgender Art:

— Kartenspiele: Die Schachtel enthält verschiedene Kartenspiele. Die Kinder sortieren und ordnen die Karten nach den verschiedensten Gesichtspunkten.
— Perlen: Die Kinder können sie zählen, rhythmische Anordnungen erfinden.
Dieses Atelier bietet zahlreiche Möglichkeiten im Bereich der Symmetrie, der Flächen, usw.
— Würfel: (siehe Beispiel unten)
— Aufkleber: Symmetrie, Farben.
— Logische Figuren.
— Rechenatelier: Eine Schachtel mit Zahlen, Summen, Zeichen $(+ = <>)$.
— Domino-Spiele.
— Kataloge: Zum Ausschneiden und Aufkleben (Mengen, Gemeinsamkeiten).

Rechenatelier „Würfel"

— Kaufladen: Spielgeld (einfache Kärtchen, auf die die Lehrerin 10 f, 100 f, 1 f... geschrieben hat), mit dem die Kinder die mitsamt den Preisen aus Katalogen ausgeschnittenen ,,Waren" ,,kaufen" können. Sehr positive Ergebnisse im Bereich des Zählens und der Zahlenbildung.
— Waage: Gleichgewichtsuntersuchungen, Beschäftigung mit Zünglein und Gewichten:
100   100   20   10 usw.
dann:
100 + 20 + 20 = 140
Die Kinder haben in den sieben vergangenen Monaten des Schuljahres noch nicht den Einfall gehabt, Gegenstände zu wiegen. Die Lehrerin will sie in der nächsten Zeit dazu anregen.

Kinderarbeit aus dem Rechenatelier Würfel (1. Schuljahr)

Am Ende der ,,Atelier"-stunde gibt jedes Kind eine graphische Darstellung seiner Arbeit ab. Die Lehrerin sammelt diese in einem Hefter und sucht für die übrigen Mathematikstunden der Woche einzelne dieser Arbeiten aus. Die entsprechenden Kinder erklären dann in der Klasse, was sie herausgefunden haben und es wird darüber gesprochen.

Eine der ersten Rechenstunden im ersten Schuljahr:
Stephane erklärt: Ich habe zwei Würfel gehabt. Ich wollte sieben Punkte: Da habe ich 3 und 4 genommen:

Olivier sagt dazu: Ich hätte 6 und 1 genommen.
Die Lehrerin: Ah? und warum?
Olivier: Das macht auch 7.
Lehrerin: Wie kann man nachprüfen, ob es 7 macht?
(Sie schlägt vor, es an den Fingern abzuzählen)
Kann man es noch auf eine andere Art 7 herauskriegen?
Ja, 5 und 2.
(Alle rechnen es an ihren Fingern nach).

Von der Lehrerin ausgearbeitete und vervielfältigte Übungsblätter ermöglichen eine gewisse Systematisierung dieser Arbeit. Es ist allerdings unmöglich, die vielfältigen Ideen der Kinder alle auszuwerten.

Übungsblatt:
Alexandre und Stephane haben mit selbsthergestellten „Geldstücken" gerechnet:

Jetzt sollst Du rechnen:

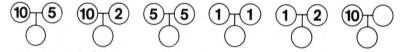

Beim Meinungsaustausch über diesen Klassenbesuch werden weitere Ateliers genannt, die andere Lehrer in ihren Klassen anbieten, z.B.:
— Quadrierung: Versuche der Kinder mit quadriertem Papier. Aneignung von Grundbegriffen der Symmetrie.
— Volumen: Beschäftigung mit verschiedenen Gefäßen, Vergleiche, Messungen.
— Arbeitskartei: Karteikarten mit „mathematischen Situationen" oder gewöhnliche Rechenaufgaben.
— Maße: Meßschnüre verschiedener Länge und Farbe, mit denen die Kinder Messungen vornehmen („die Klasse mißt 6 blaue oder 12 rote Schnüre" usw.). In der Folge benützen die Kinder eigene Maße (z.B. Hände, Füße) oder stellen solche her (aus Papier etwa).

2. Beispiel: „Freies Rechnen"

Jedes Kind hat, etwa 20 Minuten lang, die Möglichkeit, eigene Untersuchungen anzustellen und seinen Ideen nachzugehen. Die einzelnen Schritte seines Gedankengangs lassen sich aus den dabei angefertigten Notizen ablesen. Alle Ergebnisse dieser freien Rechenversuche der Kinder werden in einem Hefter aufgehoben.

Folgende Schülerarbeiten geben Einblick in das Ergebnis einer solchen Sequenz „Freies Rechnen":

a. 11 + 1 = 12
   12 + 1 = 13
   13 + 1 = ...
   (usw. bis 38)

b. 48 + 1 = 49
   68 + 1 = 69
   28 + 1 = 29
   (usw.)

c. 2 + 2 + 2 + 2 + 2 = 10
   3 + 3 + 3   = 9
   8 + 8   = 16
   6 + 6 + 6   = 18
   (usw.)

d. 1000 + 1000 = 2000
   3000 + 3000 = 6000
   5000 + 5000 = 10000
   (usw.)

e. 20 + 2 = 22
   20 + 6 = 26
   20 + 3 = 23
   (usw.)

f. 600 + 600 = 1200
   200 + 200 = 400
   (usw.)

g. 20 + 30 = 50
   10 + 90 = 100
   60 + 30 = 90
   (usw.)

h. 24 + 1 = 25
   60 + 3 = 63
   30 + 3 = 60
   25 + 1 = 26
   (usw.)

Acht Kinder der Klasse haben in dieser Rechensequenz eine einzige Idee ausgearbeitet und weiterverfolgt. Andere haben weniger systematisch gearbeitet und auf ihren Zetteln finden sich verschiedene Einfälle. Auf alle Fälle aber hat jedes Kind seine eigene „Forschung" durchgeführt und dabei einen individuellen Lernprozeß durchlaufen.

Freies Rechnen (eine Kinderarbeit)

Die Kinder haben viel Spaß an dieser Arbeit und schrecken im allgemeinen auch vor großen Zahlen nicht zurück.
Das Durchsehen der Arbeitsergebnisse erlaubt der Lehrerin, zu bemerken, welche Fehler gemacht werden oder wo Lücken bestehen. Sie kann die Arbeit in den anderen Mathematikstunden dann auf die systematische Behandlung der entsprechenden Punkte orientieren und, wenn notwendig, Übungen oder Arbeitsblätter von den Kindern durcharbeiten lassen.
Aus den Arbeiten ist ersichtlich, in welchen Punkten ein kollektiver Lernprozeß notwendig ist, damit die Kinder Fortschritte machen können. (Dies ist jedoch nur selten der Fall).
Die interessantesten Ideen werden ausgewählt und der Klasse mitgeteilt.
Die Lehrerin ist über den Leistungsstand der Klasse im Rechnen genau informiert und kann die Entwicklung der einzelnen Kinder genau verfolgen.

In der folgenden Rechenstunde, die die Arbeitsgruppe beobachtet, wird die Arbeit von Djamel an die Tafel geschrieben:
$24 + 1 = 25$
$60 + 3 = 63$
$13 + 3 = ...$
$25 + 1 = ...$
$14 + 5 = ...$
Drei Kinder ergänzen diese, indem sie klären, wie sie bei diesem Rechenvorgang vorgehen.
Drei andere schlagen weitere Operationen vor:
$20 + 3 = 23$
$23 + 1 = 24$
$20 + 4 = 24$

Es folgt ein gemeinsames Überlegen in der Klasse, das jedoch an diesem Tag zu keiner klaren Feststellung führt. Die Kinder werden aufgefordert, jedes für sich, die Überlegungen auf einem Zettel weiterzuführen. Dabei zeigt sich, daß Djamels Rechenuntersuchung anregend gewirkt hat: mehrere Kinder führen Additionen innerhalb eines Zehners durch.

Kritische Überlegungen zu den Beobachtungen in den Klassen

In einem an diese beiden Klassenbesuche anschließenden Gespräch wurden folgende Punkte angesprochen:
Allgemein ist festzustellen, daß in allen Klassen neben der freien Arbeit eine systematische Arbeit mit allen Kindern stattfindet (meistens mit Hilfe

von Arbeitsblättern und Rechenkartei). Das bedeutet, daß parallel zueinander zwei Formen der Wissensaneignung existieren: durch individuelle Erfahrung, und durch kollektives Lernen. Ein paar Lehrer bemerkten kritisch, daß die kollektive Behandlung einzelner Lernpunkte etwas künstliches an sich hat und deshalb nicht befriedigend ist. Andererseits aber wird betont, daß sie Lehrern und Schülern ein Gefühl der Sicherheit verleiht. Und es ist durchaus im Sinne Freinets, eine „traditionelle" Lernform erst dann aufzugeben, wenn man sich sicher genug dazu fühlt, weil man etwas Positiveres an ihre Stelle zu setzen hat. Manchen Lehrern scheint es zum anderen einfach unmöglich, zu erwarten, daß jedes Kind sich alles geforderte Wissen allein aneignen könne.

Die Erfahrungen der Lehrer mit den oben beschriebenen Formen der freien Arbeit weisen darauf hin, daß den Anforderungen des Lehrplanes für das erste Schuljahr durch solche Arbeit in allen Fällen entsprochen wird. Oft geht die Arbeit sogar noch weit über die Anforderungen hinaus. Also dient der Unterricht im Klassenverband wohl tatsächlich in erster Linie der Absicherung: Es ist systematisch gearbeitet, und somit auch traditionellen Vorstellungen entsprechend „gelernt", worden.

Rechenatelier „Wiegen": Direkte Beziehung zu Objekten und Situationen

Als vorteilhaft bei der Atelierarbeit erweisen sich folgende Punkte:
Die Kinder haben eine direkte Beziehung zu Objekten und Situationen —
Mathematik ist also nicht abstrakt.

Der Erwachsene ist materiell nicht in der Lage, Schwierigkeiten, auf die
die Kinder stoßen können, vorherzusehen und zu ebnen. Das Kind lernt,
sich mit den Situationen wirklich allein auseinanderzusetzen — oder sich
seiner eigenen Grenzen bewußt zu werden.

Für die Kinder besteht die Möglichkeit, der ständigen Beobachtung durch
den Lehrer zu entgehen: sie können bei der Arbeit an ihren Projekten eine
echte Autonomie entwickeln.

Es wird die Frage aufgeworfen, wo und wie die Kinder sich eigentlich ihr
Wissen aneignen und ihr Können entwickeln: Ausdruck des Bedürfnisses,
das Kind in seiner Eigenheit besser zu verstehen. Bei kollektiven Lernprozessen gewinnt das Problem der Kinder, die Lernschwierigkeiten haben,
an Gewicht. In den meisten Fällen genügt es nicht, einen behandelten
Punkt noch einmal mit ihnen durchzusprechen. Ihre Wissenslücken sind
oft zu groß und in vielen Fällen ist auch sehr bald ein Mangel an Motivierung festzustellen.

Der Wissensstand der Kinder zu Beginn des ersten Schuljahres ist oft
sehr unterschiedlich, ebenso ihr Reifegrad. Deshalb ist es schwierig,
einen für alle Kinder geeigneten Augenblick zur Behandlung bestimmter Probleme zu finden. Eine Lehrerin sagt: ,,Ich wollte unbedingt
die Begriffe rechts, links, vorn, hinten, oben, unten usw. behandeln.
Sie kapierten nichts (obwohl gesagt wird, daß sie das in diesem Alter schon beherrschen). Da habe ich es schließlich aufgegeben. Eine
Weile später, als wir etwas anderes machten, kam es auf einmal von
ganz allein." Erzwingen zu wollen, daß die Kinder die geforderten
Begriffe beherrschen, hat nicht viel Sinn. Es ist wichtig, den geeigneten Augenblick abzuwarten, den, wo sie ,,soweit sind", also sich dafür interessieren. Ein wichtiger Punkt sind die Angst- oder Schuldgefühle, die viele Lehrer in Mißerfolgssituationen entwickeln. Angesichts
der Bedingungen, unter denen ein Lehrer im derzeitigen Schulwesen
arbeitet, ist ein voller Erfolg einfach unmöglich. Als Lehrer sollte man
also auch lernen, sich durch Mißerfolge nicht persönlich in Frage gestellt
zu sehen.

Aus allen diesen Gesprächspunkten wird der Versuch der beteiligten Lehrer ersichtlich, durch gegenseitigen Austausch und Diskussionen zu einem
besseren Verständnis der Situation zu gelangen: der Situation der Kinder
zunächst, aber schließlich auch ihrer eigenen.

Beispiele: Entdeckungen der Kinder und die Arbeit darüber

Was Evelyne gefunden hat (1. Schuljahr)

Am 7. Januar schreibt Evelyne in ihr Heft:
1 → 2
2 → 4
4 → 8
3 → 6
5 → 10

Am 10. Januar trägt sie das in der Klasse vor. Gespräch darüber:
— Sie hat geschrieben 1 , 2
                          2 , 4
                          4 , 8
— Warum hast du das geschrieben?
— Ah, ich habe verstanden: 1+1 macht 2
                                  2+2 macht 4
                                  4+4 macht 8
— Dann hätte ich das aber auf den Pfeil geschrieben.
So: (geht an die Tafel und schreibt:) 1 $\xrightarrow{+1}$ 2 2 $\xrightarrow{+2}$ 4 4 $\xrightarrow{+4}$ 8
— Ja, so versteht man es besser.

Die Lehrerin greift ein:
„Versucht jeder auf eurem Blatt, auf irgendeine Weise etwas aus Evelyne's Idee zu machen".

Einige der Arbeiten werden vorgestellt:
Thierry: 4 $\xrightarrow{+3}$ 7   Finton:
          4 $\xrightarrow{+4}$ 8
          1 $\xrightarrow{+2}$ 3
Alexandre: 8 $\xrightarrow{+10}$ 18
              9 $\xrightarrow{+10}$ 19
             20 $\xrightarrow{+30}$ 50

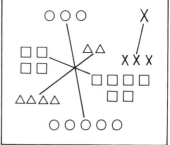

Diese verschiedenen Vorschläge werden an den folgenden Tagen von der ganzen Klasse bearbeitet.

Die Lehrerin schreibt dazu:

Als ich meinen Mathematikhefter durchblätterte, stellte ich fest, daß ein Kind schon am 6. November etwas ähnliches gemacht hatte. Finton in seinem Heft:

Er hatte dazu gesagt:
„Ich tue jedesmal zwei dazu".

Nur 5 Kinder von 24 waren zu dem Zeitpunkt fähig gewesen, die Idee aufzunehmen. Ich hatte mir dann gesagt, daß es zu früh dazu war, und die Sache fallen lassen.[43]

Mathematik-„Atelier" Kataloge (1. Schuljahr)

„Grégory stellte seine Arbeit vom 24. Januar der Klasse vor:

,Ich habe fünf Töpfe in die Spülmaschine getan. Die Maschine hat einen behalten. Es blieben nur vier übrig.'

Am selben Tag hat Grégory dieselbe ‚Arbeit' mit Tischtüchern in einer Waschmaschine gemacht.
Diskussion mit der ganzen Klasse:
— Warum behält die Maschine eins?
— Na, eben so.
— Gute Idee.
— Ja, mich bringt das auf Ideen.
— Und wenn du zwei reinsteckst, gibt die Maschine eins wieder.

Ich greife ein, da ich feststelle, daß der Begriff ‚1 weniger' keine Probleme zu stellen scheint, obwohl er bisher noch nie vorgekommen ist:
— Könnt ihr euch andere Maschinen ausdenken, jeder auf seinem Blatt?
— Sollen wir sie malen?
— Ihr könnt sie mit Zahlen schreiben; versucht, Grégory's Idee weiterzuführen.

Ich schreibe an die Tafel:

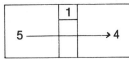

Ein Kind:
— Kann man auch zwei wegnehmen?
Ein anderes:
— oder 3, 4?

Die Kinder arbeiten jedes für sich, auf kleinen Zetteln.

Beispiele: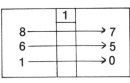

Darüber sprechen wir an einem anderen Tag.

Während dieser individuellen Arbeit sagt eins:
— Ich mache noch eine Maschine, die Töpfe dazu tut, dann habe ich mehr.

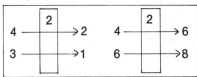

Dies wird am nächsten Tag von der ganzen Klasse besprochen.
Das Thema beschäftigt uns noch lange. Als nächstes Problem taucht die Frage auf, woher man wissen soll, ob die Maschine etwas wegnimmt oder dazutut. Ich denke, daß ich das Minus-Zeichen einführen werde"[44)]

Im 2. Schuljahr

„28. September: Stephane schreibt an die Tafel, was er am Vortag gefunden hat:
2 → 4 → 6 → 8

Frank: Oh! Ich habe auch so etwas in meinem Heft:
35 → 34 → 33 → 32 → 31

Jeder soll auf einem Zettel diese zwei Wege ausprobieren. Und wenn möglich einen dritten finden.

Stephane schreibt:
2 → 4 → 6 → 8 → 10 → 12
15 → 14 → 13 → 12 → 11... → 2

Soweit wie viele andere. Aber dann:
10 → 20 → 30 → 40 → 50 → 60 → 70 → 80 → 90 → 100 → 110
Nicolas:
1 → 3 → 5 → 7 → 9 → 11 → 13 → 15 → 17... → 31
Bruno:
2 → 5 → 4 → 8 → 6 → 11
16 → 15 → 14... → 9
10 → 11 → 12 → 13... → 17
Olivier:
15 → 13 → 11 → 9

Stoff zum Weiterarbeiten! Eine Vorstellung der Rechenoperationen wird deutlich. Manches verblüfft mich wirklich (Zufälle?)
Vincent: 20 $\xrightarrow{-2}$ 18   19 $\xrightarrow{-2}$ 17
Bruno: 2 $\xrightarrow{+3}$ 5 $\xrightarrow{-1}$ 4 $\xrightarrow{+4}$ 8 $\xrightarrow{-2}$ 6 $\xrightarrow{+5}$ 11 $\xrightarrow{-3}$ 8
Djamel: 2 $\xrightarrow{+1}$ 3 $\xrightarrow{+3}$ 6 $\xrightarrow{+1}$ 7
2. Oktober, an der Tafel:
Bruno: 2 → 5 → 4 → 8 → 6 → 11 → 8
Djamel: 7 → 9 → 4 → 5 → 8
Wir finden für beides keine Regel.
Dann Djamel: 2 → 3 → 6 → 7 → 14
Caroline schlägt vor, die durchgeführten Operationen aufzuschreiben:
2 $\xrightarrow{+1}$ 3 $\xrightarrow{+3}$ 6 $\xrightarrow{+1}$ 7 $\xrightarrow{+7}$ 14
Olivier sagt:
— Jedes 2. Mal ist es +1
Frank:
— Aber warum gerade +3, +7? Was soll das bedeuten?

Ein anderer bemerkt:
3 $\xrightarrow{+3}$
7 $\xrightarrow{+7}$
Wir probieren in dieser Richtung weiter..."[45]

1.4. Eine Kunst der Kinder?

Das Kind — ein Künstler

In ihrem Anfang der 60er Jahre herausgegebenen Buch „L'enfant artiste" (Das Kind als Künstler)[46] versucht Elise Freinet zu ergründen, ob und inwiefern das Kind in seiner künstlerischen Tätigkeit sich vom wirk-

*Das Kind —
ein Künstler
(Kinderarbeit
1. Schuljahr)*

lich großen Künstler unterscheidet. Ihrer Meinung nach ist das kindliche Kunstwerk in seiner Darstellungskraft und Ausdrucksstärke dem des erwachsenen Künstlers durchaus ebenbürtig, wenn nicht gar überlegen.

„Das Kind ist der konsequenteste und der am stärksten realistische Künstler. Es steht jenseits von Subjekt und Objekt, ... es ist innerlich reich genug, um Darsteller seines eigenen Dramas zu werden. Und es ist fähig, dieses Drama so darzustellen, daß es verständlich wird."[47] Fähig und zuständig auch in der Ausführung: „Genau wie der Künstler ist das Kind von seinem Werke besessen, es setzt bei dessen Gestaltung seine Ansprüche bis zum Ende durch, bisweilen in schwierigen Bedingungen..."[48] Der innere Reichtum des Kindes rechtfertigt sein künstlerisches Tun und garantiert dessen Authentizität. Die künstlerische Arbeit eines offenen unverbildeten Kindes spiegelt dessen Wesen auf natürliche Art und Weise wieder. Im Alltag der Schule jedoch entsteht die Frage nach dem Wesen der kindlichen Kunst immer wieder neu.

„Was kennzeichnet den jungen Künstler? Ist er auf der Suche nach dem Schönen? Spürt er seiner Individualität nach? Ist er schon, und für lange Zeit, der ewig Unverstandene, Ausgeschlossene, der ‚Aussätzige' und sozial Nichtangepaßte? Ist er der Sänger einer neuen Gesellschaft? Ist er ein sensibles Geschöpf?"[49] Den Lehrern in der Freinet-Bewegung geht es mehr um diese Fragestellung an sich als darum, eine bleibende Antwort auf derartige Fragen zu finden. In der Auseinandersetzung darüber finden sie Stütze und Halt für die Probleme des Alltags: „Wir haben zu all diesen Fragen keine Position ergriffen und auch keine zu ergreifen — aber wir haben Probleme..., und es ist unter uns üblich, daß wir versuchen, sie miteinander zu lösen", heißt es in dem entsprechenden Artikel weiter.

Solche Formen der gemeinsamen Arbeit an den in der Praxis täglich aufgeworfenen Fragen spiegeln sich häufig in den Publikationen der Freinet-Bewegung wieder, in Bezug auf Fragen des künstlerischen Ausdrucks vor allem in der Zeitschrift „Art Enfantin" (Kindliche Kunst). Ein langer Artikel[50] schildert, wie eine regionale Arbeitsgruppe bei der Vorbereitung einer Ausstellung wesentliche grundsätzliche Fragen zur Kinderkunst und ihrer Praxis im Zeichenunterricht diskutierte. Diese Fragen sollen hier nachgezeichnet werden, um einen Eindruck von der Konzeption zu vermitteln, die dem Kunstunterricht in einer Freinet-Klasse zugrunde liegt.

Und in der Praxis?

Freinet wollte dem Kind die Möglichkeit geben, sich selbst mitzuteilen, seinen inneren Reichtum auszudrücken. Dazu folgende Überlegungen: „Wir Lehrer aus Freinet-Klassen denken, daß die kindliche Spontaneität nicht durch Klischees beeinträchtigt werden sollte, egal ob diese von außerhalb oder aus der Klasse selbst kommen. Und doch ist es schwierig, dem zu entgehen. Aber liegt unsere Aufgabe als Lehrer nicht eben darin,

jedes Kind darauf aufmerksam zu machen, was in *seiner* Zeichnung (ebenso wie in *seinem* freien Text) originell ist, selbst wenn dieser freie Ausdruck manchmal banal oder sogar unecht erscheinen kann?
In Wirklichkeit ist ein Text oder eine Zeichnung niemals banal. Wenn man mit dem Kind darüber spricht, bemerkt man, daß es Gründe hat, seine Persönlichkeit ins Spiel bringen zu wollen oder nicht, aber man stellt auch fest, daß es innerlich nicht unbeteiligt ist, und in jedem Fall schon ein Stück seiner Persönlichkeit preisgegeben hat."
Dahinter steckt ein tiefer Respekt der kindlichen Persönlichkeit. Welches Recht hätte der Lehrer, diese zu ignorieren? Er sollte es sich vielmehr zur Aufgabe machen, ihre Entfaltung zu fördern. Erst dann ist das Kind in der Lage, Originelles zu schaffen. Originalität läßt sich nicht lernen!

Warum eigentlich graphischer Ausdruck?

„Um ausdrücken zu können, was Worte nicht mitzuteilen vermögen? Liegt darin ein menschliches Grundbedürfnis, das beim Erwachsenen abgestorben, aber beim Kind noch vorhanden ist? Eine magische Kraft? Das Bedürfnis, eine Spur zu hinterlassen? Vielleicht das alles auf einmal.

Ausdrücken können, was Worte nicht mitzuteilen vermögen

Einen Gegenstand, eine Person, einen Mythos zu zeichnen, bedeutet, ihn sich anzueignen, eine Einigkeit mit ihm herzustellen, aber es bedeutet auch, sich selbst eine Freude zu machen": Freude fürs Auge, Freude am Tun, Freude durch die Anerkennung der geleisteten Arbeit.

Was bedeutet das „Schöne", das „Wahre"?

Ein Kind zeichnet ein vorüberfahrendes Auto mit vier Rädern. „Warum malst du vier?" fragen die Mitschüler, „man sieht nur zwei" (übermittelte Klischeevorstellung vom Profil). „Sieh mal genau hin, wenn eins vorbeifährt", ist die Antwort. „Du wirst schon sehen! Man sieht alle vier Räder, wenn man auf dem Boden sitzt!"

Alles hängt vom Standpunkt des Betrachters ab!

Deshalb versucht man, Werturteile zu vermeiden. Wenn man jemandem sagt: „Das ist nicht schön", nimmt ihm das die Lust, etwas anderes anzufangen, er ist verärgert. Auf keinen Fall sollte allgemein geurteilt werden. Ein eventuelles Urteil sollte immer persönlich gehalten sein und durch eine Erklärung begründet werden („Mir gefällt es nicht, weil..."). In den meisten Fällen urteilen die Kinder nicht, sondern haben eine kritisch-helfende Haltung: es wird darüber gesprochen, was an einem Bild verbessert werden könnte, warum und wie.

In der Klasse bemühen sich die Lehrer:

— zu erreichen, daß jedes Kind sich frei fühlt, es selbst zu sein. Das heißt, zu lernen, daß man nicht wie andere sein oder tun muß;
— zu vermeiden, positiv oder negativ zu urteilen: „Wir sagen den Kindern oft, daß wir nicht in der Lage sind, zu beurteilen, ob ihre Arbeit gut ist oder nicht, weil wir nicht mehr wie sie zeichnen, sondern auf unsere Art, als Erwachsene.";
— das Verständnis dafür zu entwickeln, daß Kriterien nicht unbedingt allgemeingültig sind, sondern situationsgebunden;
— viele verschiedene Techniken anzubieten: ein und dieselbe Zeichnung kann, in einer anderen Technik ausgeführt, ganz anders wirken. Verschiedene Untergrundsmaterialien (Papier, Holz, Plastik, Tafel u.a.) und verschiedene Ausführungstechniken erlauben viele Versuche, machen Erfolge und Entdeckungen möglich.

Dabei lernt das Kind, selbst herauszufinden, wie es zum Erfolg gelangen kann. Ein nicht gut gelungenes Bild ist nie ein schlechtes, sondern immer ein verbesserungswürdiges Bild!

All dies verlangt eine entsprechende Organisation in der Klasse:

Den Kindern viel verschiedenes Material zur Verfügung stellen und sie auch selbst frei darüber verfügen lassen. Denn: „Ist schöpferisch zu arbeiten möglich: — zu einer festgesetzten Stunde? — wenn man erst beim Lehrer das notwendige Material erbitten und darauf warten muß, daß er es einem gibt? — wenn man die Erlaubnis vom Lehrer braucht, dies oder

Gute materielle Bedingungen schaffen

jenes zu tun? — und wenn man seine Arbeit schließlich in den meisten Fällen in einem Schubfach oder im Papierkorb verschwinden sieht?"

Die Schaffung guter materieller Bedingungen ist eine wichtige Voraussetzung dafür, daß die Kinder ihre künstlerischen Fähigkeiten entfalten können.

Gute materielle Bedingungen — dazu gehört:

Reichhaltiges und vielfältiges Material: verschiedene Papiersorten und -formate, Farben, Stifte, Pinsel, Kreiden, Tinten, Walzen, Reinigungsmaterial, Scheren, Messer. Und auch alles, was notwendig ist, um schnell einen Verband zu machen, wenn jemand eine Technik noch nicht gut beherrscht und sich geschnitten oder sonstwie verletzt hat.

Eine Bereitstellung, die jedem erlaubt, sich zu jeder Zeit selbständig zu bedienen. Sichtbar bereitgelegtes Material weckt das Interesse, schafft Lust, es auszuprobieren, regt also zu künstlerischer Betätigung an.

Arbeitsbedingungen, die soweit wie möglich ein Eingreifen des Lehrers oder einen Appell an seine Hilfe unnötig machen.

Schülerverantwortlichkeiten, welche garantieren, daß eine künstlerische Betätigung zu jeder Zeit möglich ist (Farbtöpfe nachfüllen, Papier bereitlegen u.ä.).

Die Anerkennung der Arbeit ist ein wesentlicher Faktor in der Ermutigung zu weiterem Tun. Anerkennung nicht in erster Linie durch den Lehrer, sondern durch die Sache selbst: ein Bild, das in der Klasse ausgehängt oder im Kreisgespräch vorgestellt und besprochen wird, bringt die Leistung des Kindes ganz von selbst zu Geltung: Es ist weder eine Zensur noch ein Lob des Lehrers nötig. Stattdessen spielt die Klasse mit ihren vielfältigen Arbeitsprojekten und Beziehungen zur Außenwelt eine Rolle. Die gelungenen Arbeiten werden gebraucht, z.B. um das Klassenzimmer zu schmücken, ein Brief-Paket für die Korrespondenzklasse zu verschönern, als Druck für die Klassenzeitung verwendet zu werden usw. Gibt es eine bessere Anerkennung für eine Arbeit, als daß sie einen solchen Zweck erfüllt?

Aus einer solchen Praxis nicht wegzudenken sind Kooperation und Austausch:

„Jeden Nachmittag, beim Kreisgespräch, zeigen die Kinder, woran sie gerade arbeiten. Die Klasse sagt, was sie davon hält, kritisiert, ermutigt zum Weitermachen. Wir sprechen auch darüber, wofür die Arbeiten verwendet werden können...
Die Klasse und die einzelnen Kinder äußern sich zu den Arbeiten. Es kommt auch vor, daß der ‚Autor' die Gruppe um Rat fragt: ‚Wie könnte ich...?' Die Kinder geben sehr verschiedene Antworten. Oft schlagen sie eine bestimmte Technik vor oder ein Element, das hinzugefügt werden könnte.
Das Aushängen der Arbeiten spielt in zweierlei Hinsicht eine Rolle:
Einerseits wird ausgehängt, was von der Gruppe als ‚gelungen' anerkannt wird. Hier wird der Erfolg unterstrichen und zur Wiederholung angeregt (besonders wenn es sich um ein erstes Erfolgserlebnis handelt);
Andererseits wird an einer dafür bestimmten Stelle in der Klasse zeitweise ausgehängt, was aus der Korrespondenz-Klasse oder aus einer Bilder-Runde kommt bzw. was neu in der Klasse ist, was Aufmerksamkeit erregt hat. Hier ist die Rolle des Aushängens, zur Vielfältigkeit anzuregen, neue Techniken zu zeigen."

Der Austausch beschränkt sich also nicht nur auf die Klasse selbst, sondern bezieht oft andere Klassen ein. Dies geschieht z.B. in der Korrespondenz mit einer Klasse eines anderen Ortes, manchmal auch mit einer anderen Klasse am Wohnort, oder in einer Bilder-Runde, an der mehrere Klassen teilnehmen (jede Klasse wählt einige Bilder aus, die auf ihrer Runde durch die verschiedenen Klassen einerseits neue Anregungen geben, aber auch kritisch beurteilt werden.

„Wir korrespondieren mit einer neuen Klasse. Wir haben sie besucht: die Bilder in ihrem Klassenzimmer sind sehr schön! Sie sehen anders aus als bei uns!" sagen die Kinder, ohne jedoch die Unterschiede in Worte zu fassen. Dann malen zwei Kinder ein neues Bild: ein Dorf mit vielen Häusern. Bisher hatten alle in ihrer Klasse ausgehängten Bilder nur einen einzigen Gegenstand dargestellt (z.B. eine Blume, einen Kopf, eine Person, eine Burg)..."

Bericht: Warum die Kinder gerne malen (3.-5. Schuljahr)

„Ich habe mich mit den Kindern meiner Klasse darüber unterhalten, was sie empfinden, wenn sie malen oder mit Filz- oder Pastellstiften zeichnen. Ich habe sie gefragt, ob sie gerne malen oder zeichnen und warum sie es gerne tun. Hier ein paar Antworten, die meiner Meinung nach wesentlich sind:
— *Dominique:* Ich male gern wegen der schönen Farben.
— *Sylvie* (Eine Schülerin, die Lernschwierigkeiten hat): Ich mag gern malen, weil ich es kann.

Malen — etwas Schönes machen

— *Jean-Yves:* Weil ich finde, daß ich etwas Schönes mache. Es ist nicht wie die Arbeitsblätter, bei denen man immer Fehler macht.
— *Christine:* Wenn man malt, tut man wirklich, was man möchte... Man arbeitet nicht nach irgendwelchen Anleitungen wie mit einem Arbeitsblatt.
— *Valerie:* Es ist der einzige Augenblick, wo man sich ganz frei fühlt.

Folgende Ideen kristallisierten sich im Gespräch mit den Kindern heraus:
Die Schönheit der Farben: Auf diese Tatsache möchte ich hier nicht näher eingehen, denn sie scheint mir nicht vorrangig zu sein. Natürlich macht es Spaß, mit Farben zu spielen, sie aufs Papier zu bringen. Man muß sie nur haben. Es genügt, sie den Kindern zur Verfügung zu stellen.

Das Erfolgserlebnis für lernbehinderte Kinder: Sie kompensieren ihre Mißerfolge durch die Realisierung hübscher Bilder. Man muß Sylvie (fast 11 Jahre alt) erlebt haben: sie ist im 4. Schuljahr noch nicht in der Lage, fünf aufeinander folgende Worte zu sagen, ohne zu stocken, ohne sich zu versprechen; sie weint, weil sie ihre Gedanken schriftlich nicht gut ausdrücken kann. Man muß erlebt haben, wie sie strahlend vor ihrem Blatt Papier oder ihrem Stück Sackleinen sitzt, um die Bedeutung des Erfolges zu begreifen. Da gibt es keinen Mißerfolg. Wenn ich auf die Argumente mancher Eltern gehört hätte, die zu Beginn des Schuljahres sagten: ,,Zeichnen und Malen ist zwar sehr schön, aber zuerst müssen die Kinder Lesen, Schreiben und Rechnen beherrschen, dann können sie zeichnen!" — wenn ich darauf gehört hätte, dann würde ich Sylvie noch heute unglücklich und weinend vor mir sehen, und ich glaube nicht, daß ihr schließlich irgendetwas gelungen wäre.

,Es ist der einzige Moment, wo man sich ganz frei fühlt!' Ich glaube, daß dieses Argument grundlegend ist. Tatsächlich greife ich nie in das künstlerische Tun der Kinder ein. Ich gestehe mir kein Recht darauf zu, denn die Kinder haben in sich all die Möglichkeiten, die in mir vielleicht schon erstickt worden sind. Ich verstehe nichts von Malerei. Ich selber verkörperte den Mißerfolg in der Laufbahn meines Zeichenlehrers. Deshalb lasse ich die Kinder in Ruhe. Ich begnüge mich damit, ihnen Papier, Pinsel, Kreiden, Farben bereitzustellen. Sie schneiden ihre Blätter, mischen ihre Farben und malen. Ich kümmere mich nur darum, daß aufgeräumt wird. Allerdings muß ich dazu sagen, daß meine Bedingungen relativ günstig sind. Ich habe 18 Schüler in der Klasse (3. bis 5. Schuljahr). Während der ,Freien Arbeit' verfügen die Kinder über einen zusätzlichen Raum neben dem Klassenzimmer. Darin befinden sich Ateliers für Malerei, Druckerei, Linolschnitt usw. Die Kinder haben Platz genug, sie können ihre Blätter ausbreiten, wo sie wollen: auf dem Boden, auf dem Tisch, an der Wand. Papier und Farben sind reichlich vorhanden. Papier erhalten wir von einem Drucker, der diesem Unterricht sehr aufgeschlossen gegenüber steht. Während die Schüler arbeiten, unterhalten sie sich sehr lebhaft. Dieser Lärm wirkt sich jedoch nicht negativ auf das Arbeitsprodukt der Schüler aus. Natürlich sind diese idealen Bedingungen nicht zu verallgemeinern: So ist beispielsweise ein Lehrer mit 30 Schülern in *einem* Klassenzimmer ganz anderen Bedingungen ausgesetzt. Ich möchte noch einmal unterstreichen, daß sich nur unter guten Arbeitsbedingungen die künstlerischen Fähigkeiten der Kinder entwickeln lassen.
Deshalb empfehle ich jedem Kollegen: Kämpft in eurer Schule um geeignete Räume, in denen sich die Kinder entfalten können und wirklich frei sind."[51]

1.5. Musikunterricht: Was machst du? — Ich suche Töne, die einander liebhaben

1974 gab die CEL eine Artikelsammlung zum Thema ,,Freies Musizieren" heraus[52] . In der Einleitung dazu heißt es: ,,Wir gehen in keinem Fall von Regeln und Theorien aus, die notwendigerweise hemmend wirken. Elise Freinet schrieb: ,Es kommt darauf an, die natürliche Frische der kleinen Kinder zu finden, Kinder, die durch die Nachahmung der Musik und der Lieder der Erwachsenen noch nicht verbildet und pervertiert sind; und auch darauf, einer Verbildung der älteren Schüler entgegenzuwirken, ihnen dazu zu verhelfen, ihre eigenen Quellen wiederzufinden, ihr Interesse für eine Produktion und ein Werk zu wecken, dessen Autoren sie selber sind...'

Unser Ausgangspunkt ist deshalb einzig und allein die Erfahrung und das Leben selbst, und unser Vorgehen entspricht unserer neuen Lernmethode des ‚tastenden Versuchens'. Gesang und Musik sind ebenso natürlich für das Kind wie sein Bedürfnis zu sprechen: Die ersten Worte des Kindes sind Modulation und Musik, Sich-Einfügen in die Harmonie der Umwelt. Wir nutzen dieses Bedürfnis zu singen und Musik zu produzieren maximal, indem wir dem Kind eine breite Skala musikalischer Ausdrucksmöglichkeiten anbieten... Der Prozeß ist genau derselbe wie beim Zeichnen. Das Kind erfindet Formen und gibt ihnen Leben...

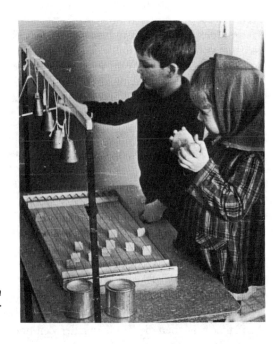

Eine möglichst breite Skala musikalischer Ausdrucksmöglichkeiten

Anstatt ihm fertige Instrumente in die Hand zu geben, regen wir es dazu an, mit einfachen Mitteln selbst Instrumente herzustellen, mit denen es schöpferisch umgehen und sich ausdrücken kann: Flaschen, Gläser, Töpfe, Rohrflöten, Trommeln, Mandolinen, die die Kinder selbst gebastelt haben."

Zuerst seine eigene Musik erfinden — dann zuhören

„Erst wenn man selbst etwas hergestellt hat, ist man in der Lage, aus der Erfahrung der anderen einen Nutzen zu ziehen. Nachdem das Kind seine eigene Musik geschaffen hat, ist es empfänglich für die Werke der großen Musiker.
Es genügt ihm dann nicht mehr, passiv zu imitieren und zu wiederholen. Das Werk der Erwachsenen wird zur Fortsetzung seiner eigenen Erfahrungen..."
Wenn sich der Lehrer diese Überzeugung zu eigen gemacht hat, erkennt er den Unterschied zwischen Musik-‚Unterricht' und freiem Musizieren:
„Auf der einen Seite meine eigene musikalische Bildung, armselig, weil festgelegt, die ich meinen Schülern zu übermitteln suchte, und auf der anderen die musikalische Wirklichkeit der Kinder außerhalb der Schule, auch sie armselig, weil dazu verurteilt, sich in ihrer Einsamkeit auszudrücken".
Wenn diesem freien, spontanen Musizieren die Tür des Klassenzimmers geöffnet wird, so daß sich ihm das fördernde Interesse der Gruppe zuwenden kann, dann kommt eine reiche fruchtbare Entwicklung in Gang: die Kinder eignen sich, von dieser, ihrer eigenen „armseligen" Musikalität ausgehend, die Musik in ihrem ganzen Reichtum an.

Zunächst im *Singen*:

Spontanes Vor-sich-Hinsingen, befreiende Ausdrucksmöglichkeit innerer Gefühle, dem kein Mitteilungsbedürfnis zugrunde liegt.
Lieder als Botschaft (das Kind hat etwas mitzuteilen und tut es in musikalischer Form).
Und schließlich die bewußte Schaffung eigener Lieder (die aus dem Bedürfnis entsteht, die entdeckten musikalischen Mittel selbst schöpferisch zu gebrauchen).

Instrumente:

Einer späteren Etappe entspricht das Verlangen, Instrumente zu gebrauchen: „Es wurde nach mehr als einem Jahr freien Singens spürbar."
Auch hier brauchen die Kinder wieder Zeit und Möglichkeit, sich die Mittel zu eigen zu machen.

„Beim Auftauchen der ersten Instrumente glaubte ich, daß die Etappen, die die Kinder in der Entwicklung des freien Singens durchlaufen hatten, nun nicht mehr notwendig wären. Ich mußte bald einsehen, daß ich mich geirrt hatte...
Erneutes Herumprobieren. Jeder begann wieder an seinem eigenen Ausgangspunkt, aber diesmal ging alles schneller."

LA MUSIQUE

La musique
C'EST BIEN!

On en fait tous les jours,
avec nos instruments
et nos chansons à nous.
Des fois, on joue avec
une vraie guitare
et un vrai pipeau.
On aime bien aussi
écouter des disques.

Tous

„Die Musik" (Kindertext aus einer Klassenzeitung)

Sich austauschen

In dieser Entwicklung spielt der Austausch eine wichtige Rolle. Austausch innerhalb der Klasse:

„Entsprechend unserer Gewohnheit beim freien Singen setzten wir uns zusammen, um die Schöpfungen anzuhören. Dabei entwickelte sich etwas für die Musik Neues: die Kritik. Sie tauchte zuerst in Form von Ratschlägen auf, die dann aber sehr schnell von dem sogenannten ‚Raten' abgelöst wurden. Dabei ging es darum, zu ergründen, ob der Autor fröhlich oder traurig war. Er wußte es selber nicht... Oft war er weder glücklich noch traurig, sondern einfach froh, daß über ihn und sein Werk gesprochen wurde. Manchmal erzählte er uns die Geschichte seiner Musik, aber meistens stellte er sich Fragen über ihre Schönheit.

— Ist das schön?
— Ja, es ist schön.
Oder manchmal: — Man würde denken, deine Musik lacht.
Später tanzten die Mädchen zu der Musik, und wir verstanden sie besser als mit Worten. Die Jungen kamen sich beim Tanzen komisch vor, sie spielten Dirigent. Sie wurden auch verstanden.
Richtige Gespräche entstanden manchmal zu einem Werk:
— Warum ist deine Musik so traurig? Sie weint die ganze Zeit.
— Weil mir das Herz wehtut.
— Sind die Trommelschläge dein Herz?
— Nein, das ist mein Vater, er schlägt mich, und ich schreie: i,i,i,i,i. Ich weine nicht, weil ich ein Junge bin, aber dafür schreie ich. Ich bin hart. Ich weine nie. Aber die Musik ist weich, sie kann weinen, sie ist wie ein Mädchen, sie bittet nicht um Verzeihung, sie weint einfach..."
Hier kann sich der Einzelne durch die Gruppe aufgenommen fühlen.

Und Austausch außerhalb der Klasse:
,,Manche freie Lieder nahmen wir auf und schickten sie den Korrespondenten, die uns ihrerseits ihre besten Schöpfungen sandten. Es fand ein fruchtbarer Austausch statt. Die ‚Ideen' unserer Briefpartner wurden verwendet und auf beiden Seiten entwickelten sich reichere Ausdrucksmöglichkeiten."

Und wenn der Lehrer keine musikalische Ausbildung hat?

,,Er braucht keine! Warum sollte er eine musikalische Ausbildung haben, damit die Kinder sich musikalisch ausdrücken? ... Er braucht sie nur ausprobieren, suchen und entdecken zu lassen, möglichst viel erlauben, und wenn nötig helfen. Und auch das, was er nicht versteht, akzeptieren. Dann finden die Kinder selbst ihren Weg.
Hüten wir uns davor, irgendetwas abzulehnen. Wenn wir zuzuhören verstehen, kann das Kind uns manches lehren. Es führt uns vielleicht in eine Welt, die wir nicht einmal vermuten: die Welt des totalen musikalischen Ausdrucks."

1.6. Sachunterricht: Kinder wollen vieles wissen

Was sie mitbringen

,,Denis hat den alten Fotoapparat, den sein Großvater ihm geschenkt hatte, mit in die Schule gebracht. Das Interesse seiner Klassenkameraden dafür vergrößerte noch seine Freude über dieses Geschenk. Denis hat alles, was er über den Fotoapparat wußte, in einem Album dargestellt:

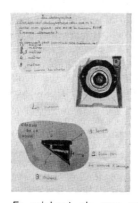  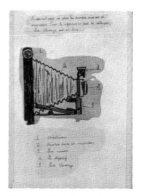

Er zeichnet ab, was er sieht: die Vorderansicht des Apparates und ein Detail: den Sucher.

Eine andere Vorderansicht. Er erklärt die Details.

Ein Profil. Er hat mich um Dokumente gebeten.

Nachdem er den Apparat auseinandergenommen hat, zeichnet er die Innenansicht und ergänzt sie durch aus Dokumenten übernommene Schemas.

Von der Dokumentation ausgehend macht er Versuche.

Er ist zum Fotografen gegangen. Dieser hat ihm Verschiedenes erklärt und ihm Filmstücke geschenkt.

Warum so ein Album?

Zwei Dinge motivierten ihn zur Herstellung des Albums: Denis zeichnet sehr gern. Außerdem wußte er, daß seine Mitschüler in dem Album lesen würden. Dies würde sicherlich auch für die Korrespondenten zutreffen, wenn er ihnen das Album schicken würde.

Durch das Interesse seiner Mitschüler am Fotoapparat wurde Denis angeregt, sich genauer zu informieren. Aber er brauchte Hilfe. Nachdem er den Apparat in der Klasse gezeigt hatte, fragte ich ihn, was er weiter damit anfangen wolle. Antwort: ,,Ich will ihn zeichnen!" Ich gab ihm Papier. Einige Zeit später wollte er Dokumente über Fotoapparate von mir. Ich stellte ihm einige zur Verfügung. Auch als er den Fotoapparat bedienen und auseinandernehmen wollte, brauchte er Hilfe.

So wie Denis bringen viele Kinder die verschiedensten Dinge mit in die Schule, manchmal auch Tiere. Oft sind diese Dinge schon an sich motivierend genug für das Kind: es interessiert sich entweder für das Funktionieren oder für die Herkunft und den Nutzen des entsprechenden Gegenstandes. Dies um so mehr, als es sich um ‚sein Ding' handelt, das für das Kind eine besondere Bedeutung, einen Gefühlswert hat.

Es kommt aber auch vor, daß ein mitgebrachter Gegenstand weder Neugier noch Wissensdurst der Kinder hervorruft. Schließlich ist auch nicht immer eine eingehende Auseinandersetzung mit einem Gegenstand erforderlich. Vielleicht ist die wichtigste Eigenschaft mancher Dinge, daß es Spaß macht, sie zu hören oder zu betrachten."[53]

Eine ,,Frage-Schachtel"

In einer Grundschulklasse (1. — 3. Schuljahr) wurden Fragen der Kinder in einer Schachtel gesammelt.
Hier einige Beispiele:
— Wenn man die Augen einen Moment schließt und dann wieder aufmacht, warum wird da der schwarze Kreis in der Mitte größer? (Gilles, 8 1/2 J.)
— Warum kriegen die Vögel keinen Schlag, wenn sie sich auf die elektrische Leitung setzen? (Myriam, 8 J.)
— Warum werden unsere Zähne locker? (Agnes, 7 J.)
— Wie entstehen in einem Fotoapparat die Fotos? (Florence, 7 J.)
— Der Mond kommt mir nach. Fliegt er hinter mir her? (Alain, 7 J.)
— Wie kann man die Stimmen im Radio hören? Und wie die Bilder im Fernsehen sehen? (Gilles, 8 J.)
— Wie wurden die ersten Menschen geboren? Wo? (Agnes, 7 J.)
— Wie kriegen die Bäume Junge? (Alain, 7 J.)
— Welches ist die letzte Zahl, die es gibt, die größte von allen? (Florence, 7 J.)
— In welchem Land gehen die Leute schlafen, wenn wir aufstehen? (Agnes, 7 J.)
— Warum stirbt man eines Tages? Warum gerade an diesem Tage? (Michel, 8 J.)
— Was sind Atomkraftwerke? Warum sind manche Leute dafür und manche dagegen? (Myriam, 9 J.)

— Woher weiß man, daß die Erde sich dreht? (Vincent, 5 J.)
— Woraus besteht Wasser? Woher weiß man es? (Myriam, 8 1/2 J.)
— Was sind „Prozente"? (Florence, 7 J.)[54]

Die Fragen der Kinder berühren die verschiedensten Bereiche. In vielen Fällen handelt es sich um Probleme aus ihrer direkten Umwelt.

Das illustriert auch der folgende Bericht:
„Freitags hatte die Klassenversammlung (Klassenrat) beschlossen, unterschiedliche Arbeitsgruppen einzurichten: eine davon war Uhr/Zeit, Uhren malen. Für diese Gruppe hatte ich einiges an Material vorbereitet — alles wurde von der Gruppe links liegengelassen. Sie haben sich selbst ein Heft erstellt, indem sie zu bestimmten Zeigerstellungen die entsprechende Uhrzeit zugeordnet haben. Sie sind zum Hausmeister gegangen und haben sich die Schuluhr angesehen und erklären lassen: ‚Der weiß auch nicht, wie die zusammengesetzt ist!' Im Keller haben wir viele Schüleruhren und eine alte Standuhr gefunden. Letztere war defekt — wenn man sie aufdrehte, rasten die Zeiger wie verrückt. Das hat der Gruppe neuen Auftrieb gegeben, jetzt fingen sie an, Texte zu schreiben. Diese habe ich auf Fehler überprüft, in Schreibschrift übertragen und Selma hat die Texte ins Reine geschrieben. Mirjam läuft durch die Schule und fotografiert Uhren und deren Teile. Als die Gruppe am Freitag ihre Ergebnisse vorstellt, stellt sich heraus, daß einige noch nicht die Uhrzeit richtig ablesen können. Für Montag wird eine weitere Doppelstunde vereinbart, in der diese lernen können, die Uhr zu lesen."[55]

Aber auch psychologische und soziologische Probleme sowie historische, geographische und naturwissenschaftliche Phänomene kommen zur Sprache.

Oft können die Fragen in der Klasse nicht beantwortet werden, weil praktische Versuchsmöglichkeiten fehlen oder die Sachkompetenz des Lehrers nicht vorhanden ist. Dennoch sollen alle Schülerfragen akzeptiert und möglichst besprochen werden. Die Kinder verstehen sehr gut, daß es nicht immer eine endgültige und allgemein gültige Antwort gibt, sondern daß es sich in vielen Fällen um ein komplexes Beziehungsgeflecht handelt. Den Fragen gemeinsam nachzugehen, einige der einfachsten dieser Beziehungen zu entdecken und im übrigen sein Nichtwissen mit anderen zu teilen, das sind Elemente, die einerseits anregend wirken, andererseits aber auch ein Gefühl der Sicherheit vermitteln.

Und der Lehrer dabei?

Welche Rolle kommt bei einem solchen auf die Kinder orientierten Sachunterricht dem Lehrer zu?

1. Um fragende und forschungslustige Kinder zu erziehen, ist es wesentlich, daß er freien Ausdruck nicht nur erlaubt, sondern fördert und ihm seinen Platz in der Klasse einräumt. Er ist dem Fragen und Probieren der Kinder gegenüber offen, akzeptiert auch ein scheinbar störendes Tun, selbst wenn es zunächst als Spielerei erscheinen mag.

„Eines Tages hielt ich ein aufgeschlagenes Buch so vor meine Augen, daß es zwei ‚Tunnel' bildete. Wenn ich die Ränder des Buches betrachtete, sah ich *zwei* ‚Tunnel'. Wenn ich aber die Klassentafel betrachtete, von der ich ziemlich weit weg war, war nur noch *ein* ‚Tunnel' zu sehen. Wenn ich vor einen ‚Tunnel' einen Finger halte und ihn dann vor den anderen führe, habe ich den Eindruck, daß der Finger verschwindet und ein anderer erscheint. (Dazu muß man die Tafel angucken und weit genug davon entfernt sein)". (Dominique, 11 J.)[56]

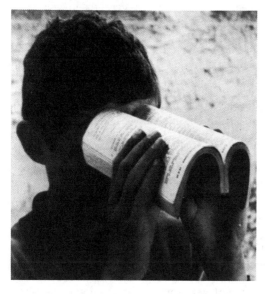

Spielerei? Nein — Entdeckung des binokularen Sehens

Durch diesen zweckentfremdeten Gebrauch eines Buches hat der Junge das Phänomen des binokularen Sehens entdeckt.

2. Offenheit jeder Form von Fragen und Entdeckungen gegenüber:
„Ich saß beim Essen. Als ich durch den Boden meines Glases schaute, sah ich meinen Teller kleiner. Mutti, mein Bruder, die Lampe, alles sah kleiner aus. Es war wie eine ‚Anti'-Lupe: das Gegenteil einer Lupe, die alles größer erscheinen läßt.

Ich fuhr mit dem Finger über den Boden des Glases und stellte fest, daß es hohl ist, innen und außen. Da die Lupen gewölbt sind und der Boden meines Glases hohl, ist es normal, daß er alles verkleinert". (Dominique)[57]

Wahrscheinlich saß niemand dabei, der sagte: „Das Glas ist zum Trinken da, nicht zum Durchgucken!" — und so konnte Dominique seinen Überlegungen über Lupen und ‚Anti'-Lupen nachgehen.

3. Der Lehrer plant Zeit und Raum für Forschungen ein und stellt vielfältiges und anregendes Material bereit.

„Ich habe zwei Zahnräder in unserem Versuchsmaterial gefunden. Ich habe sie auf eine Achse geschraubt. Das mit den großen Zähnen ist größer als das andere. Dann habe ich mein System rollen lassen, aber es war nichts zu machen: es will nicht geradeaus rollen, es biegt immer nach links ab!" (Jaques)[59]

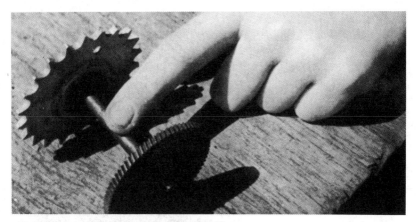

„Mein System will nicht geradeaus rollen"

4. Der Lehrer bietet den Kindern die Möglichkeit, Diskussionsfähigkeit und forschendes Verhalten zu erlernen. Hier spielt auch die Klassengruppe eine Rolle: Manchmal haben die anderen Kinder gleiche oder ähnliche Phänomene beobachtet. Dies kann die Fragestellung des Kindes erweitern oder präzisieren. Umgekehrt wirken auch die Beobachtungen des einzelnen stimulierend auf die Gruppe zurück.

„Nach einer Fernsehsendung über den Ballonflug stellte Jean-Marc Fragen. Ich habe ihm eine Schrift über den Ballonflug gegeben. Er kam sehr schnell wieder, um zu fragen, was Wasserstoff ist. Ich wollte ihm das nicht einfach mit Worten erklären und schlug ihm deshalb vor, selbst Wasserstoff herzustellen. Dieser Versuch interessierte die ganze Klasse; alle versammelten sich um seinen Tisch... Die Kinder fragten, wie aus Zink und Chlorwasserstoffsäure etwas drittes, nämlich Wasserstoff, entstehen könne. Hier war kein Versuch mehr möglich; ich habe erklärt, daß die Chlorwasserstoffsäure-Moleküle sich in je ein Chlor- und ein Wasserstoffatom spalten..." Aber die Kinder fragten weiter: ‚Kann man die Atome und Moleküle sehen? Was für Kräfte halten die Atome zusammen?' "[58)]

Jean-Marcs Interesse für den Ballonflug war nur der Ausgangspunkt gewesen. Es entwickelten sich im Anschluß daran komplexe Fragestellungen, die das Bedürfnis der Kinder deutlich machen, weitergehende Zusammenhänge aufzuspüren und zu verstehen.

Elektrischer Kreislauf und Schema — der Schüler braucht Hilfe dazu

5. Bereitschaft, dem Kind weiterzuhelfen, wenn es an einem Punkt seines eigenen Forschens Hilfe benötigt: Der Lehrer hilft dem Schüler, seine Arbeit zu organisieren. Er vermittelt eigenes Wissen weiter. Er regt zu Verfahrensweisen oder Techniken an, die in der entsprechenden Situation weiterführen können.

6. Neugierde provozieren und sich nicht mit einfachen Feststellungen zufriedengeben (s. hierzu „Eine Kartei für Neugierige", S. 90 ff.)
7. Zur Aufgabe des Lehrers gehört aber auch, die älteren Kinder (ab 10 Jahren) dazu zu führen, über die Beobachtung von Objekten und Experimenten zur vergleichenden Beobachtung von Ideen und Konzepten bis hin zur Aufstellung von Hypothesen zu gelangen.

Die Rolle des Lehrers umfaßt also drei wesentliche Bereiche seiner Persönlichkeit:
— das, was er *ist* (Zuhören und Ernstnehmen der Kinder)
— das, was er *anbietet* (Organisation des schulischen Milieus),
— und das, was er *weiß*.

Eine Arbeitsmethode?

„Nach meinen langjährigen Erfahrungen mit Kindern und genauer Analyse ihrer Fragen und Entdeckungen scheint es mir möglich, ihr Vorgehen durch folgende 3 Formeln zu kennzeichnen:
— Oh, ich habe bemerkt, daß... (die Entdeckung)
— Ja, aber wenn... (Modifizierung einer Komponente der Situation, Aufstellung einer Hypothese)
— Aber das ist genauso wie... (Herstellung einer Analogie mit einer schon bekannten Situation).

Manchmal habe ich das Forschen der Kinder beschleunigt, indem ich ihnen Fragen stellte, die den Übergang zur nächsten Etappe erleichterten. Ich denke, daß in der Grundstufe (zumindest am Anfang) das Bewußtwerden von Analogien zwischen verschiedenen Situationen schon einen Erfolg bedeutet: die Formulierung von Gesetzmäßigkeiten entspricht weder unseren Möglichkeiten noch dem Alter der Kinder.

Beispiel: Der im Wasser geknickte Stab

1. Etappe: Die Entdeckung
Wenn man einen Stock betrachtet, der zur Hälfte in ein Wasserbecken getaucht ist, hat man den Eindruck, daß er an der Stelle zwischen Luft und Wasser einen Knick hat. (Als wir in der Klasse diese Situation nachvollzogen, haben wir dasselbe Phänomen beobachtet.)

2. Etappe: Modifizierung einer Komponente,
Aufstellung von Hypothesen

Wir haben folgendes bemerkt:
— Es stimmt, wir haben es alle gesehen.
— Aber wenn man den Stab aus dem Wasser zieht, ist er genauso gerade wie vorher.
— Und wenn man ihn ganz eintaucht, ist er auch gerade.
— Damit er geknickt aussieht, muß er halb im Wasser und halb in der Luft sein.

Mehrere Experimente wurden vorgeschlagen:
— Den Stock von unten ins Wasser stecken: Wird der Stock in derselben Richtung geknickt?

— Beobachten, was passiert, wenn man einen Stab in eine andere Flüssigkeit taucht: Öl, Benzin, Heizöl, Salzwasser, Zuckerwasser usw.?
— Ein Stück Draht so knicken, daß es, wenn man es ins Wasser taucht, gerade aussieht.

3. Etappe: Analogie zu bekannten Situationen

Eine Bemerkung: Ist ein Fisch, den man im Wasser sieht, wirklich dort, wo man ihn sieht? Man müßte wissen, wie sich ein Harpunenfischer orientiert, wenn er einen Fisch schießen will.
Und die Vermutung von Joël (12 J.): ‚Das Wasser wirkt wie eine Lupe, es vergrößert. Aus diesem Grunde scheint der Teil des Stabes, der im Wasser ist, näher als er wirklich ist. Deshalb hat man den Eindruck, daß der Stab geknickt ist.'"[60]

Hier stehen wir an der Schwelle von der Grundstufe (Beobachtung und Vergleich) zur Sekundarstufe (Erklärung und Formulierung von Gesetzmäßigkeiten).

Eine „Kartei für Neugierige"

Diesen Namen haben sich Kinder einer Straßburger Klasse (4./5. Schuljahr) ausgedacht, als die vom Lehrer erstellte Kartei in der Klasse erprobt wurde. Es handelt sich dabei um eine Arbeitskartei, deren Ausgangspunkt Fotos, Bilder, Zeitungsausschnitte, Spiele bzw. Fragen und Bemerkungen der Kinder sind. Thematisch und formal steht diese Kartei der Welt der Kinder sehr nahe. Aufgabe dieses Arbeitsmittels ist es, die Schüler zu einer kritischen Beobachtung ihrer Umwelt anzuregen, sie mit den unterschiedlichsten Problemen zu konfrontieren und sie zur eigenen Weiterarbeit zu motivieren.

Ziel dieser Arbeitskartei ist, eine kritische Selbständigkeit der Kinder in verschiedenen Lebensbereichen zu entwickeln:
— entziffern können, was sie im Alltag umgibt: Symbole, verschlüsselte Angaben lesen lernen (z.b. Etiketts von Waren, Landkarten und Pläne, Briefumschläge, Autonummern).

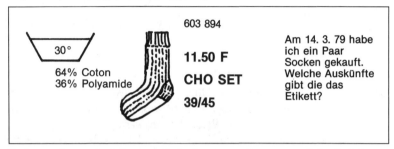

— Informationen des eigenen Gedächtnisses oder persönliche Erfahrungen nutzen (z.B.: Benennen von Werkzeugen oder sonstigen Gegenständen. Wie groß bin ich? Wie ist mein Pulsschlag?)
— sich an Hand von Dokumenten informieren lernen (z.B.: Pflanzen benennen; Wie funktioniert eine Schleuse?)
— eine Dokumentation lesen können (z.B.: eine Karte oder einen Plan mit Zeichenerklärungen, einen Zeitungsartikel)
— Beziehungen erkennen lernen (z.B.: Wozu dient ein Scheck? Wofür verwendet man Holz?)

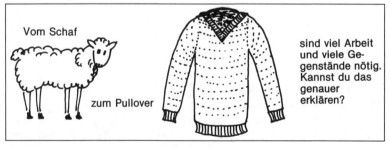

— einschätzen lernen (z.B.: Wieviel kostet...? Wieviel Meter sind es bis...?)

Die Arbeitskarten sind *thematisch* angeordnet und umfassen folgende Bereiche:

Natur

Beispiele: — Schreibe 50 Tiere auf!
— Wie kann man das Alter eines Baumes feststellen?
— Eine Eiche (verschiedene Bilder): einjährig, zehn-, fünfzig-, zweihundertjährig.

Wirtschaft

Beispiele: — Abbildungen von Auto-Nummernschildern
— Weißt du, wieviel eine Kuh kostet? Ein Paar Schuhe? Ein Brot?
— Erkläre „made in Japan" (das Etikett einer Ware aus Japan wird gezeigt).

Alltag und Gebrauchsgegenstände

Beispiele: — Was steht auf einer Glühbirne? Was steht auf einer Batterie?
— Woher kommt das Leitungswasser? Wohin fließt das Wasser, wenn es das Waschbecken verläßt?
— Was bedeuten die Verkehrsschilder? (Abb. werden gezeigt).

Weitere Bereiche sind: Leben des Kindes, Geschichte, Erdkunde.

Die *Arbeit mit der Kartei* sieht folgendermaßen aus: Alle Kinder arbeiten daran; jeder sucht sich 2, 3 oder 4 Karten aus. Die Kinder diskutieren untereinander. Jedes Kind schreibt die Antworten oder Informationen, die es gefunden hat, auf. Am Ende findet in der Klasse ein Informationsaustausch statt: Die Kinder stellen ihre Ergebnisse dar, vergleichen diese und diskutieren noch offene Fragen.[61]

1.7. Fächerübergreifender Unterricht

Fächertrennung ist künstlich

In der Realität ist eigentlich Freinet-Unterricht immer fächerübergreifend, zumindest in der Tendenz. Fächertrennung ist ja nur eine künstliche Strukturform der Schule. „Nicht Fächer sind das Suchschema der Kinder, sondern die sozialen und persönlichen Lebensprobleme, die Alltagswirklichkeit, die nicht nach Unterrichtsfächern geordnet ist" sagt ein Mitarbeiter des Referates Grundschule im Kultusministerium Nordrhein-Westfalen.[62] Als Erziehungsziele in der Grundschule werden im selben Artikel genannt: soziale Koedukation, individuelle Förderung, grundlegende Bildung. Diese Ziele sind der Freinet-Pädagogik nicht fremd!

Können solche Erziehungsziele im fächertrennenden Unterricht überhaupt erreicht werden? Jedenfalls kommt man ihnen in der fächerübergreifenden Arbeit wohl näher. Den Lehrern in der französischen Grundschule wird ein solches Arbeiten dadurch erleichtert, daß sie prinzipiell alle Fächer in ihrer Klasse unterrichten. Deutsche Freinet-Lehrer in der Grund- und Hauptschule streben es an, so viele Fächer wie möglich in ein- und derselben Klasse zu unterrichten.

Das Kreisgespräch

Wenn das Kind eine Entdeckung gemacht hat oder sich für eine Sache interessiert, fragt es nicht danach, in welches Fach sich sein Interesse einordnen läßt. Es hat das Bedürfnis, davon zu sprechen. Die sehr offene Struktur des Kreisgespräches bietet die Möglichkeit dazu. Im Kreisgespräch werden auch die Arbeiten vorgestellt und besprochen.

,,Am Mittwoch, gleich morgens, werden die Arbeiten der Woche vorgestellt. Zuerst lesen einige ihre Texte vor, dann Briefe u.ä., dann kommen Bilder und zuletzt Dinge, die sie gebaut oder mit denen sie experimentiert haben. Es kann meistens jeder irgendetwas vorstellen, und das ist auch sehr wichtig. Die Mitschüler geben dann Tips, was man verbessern könnte oder geben vielleicht einfach so ihre Anerkennung. Sinnvolles Kritisieren, das nicht kränkt, sondern weiterhilft, ist nicht nur für Erwachsene schwer. Aber die Kinder lernen es ganz gut, wenn man oft darüber spricht. Ich frage übrigens auch nach, ob es Schwierigkeiten bei der Zusammenarbeit gab und wie man damit umgegangen sind.
Das Vorstellen ist auch deswegen noch wichtig, weil die Kinder sich dadurch gegenseitig für bestimmte Arbeiten motivieren. So regt einer den anderen an, bis fast jeder selbst mit bestimmten Materialien gearbeitet hat. Zusätzlich zu diesem Vorstellen gibt es übrigens noch Vorträge, die von einzelnen gehalten werden. Die Themen dazu ergeben sich meistens aus Gesprächen im Morgenkreis...''[63]

Das Kreisgespräch hat also eine zentrale Funktion: es erlaubt, Interessen mitzuteilen, Anregungen aufzunehmen, Arbeitsergebnisse vorzustellen, aber auch, offengebliebene Fragen einzubringen.

Natürliche Lernsituationen

Gibt es natürliche Lernsituationen? Was ist darunter zu verstehen?
Eine Gruppe von Lehrern hat darüber nachgedacht: ,,Das schwierige an ihnen ist, man kann sie nicht planen, sie ergeben sich per Zufall. Unvorhergesehen und zur Freude aller Beteiligten ergeben sich in dem Maße, wie die Lösung von Interesse für mehrere ist, woraus ein gemeinsames Bemühen entsteht oder entstehen kann. Sicherlich registrieren viele Lehrer öfter

solche Situationen, in denen sie für sich feststellen: ‚Mensch, da läuft ja gerade was sehr Wichtiges für die Kinder, die sind ja viel mehr bei der Sache als bei vielen von mir angebotenen Sachen'.

Beispiel:
Mengenlehre bei der Herstellung eines Bilderbuches (1. Schuljahr, 18 Kinder).
3 bis 4 Monate nach Schulbeginn wollte ich unbedingt ein Buch mit den Kindern machen. Jeder sollte sich beteiligen, jeder sollte hinterher eins haben, und an die Korrespondenzklasse könnte man auch noch eins verschicken. Es sollte ein Tierbilderbuch werden, im Kordeldruckverfahren hergestellt.
Den Druckstock herzustellen war kein größeres Problem, dafür aber die Frage: Wieviel Blätter muß jedes Kind drucken, damit jedes Kind hinterher ein Bilderbuch erhält und noch 4 Stück übrigbleiben? Abstrakt war die Lösung des Problems fast allen klar, allein es haperte an der Größenvorstellung von 18 bzw. 22. Die wurde beim Drucken sehr schnell klar. Einige meinten, daß sie schon nach 5 Drucken fertig seien. Es herrschte quirliges Drauf-los-Drucken, das irgendwann im Durcheinander endete, da niemand wußte, ob er fertig sei oder nicht. Wir überlegten gemeinsam und kamen auf folgende Idee:
Wir legen eine waagerechte Reihe mit leeren weißen Blättern, auf denen nur die Namen der Kinder stehen. Nun konnte jedes Kind mit seinen Drucken eine neue waagerechte Reihe legen und an Hand der zuoberst liegenden vollständigen Reihe herausbekommen, wieviele Drucke es noch machen mußte. Die Kinder merkten selbst, daß sie nur richtig vergleichen konnten, wenn sie ihre Reihe ganz ordentlich unter die darüber legten. Nicht allen Kindern war der Sinn dieses Reihenlegens klar und auch noch ordentlich untereinander; aber während sie es taten, merkten sie, daß sie vielleicht 2 Bilder weniger als ein anderes hatten. Plötzlich waren die Kinder in intensivstes Miteinander-Lernen vertieft: ich hab genauso viel wie du; Ralf hat 4 weniger als ich; ich habe 5 mehr als Sigrid; Michael hat ja erst 5 Bilder fertig; ich brauche nur noch 3 Bilder etc...
Für einige Kinder füllte ich ihre Reihe mit leeren weißen Blättern auf, so fiel es ihnen leichter zu zählen, wie viele ihnen noch fehlten.
Die Frage, wie verteilen wir die Bilder jetzt so, daß jedes nachher ein Buch hat, in dem auch von jedem Kind aus der Klasse ein Druck drin ist, lösten einige Kinder im Handumdrehen: Sie sammelten sich eine senkrechte Reihe ein und strahlten über ihr Buch.
Ich habe dieses Vorgehen nicht vorher geplant, konnte dann während der ganzen Sache nur mit Freude feststellen, daß die Kinder dabei waren, Mengenlehre praktisch zu erleben, daß Größenvergleiche auch einen sehr konkreten Bezug zu den Kindern haben können."[64]

Solche natürlichen Lernsituationen sind vom Wesen her fächerübergreifend.

Die beiden folgenden Berichte vermitteln einen Eindruck davon, daß Arbeit, die von den Kinderinteressen ausgeht, sich um Fächertrennung nicht kümmert.

Erster Bericht: Thema Wasser

„Mein Vorschlag, in der nächsten Woche das Thema Wasser zu erörtern, findet Zustimmung... Ich bereite mich intensiv vor, bringe massenweise Arbeitskarten, Informationskarten, Arbeitsblätter mit. Aber, wie das so ist: Jede Gruppe fängt anders an!

Eine Gruppe bastelt sich ein Schöpfgerät, mit dem sie zum Rhein geht und Wasserproben nehmen will. Das mißlingt, weil das Gefäß ein Loch hat und zu allem Überfluß auch noch in den Rhein fällt. Sie sind frustriert, jetzt können sie nicht filtern, wie sie es geplant hatten. Sie finden ein Heft über die Rheinwasserverschmutzung. Aber das ist natürlich für Erwachsene geschrieben. René und Necati wollen Wasser mit der Waage wiegen. Ihnen helfe ich die meiste Zeit. Sie stellen nach mehreren Überschwemmungen fest, daß die Wasserflasche 1 l Wasser enthält und dieser Liter 1000 g wiegt. Auch andere Dinge werden gewogen. Sie stellen eine Tabelle auf, mit verschiedenen Dingen und deren Gewicht. Am Ende der Woche arbeitet Michael mit Necati in dieser Gruppe, René hat noch nicht genügend Ausdauer.

Eine Gruppe hat ein sechsseitiges Buch über das Wasser hergestellt. Eine Seite drucken sie in dieser Woche mit dem Limographen: ‚Die Kinder haben viel Spaß zum Spielen am Wasser, denn es ist schön für die Kinder.' Simone vergißt beim Übertrag auf die Matrize das Wort ‚Spaß'. Als sie die Blätter an die Klasse verteilt, lächelt sie verlegen: ‚Das kann ja jedes Kind selbst einsetzen.'

Haydar, Ali, Sandra und Mirjam haben festgestellt, daß Wasser saugfähig ist. Mit Papier, Stoff und Schuhcreme führen sie ihre Versuche vor.
Mirjam und Guido bauen im Verlauf der Woche einen Berg, aus dem eine Quelle fließen soll; da die technischen Probleme aber von ihnen nicht gelöst werden können, wird aus dem Berg eine Ritterburg mit einem Wassergraben, der ganz aus Gips hergestellt und blau angemalt wird.
Freitags lesen wir im Lesebuch, daß man sich mit Wasser auch waschen kann, das hatten die Kinder bisher nicht herausgefunden. Carolin, Sandra und Yvonne gehen auf den Schulhof, nachdem sie auf einer Arbeitskarte gelesen haben, daß man Blätter und Pflanzen auf Wasser hin untersuchen kann. Sie schreiben einen Text: ‚Wasser. Wir haben festgestellt, daß ein Ast, wenn man ihn durchbricht, feucht ist. Unsere Gruppe. Caroline, Sandra, Yvonne.'"[65]

Zweiter Bericht: Schule als Werkstatt

„Was für einen Lernort bieten wir Lehrer den Kindern und was für eine Schule steckt dahinter, daß Kinder die Schule, wie sie ist, so oder so erleben? Die Idee einer Werkstatt-Schule ist bestimmt nicht neu. Sie zu versuchen, ist jedoch in jeder Schulsituation konkret anders.
Vielleicht ist mein Klassenzimmer eher eine „Vorwerkstatt", ganz gewiß aber ein Lernort mit ständigem Wechsel von lehrerorientiertem und lehrerfreiem, von handwerklichem und intellektuellem Arbeiten; wo Zusammenarbeit, aber auch Alleinarbeit möglich wird mit sozusagen schulunüblichen Mitteln, z.B.: Pinzetten, Ahlen, Satzschließmagneten, Schließzeugen, Lettern, Setzkästen, verschiedenen Druckmaschinen, Draht, Blech, unterschiedlichen Papieren und Kartons usw.
Der organisierende Mittelpunkt einer übergreifenden Aufgabe in dieser „Werkstatt" ist seit etwa 12 Jahren im schrittweisen Aufbau der Schuldruck geworden. Jahrelang habe ich Schuldruck am Rande sozusagen zur Verbesserung der Rechtschreibung, zur Motivierung, Auflockerung, zur Differenzierung, zur Belebung des Schullebens betrieben. Jetzt ist Schuldruck mit Werkstatt zum Mittelpunkt aller möglichen Lernprozesse, selbst neuer Inhalte, geworden.
Auf einem Kartonturm sind zur Zeit folgende, von Kindern selbstgewählte Themen und Arbeitsvorhaben angeheftet:
Thema: Ein Winterabenteuer (etwa 40seitiges Druckwerk)
Hersteller: Karl-Josef, Andreas (Diese beiden Schüler organisieren Bild- und Satzdruck von 18 Mitschülern)
Auflage: 40 Stück

Thema: Die große Expedition (16seitiges Werk)
Hersteller: Markus, André (Beiträge von diesen 2 Schülern)
Auflage: 40 Stück

14 weitere Vorhaben schließen sich an und werden der Kürze halber thematisch genannt:
„Die Weberdistel und ihre Bewohner" (aus der Sachkunde entwickeltes Thema), „Was im und um dein Haus passiert" (Erlebnisse und Erfahrungen), „Die Erforschung der Teufelsschlucht" (Märchen), „Die verzauberte Prinzessin" (Märchen), „Das kleine Meerschweinchen geht auf Reisen" (Tiergeschichte), „Piratenschiff" (Abenteuergeschichte), „Fremde und Bekannte" (Erzählung), „Jonas" (Thema des Lehrers aus dem Religionsunterricht, Buchausgabe unter Mitarbeit der ganzen Klasse), „Diesen Traum würde ich gerne noch einmal träumen", „Wichtelmänner" (Märchen), „Die unheimlichen Schatten" (Kriminalmärchen), „Kinder in der Schule", „Schattenspiele, bauen, erfinden, spielen", „Gideongeschichte" (Illustrationen in Radierungstechnik, vom Lehrer initiiert), „Hamster der Klasse 4 d" (Immer wiederkehrende Schülerzeitschrift mit verschiedenen Beiträgen aus Schule und Umwelt).

Linolschnitt: Bild der Werkstatt aus der Sicht eines Schülers

Diese Themen geben das ganze Spektrum von Schülerinteressen wieder. Sie zeigen einen weiten Bogen von Märchen, Erlebnisgeschichten, Sachberichten bis hin zur Poesie, natürlich Kinder-Poesie.

Wie sieht die alltägliche Unterrichtsarbeit aus? Da bietet sich folgendes typisches Bild: Von den 30 Schülern gehen alle unterschiedlichen Tätigkeiten nach. Einige Schüler stellen einzeln oder in kleinen Gruppen ein Manuskript für eine selbstgewählte Geschichte her. Vier Kinder setzen sich mit einem Sachkundethema auseinander. Eine Arbeitskarte ist Anlaß. Vielleicht wird ein Werk daraus? Fünf Kinder setzen mit Lettern in einen Eisenrahmen ihre Texte. Wieder andere vervielfältigen Bilddrucke in Linol- oder in einer Radierungstechnik. Einige Schüler basteln Hüte für ein Sprachspiel (vom Lehrer gestelltes Thema über das Zeitwort).

In einer Ecke wird von einer Gruppe eine Kurzszene zu einem Schattentheater für die ganze Klasse geprobt. Ein Holzrahmen mit darübergespannter Leinwand und Tischlampe ist die Bühne. Welche Arbeitsprozesse durchläuft diese Gruppe? Zugegebenerweise zur Zeit die interessanteste, aber auch für alle anderen anregsamste. Aus Pappe mit Kartonstreifen und Musterklammern wurden beweglich zu machende Figuren gebastelt; eine Szene dazu entwickelt, durch Satz und Druck die Geschichte der Herstellung und durch Festhalten der erfundenen Theaterszene die Veränderungen und Arbeitsschritte sichtbar gemacht.

Einen breiten Raum nimmt die Bildsprache ein, mit der Übertragung vom Entwurf bis hin zu einer graphischen Darstellungstechnik, wie hier die Radierung.

Was hier Werkstattunterricht bedeutet, läßt sich auch am Lernprodukt ablesen. Diese Schüler organisieren ihre Arbeiten, verwirklichen ihre Ideen durch Größe und Umfang der Texte, Schriftwahl, Papiergröße, erkunden Möglichkeiten, wann sie ihre Texte und Bilder an verschiedenen Maschinen vervielfältigen können, proben bei Belegung von Druckmaschinen ihre Theaterszene, ziehen weitere Mitspieler hinzu, verbessern nach Kritik Texte. Also eine Arbeit für etwa sechs Wochen. Da zu gleicher Zeit viele Gruppen in ähnlicher Weise arbeiten, finden — neben dem Austausch der Lernprodukte — viele soziale Prozesse statt. Immer wieder muß Ordnung der Materialien vorgenommen werden, findet eine Auseinandersetzung um Reihenfolge statt, Hindernisse, schwierige Korrekturen benötigen eine nicht vorhersehbar lange Zeit. Eine Maschine ist blockiert — jetzt heißt es Erweiterungen, Ausweichthemen finden oder vorschlagen.

Meine Arbeit als Lehrer ist mehr ein dauernder indirekter Unterricht. Ich möchte die Erfahrungen aus meiner zehnjährigen Landschularbeit — acht oder vier Schuljahrgäge zugleich, mehr selber lernen als nur lehren — in

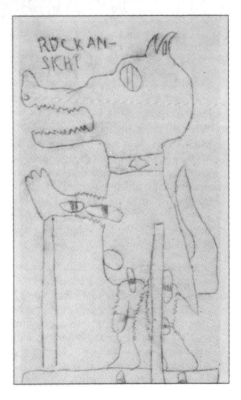

Radierung: Genaue Konstruktion einer Schattenfigur

meiner jetzigen Stadtschul-Jahrgangsklasse verwirklichen. Diese wären, kurz gesagt: Immer wieder bereit sein, z.b. neue Lösungswege bei Korrekturen am Schriftsatz nur anzudeuten, ausprobieren zu lassen — Materialien bereitzustellen, die Aufforderungscharakter haben — Vermittlungstechniken für neue Bildsprachen einzuüben — neue Form- und Farbkombinationen bei Ermüdungen und Lustlosigkeit vorzuschlagen — auf neue Eindrücke aufmerksam zu machen — in einer anderen Technik zu arbeiten und dabei eine neue Formensprache zu suchen und finden zu lassen.
Kurzum: Techniken zu lehren, ähnlich, wie es Freinet forderte. Manche Einschränkung des einmal Gewohnten oder Rückkehr zum üblichen Unterricht hat meine Kinder zu starkem Widerspruch und zur Auseinandersetzung herausgefordert: Die Werkstatt ist nicht mehr allein Sache des Lehrers. Sie ist ein Ausdrucksmittel der verschiedenen Sprachen der Schüler geworden."[66]

1.8. Eine Freinet-Schule: Die Ecole Karine in Straßburg

Eindrücke einer Hospitantin

„Lage und Situation der Schule:

Die Grundschule Ecole Karine liegt in Strasbourg-Hautepierre, einem Vorort von Strasbourg. Hautepierre ist eine typische Hochhäuser-Trabantenstadt, die es erst seit wenigen Jahren gibt und die noch weiter ausgebaut wird. Es wohnen dort überwiegend sozial schwache Familien, besonders auch Ausländer und Gastarbeiter.
Die Grundschule ist so neu wie das gesamte Stadtviertel, sie besteht seit sieben Jahren. Von außen ist sie ein moderner, schmuckloser, zweistöckiger Bau.
Vor sieben Jahren nahm die Schule mit vier Lehrern und vier Klassen den Betrieb auf. Diese ersten vier Lehrer waren Freinet-Pädagogen, die zusammen Freinet-Pädagogik an dieser neu gegründeten Schule verwirklichen wollten. Heute besteht die Schule aus fünfzehn Klassen (ca. 370 Schüler) und siebzehn Lehrern, die alle nach den Prinzipien von Freinet arbeiten.
Die Schule ist mit Räumlichkeiten sehr gut ausgerüstet.
So besitzen jeweils zwei Klassen zusammen einen dritten Raum zum Basteln und Malen, in den sich die Schüler auch zurückziehen können, wenn sie individuell arbeiten, z.B. Texte schreiben, und sich im Klassenraum gestört fühlen. Außerdem gibt es in der Schule eine Schulbibliothek, einen Theaterraum mit Bühne, eine kleine Küche, sowie verschiedene Ateliers zum Töpfern, Blumenstecken, Nähen usw. Zur Grundschule gehört außerdem eine kleine Turnhalle (mit Betonfußboden, was wegen erhöhter Verletzungsgefahr schon verschiedene Aktivitäten verhinderte), ein betonierter Schulhof mit einer großen Sandkiste, aber ohne sonstige Turngeräte, und ein Gemüsegarten.

Beschreibung eines Klassenraumes:

Vor der Tafel standen drei Bänke, die mit der Tafel ein Viereck bildeten. Weiter gab es sieben Vierertische, das Lehrerpult, das nicht vorne stand, sondern hinten. An den Wänden hingen Gedichte, Texte und Zeichnungen der Schüler, sowie Kollektivbriefe ihrer drei Partnerklassen. Außerdem gab es eine Stecktafel, die anzeigte, ob die Schüler ihren privaten Korrespondenten schon geschrieben hatten oder nicht, zwei Regale und drei Schränke. In den Regalen war die kleine Klassenbibliothek untergebracht, und es gab dort einen Platz für jeden Schüler, wo er seine Hefte und Bücher ablegen konnte. In den Schränken befanden sich die klassierte Dokumentensammlung der Klasse, sowie einige hundert BT-Hefte (Bibliothèque de travail = Arbeitsbibliothek) und verschiedene andere Arbeitsmaterialien. Auf allen Vierertischen gab es Grammatik- und Mathematikkarteikarten mit den dazu gehörenden Lösungskarten. Im Nebenraum, den sich die Klasse mit einer anderen Klasse teilte, und der vom Klassenraum direkt zu erreichen war, hatten Druckerei und Limograph ihren festen Platz. Außerdem war dieser Raum, wie oben beschrieben, Zeichen- und Bastelraum. In diesem Raum fand ich viele ,,Arbeitskisten" zu den unterschiedlichsten Themenbereichen wie z.B. Papierherstellung, Knochenbau usw... In den Arbeitskisten waren Bücher, Zeitungsausschnitte, BT-Hefte und konkrete Arbeitsanweisungen für Schüler, die sich eines dieser Gebiete erarbeiten wollen. Zu einigen Arbeitskisten gab es noch Kisten mit Anschauungsmaterial. Zum Beispiel gab es zur Arbeitskiste Papierherstellung als Anschauungsmaterial verschiedene Papiersorten mit und ohne Wasserzeichen, trockene Cellulose, aufgeweichte Cellulose, mit Leim und Farbe angereicherte Cellulose usw.

Ich bemerkte, daß jeder Klassenraum besonders auch die Interessen und Fähigkeiten des jeweiligen Lehrers wiederspiegelte. In der oben beschriebenen Klasse war der Lehrer eher interessiert an Naturwissenschaften und Mathematik. In seiner Klasse gab es viele Arbeitskisten und Dokumente zu Sachthemen und alle Materialien waren ordentlich klassiert. In einer anderen Klasse war der Lehrer eher an künstlerischen Dingen interessiert, er legte z.B. sehr viel Wert auf den sprachlichen, schriftlichen Ausdruck seiner Schüler. In seiner Klasse gab es viel mehr Arbeitsanweisungen zum Erarbeiten von Li-

Ein Klassenraum, in dem vielseitig gearbeitet wird

teratur und Gedichten, es gab hier auch sehr viel mehr Anregungen zum Schreiben von Texten und Gedichten.

Beschreibung eines Vormittags im 4. Schuljahr:

Die Klasse hat 24 Schüler. An diesem Vormittag sollten zunächst die vier Korrespondenzklassen der Klasse eingeladen werden, an einem Tag nach Hautepierre zu kommen. Die Klasse versammelte sich zuerst auf den Bänken vor der Tafel. Es wurde besprochen, was eine Einladung an die Korrespondenzklassen unbedingt enthalten muß (z.B. Datum, was an dem betreffenden Tag gemacht werden soll usw.), und dies wurde in Stichworten an die Tafel geschrieben. Danach teilte sich die Klasse auf. Zehn Schüler formulierten mit dem Lehrer den Brief an die Partnerklassen. Der Brief wurde danach mit Farbstiften auf große Tapetenrollen geschrieben. Während diese zehn Schüler mit dem Lehrer arbeiteten, beschäftigten sich die anderen Schüler allein oder in kleinen Gruppen. Der Übergang von der Arbeit in der gesamten Klasse zur individuellen oder Gruppenarbeit ging ziemlich reibungslos vonstatten. Es gab keinen Schüler, der gelangweilt irgendwo saß, jeder wußte sofort, wie er sich beschäftigen konnte. Einige Schüler arbeiteten mit den selbstkorrigierbaren Karteikarten, einige lasen, einige schrieben Texte oder Gedichte. Zwei Schüler gingen in den Nebenraum, sie schrieben an einer Fortsetzungsgeschichte. Sie hatten bereits ein kleines Schulheft vollgeschrieben und erzählten mir, daß ihre Geschichte bald fertig sei, daß danach der Lehrer alles korrigieren werde und daß sie danach noch einmal anfangen werden, alles abzuschreiben und zu illustrieren. Diese Jungen hatten sich selbst entschlossen, eine Fortsetzungsgeschichte zu schreiben, und sie hatten allein beschlossen, daraus ein Buch mit vielen Bildern zu machen. Sie haben die Möglichkeit, ihr Vorhaben in der Schule, in der Zeit für individuelle oder Gruppenarbeit, auszuführen. In welcher normalen Schule wäre Zeit, die Kinder ein solches Vorhaben ausführen zu lassen? Die Schüler konnten sich hier zwar in verschiedenster Weise beschäftigen, aber der Unterricht hieß offiziell „Französisch" und Aktivitäten wie Basteln, Rechnen usw. waren von vornherein ausgeschlossen. Während dieser Phase des Unterrichts war der Geräuschpegel nicht besonders hoch. Der Lehrer achtete darauf, daß jeder Schüler etwas vor sich hatte und ar-

„Es gab keinen Schüler, der gelangweilt irgendwo saß"

101

beitete. Die Schüler konnten leise miteinander reden, aber als der Lehrer merkte, daß eine Schülerin ganz offensichtlich einen Mitschüler störte, wurde diese zurechtgewiesen.

Nach der 10.00-Uhr-Pause setzten sich die Kinder wieder zusammen nach vorn auf die Bänke. Der Lehrer erklärte ihnen Bruchrechnungsaufgaben. Danach bekam jeder Schüler ein Blatt mit Aufgaben zu lösen. Hatten sie Schwierigkeiten, konnten sie jederzeit zum Lehrer gehen und sich helfen lassen. Während des Unterrichts verließen immer wieder einige Kinder und auch der Lehrer die Klasse, um sich aus dem Nebenraum Arbeitsmaterial usw. zu holen. Dies war anscheinend ein ganz gewöhnlicher Vorgang, der die anderen Kinder nicht störte oder ihnen besonders auffiel, sie arbeiteten ruhig weiter.

Ateliers am Samstag:

Samstags gab es in der Ecole Karine keinen Unterricht im Klassenverband. Von 8 — 9 Uhr sprachen Lehrer und Elternvertreter sehr offen über Probleme ihrer Zusammenarbeit, Probleme der Schule usw. Um 9 Uhr begannen für die Schüler Arbeitsgruppen, die von Eltern und Lehrern angeboten wurden. Es wurden Arbeitsgruppen zu den verschiedensten Themen angeboten, wie z.B.: Töpfern, Blumenstecken, elektr. Basteleien, Backen, Marionettenbau und -spiel usw. Die Arbeitsgruppen werden jeweils für sechs Wochen angeboten. Die Kinder müssen, wenn sie sich für eine Arbeitsgruppe entschieden haben, auch sechs Wochen in ihr bleiben. Die meisten Kinder fanden es sehr interessant, einmal mit Kindern zusammenzuarbeiten, die nicht ihrer Klasse angehörten.

Atelier-Arbeiten

Künstlerischer Ausdruck:

Besonders viel Wert wurde an der Ecole Karine auf den künstlerischen Ausdruck der Kinder gelegt. So wurde z.B. in jeder Klasse viel Theater gespielt, dabei wurden nicht nur die selbstgeschriebenen Stücke der Kinder gespielt, es wurden auch klassische und moderne Stücke und Fabeln von bekannten Dichtern von den Kindern einstudiert. Außerdem übten die Kinder in jeder Klasse eine Art Ausdruckstanz. Die Kinder sprangen, hüpften, tanzten, bewegten sich zu einer Musik, wie sie es für richtig und zur Musik passend fanden. Bei dem größten Teil der Schüler habe ich bemerkt, daß sie für die Stimmungen, die sich in der Musik ausdrücken, schon sehr stark sensibilisiert waren. Oft wurde die Musik unterbrochen und die Kinder gefragt, was sie gerade gemacht hatten, warum sie so getanzt hatten und was sie dabei gefühlt hatten.

Aufgefallen ist mir, daß die meisten Kinder aufmerksam zuhörten, wenn ein Klassenkamerad einen Text vorlas, ein Gedicht vortrug oder eine andere Arbeit vorstellte. Die Arbeit eines anderen Schülers wurde respektiert, aber auch kritisiert, wenn es etwas zu kritisieren gab, wobei ich bemerkte, daß die vortragenden Schüler in der Regel keine Angst vor Kritik hatten und dieser auch aufmerksam zuhörten. Systematisch gefördert wurde auch der schriftliche Ausdruck der Kinder. Die Schüler konnten natürlich jederzeit freie Texte und Gedichte schreiben, aber es wurden auch Gedichte und Geschichten von bekannten Autoren analysiert, von den Kindern auf ihre Struktur hin untersucht und in einzelne Abschnitte zerlegt. Die Kinder übten dann, die erkannte Struktur aufgreifend, neue Gedichte und Geschichten zu schreiben. So erhielten die Kinder nach und nach ein Repertoire an Möglichkeiten, nach denen sie ihre freien Texte gestalten konnten.

Sehr beeindruckt hat mich die Beobachtung, daß die Kinder die Einrichtung des freien Textes sehr stark ausnutzen, um ihre Erfahrungen, Probleme, Gefühle und Aggressionen auszudrücken. Auch die Kleinsten nutzen schon dies Mittel, sich auch für andere erkennbar auszudrücken. So schrieb ein sechsjähriger Junge in der 1. Klasse wochenlang: ,,Le loup va manger maman. Le loup va manger mon père, mon frère, ma soeur, la maîtresse etc..." (Der Wolf wird meine Mutter, meinen Vater, Bruder, Schwester, Lehrerin usw. fressen.)

Es liegt auf der Hand, daß Lehrer ihre Schüler dadurch, daß sie ihre Probleme, Freuden und Schwierigkeiten durch die verschiedenen Formen des freien Ausdrucks darstellen, besser kennenlernen können und so besser auf sie eingehen können.

Dies fand ich auch noch insofern wichtig, als viele Kinder aus sozial schwachen Familien kamen und oft viele Probleme hatten. Für diese Kinder war wahrscheinlich die Klasse und der Lehrer das einzige Forum, vor dem sie ihre Probleme ausbreiten konnten und wo ihnen jemand zuhörte. Für diese Kinder waren auch gerade die verschiedenen Formen des freien

Ausdrucks wichtig: konnten sie sich schriftlich und sprachlich nicht mitteilen, so hatten sie immerhin noch die Möglichkeiten des Ausdruckstanzes, des Puppen- und Theaterspiels, um ihre jeweiligen Ängste, Probleme, Freuden usw. auszudrücken und damit auch aufzuarbeiten."[67]

Eine Pädagogik im Dienste der Kinder

Am Anfang ihrer gemeinsamen Arbeit schrieben die vier Lehrer, die das Team der Ecole Karine begründeten, in ihrer ,,Charta":
,,Wir wollen eine Pädagogik im Dienste der Kinder
— die befreiend wirkt (das Kind soll wissen, daß es alles sagen darf),
— die auf Erfolg und Ermutigung basiert,
— die im Dienste des freien Ausdrucks steht, die Kommunikation, Kreativität, Initiative begünstigt,
— eine Pädagogik, die es der Klassengruppe ermöglicht, aktiv in der Organisation des schulischen Lebens mitzuwirken,
— die zur gegenseitigen Hilfe anregt,
— die die Eltern berücksichtigt."[68]

Diese gemeinsame Position ermöglichte sicherlich eine besonders günstige Ausgangssituation. Umso mehr, als es ihnen gelang, alle im Laufe der Jahre hinzukommenden Lehrer (die Schule hat heute 15 Klassen und soll bis auf 16 Klassen erweitert werden) nicht nur für ihre Arbeitsformen zu interessieren, sondern zum Mitmachen anzuregen. Das Ergebnis dessen ist, daß die 17 Lehrer eine gleiche Zielsetzung verfolgen und gegenseitiger Austausch sowie Diskussionen über Fragen, die sie beschäftigen, zu ihrem Alltag gehören.

Christian Bermon, der Direktor der Schule, erklärt, wie er heute die Position des Lehrerteams sieht: ,,Wir betrachten die Schule als ein Mikro-Milieu, in dem man ,tun' kann, ,was man möchte'. Genauer gesagt: ein Milieu relativer Autonomie, in dem die Kinder finden sollen, was nötig ist, um sich in ihrem Handeln nicht eingeschränkt zu fühlen. Allerdings sind wir durch diese pädagogische Grundentscheidung isoliert: die Kollegen der Nachbarschulen haben uns isoliert. Dafür haben wir mit der Schulbehörde keine besonderen Schwierigkeiten. Und da wir uns in einer neuen Schule in einem neuen Stadtviertel befinden, fühlen wir uns durch keine Tradition belastet. Unsere Stärke liegt in dem Konsens, den das Ausgangsprojekt fand: jetzt läuft der Motor!"

Die Entwicklung zum Team

,,Lehrer, die neu an die Schule kamen, ,suchten' gewöhnlich im ersten Jahre das Team, sie stellten es sich als etwas ,Greifbares' vor. Erst im Laufe der Zeit entdeckte jeder, daß das Team einfach wir alle sind, mit unseren positiven und negativen Seiten, unserem fast utopischen Ziel und

Eine Schule, in der es sich leben läßt

Auf die Frage ,,Was würde euren Schülern fehlen, wenn sie nicht in die Ecole Karine gingen?" antwortet der Direktor:
,,Eine große Rasenfläche, auf der sie toben können.
Ein großer Sandkasten, in den sie sich werfen können.
Kaninchen- und Vogelkäfige.
Werkzeuge und ein Garten.
Treppenstufen, um eine Szene drauf zu mimen.
Ein Stück Schulhalle für Theater.
Ein Publikum von Kameraden, denen man seinen Text vorliest oder sein Bild zeigt.
Kuchen, große Torten, die in der Schulküche gebacken und zusammen mit den Klassenkameraden aufgegessen werden.
Eltern in der Schule.
Eine Schule, die einem selbst gehört.
Bewegung.
Sich Verkleiden.
Körperausdruck.
Ein Schulmuseum, in dem Dinge ausgestellt sind, die die Kinder und ihre Freunde mitgebracht haben.
Viele Kontakte, Bekanntschaften, Briefe, Erinnerungen in der Schule und außerhalb.
Eine Schule, in der es sich leben läßt!"

den alltäglichen Schwierigkeiten", erklärt Christian. ,,Am Anfang fühlte sich niemand für Probleme außerhalb seiner Klasse zuständig, alle verließen sich da auf mich. Team — das bedeutet aber, daß jeder sich zuständig fühlt. Nach und nach entwickelte sich dieses Gefühl des Zuständigseins bei den einzelnen Lehrern. Es entstand ein Team mit seinen Strukturen."
Das heute bestehende Team ist ein Ergebnis des ,,tastenden Versuchens" der Lehrer, alle seine Strukturen sind aus dem Bedürfnis, der Notwendigkeit des Alltags entstanden:

Zusammenarbeit und Austausch im Lehrerteam fanden zuerst nicht zu festgesetzten Zeiten statt, sondern nach Bedarf. Später wurden regelmäßige Versammlungen eingeführt, aber ohne irgendeine Regelung betreffs der Gesprächsleitung (diese wurde selbstverständlich von Christian erwartet). Schließlich entstand aus Zeitmangel das Bedürfnis einer Tagesordnung. Zwei Anschlagtafeln wurden eingerichtet; eine für Informationen und eine für Probleme: wer etwas mitzuteilen oder ein Problem vorzubringen hat, notiert es darauf. Der jetzt vorher bestimmte Gesprächsführer schreibt vor der Versammlung die zu besprechenden Punkte an die Tafel im Versammlungsraum (einen Teil ,,Informationen", einen Teil ,,Probleme").

So hat die Arbeit in der Gruppe Konturen gewonnen, ohne daß man jedoch Sklave vorgegebener Strukturen wurde: Jede einmal getroffene Entscheidung kann, wenn es sich als notwendig erweist, wieder in Frage gestellt und durch eine Neuentscheidung ersetzt werden.

Zwei wichtige Arbeitsstrukturen des Teams sind z.B. die Aufteilung von Verantwortlichkeiten (etwa für Sport, Schulkantine, Bibliothek, Schul-Museum u.dgl.) und die Aufarbeitung von Problemen in Kleingruppen.

Diese Kleingruppen erarbeiten eine genaue Formulierung des anstehenden Problems, die sie im Team vortragen, und Lösungsvorschläge. Das Team verliert keine Zeit mehr damit, das Problem genau zu umreißen, und kann auf Grund der schon vorliegenden Vorschläge für mögliche Lösungen verhältnismäßig schnell zur Entscheidung gelangen. Probleme, die in solchen Kleingruppen aufgearbeitet wurden, sind z.B.: Neugestaltung der Schulbibliothek, Schulhofgestaltung, Versetzungsschwierigkeiten, Ausarbeitung eines umfassenden Dossiers zum Thema Klassenstärke (ein verhältnismäßig großer Anteil der Kinder kommen aus einem sozial schwachen Milieu, und die Lehrer forderten Klassen mit weniger hohen Schülerzahlen, um den betreffenden Kindern eine effektive Unterstützung bieten zu können).

Was die Ecole Karine gegenüber einer „traditionellen" Schule kennzeichnet

Christian nennt da vor allem die guten Beziehungen zwischen allen in der Schule zusammenlebenden Personen: Beziehungen der Schüler untereinander, Beziehungen zwischen Schülern und Lehrern, und Beziehungen der Lehrer untereinander. Sein Kommentar dazu: „Der Freiheitsspielraum innerhalb der Schule ist so groß, daß mehr als Toleranz und gegenseitige Rücksichtnahme möglich wird: Die Beziehungen sind durch menschliche

Lernziel: Selbständigkeit

Wärme gekennzeichnet, die sich nicht auf die Angehörigen eines Klassenverbandes beschränkt. Die Lehrer entwickeln dieselben menschlichen Beziehungen zu allen Kindern der Schule." Und die Kinder entfalten ein starkes Verantwortungsbewußtsein und eine große Selbständigkeit. Beides läßt sich daher erklären, daß im Schulleben zu respektierende Regeln einsichtig für sie sind: es gibt keine Regeln um der Regel willen, sondern nur Regeln, die sich als notwendig erwiesen haben.

Lehrer-Kooperation

Zusammenarbeit der Lehrer findet in vielfältigen Formen statt. Wir wollen einige klassenübergreifende Arbeitsformen nennen:
Hilfe für einzelne Kinder: ein Kind des zweiten Schuljahres, das Lese-Schwierigkeiten hat, kann z.B. an Lese-Sequenzen im ersten Schuljahr teilnehmen.
Lehreraustausch: Michel arbeitet mit einer anderen als seiner eigenen Klasse im Schul-Museum, weil er als dessen Initiator und Hauptverantwortlicher dafür besonders kompetent ist. Der Kollege übernimmt in dieser Zeit seine Klasse.
Ringaustausch aller Lehrer innerhalb aller Klassen einer Jahrgangsstufe in einem sich über mehrere Wochen erstreckenden Arbeitszyklus: Jeder Lehrer bietet eine Tätigkeit an, die ihm besonders gut entspricht (z.B. Einführung in die Poesie, Volkstanz, Arbeit im Schulmuseum, Schwimmen, Skilaufen usw.) und führt sie nacheinander in sämtlichen Klassen der Jahrgangsstufe durch.
Christian (der, seit die Schule 15 Klassen umfaßt, als Rektor vom Unterricht freigestellt ist) übernimmt stundenweise eine Klasse: der dadurch freigewordene Lehrer dieser Klasse führt eine Stunde zusätzlichen Förderunterricht für die Kinder aus zwei anderen Klassen durch.
Eine jahrgangsübergreifende Zusammenarbeit findet in den Samstagsateliers und bei der Vorbereitung des jährlichen Schulfestes statt.
Diese Formen der Zusammenarbeit begünstigen die Entwicklung von Beziehungen der Lehrer zu allen Schülern der Schule.

Die Lehrerkooperation erstreckt sich aber auch auf inhaltliche Fragen, z.B. zu Problemkomplexen wie Versetzung oder Rechtschreibung.
> Im Problembereich Rechtschreibung vergleichen z.Z. die Lehrer verschiedener Jahrgangsstufen ihre Arbeitsformen, mit dem Ziel, sich in der nächsten Etappe auf ein gemeinsames Vorgehen zu einigen, das dann jedem einzelnen erlauben kann, auf die Arbeit in den vorangegangenen Schuljahren aufzubauen.

Die Frage, ob eine derartige intensive Zusammenarbeit der Lehrer nicht die Gefahr beinhalte, daß Projekte den Schülern mehr oder weniger künstlich aufgepfropft würden, verneint Christian: „Bisher konnten wir uns den Luxus von Projekten, die wir uns ausgedacht hätten, noch gar nicht leisten. Wir haben seit sieben Jahren laufend damit zu tun, anfallende Fragen zu klären und Lösungen für Probleme zu suchen, die sich uns aufdrängen. Wir haben immer darauf geachtet, daß die Probleme nicht verdrängt, sondern ausgesprochen werden. Damit fertigzuwerden, nimmt uns vollkommen in Anspruch. Ich halte es aber für wichtig, weil wir dadurch in einem echten Wirklichkeitsbezug leben." D.h., es werden keine Projekte erdacht, sondern es wird an Projekten gearbeitet, die sich aus der Notwendigkeit des Alltags ergeben.

Öffnung der Schule aufs Leben

Die Ecole Karine lebt nicht auf sich selbst zentriert und mehr oder weniger abgeschlossen von der Außenwelt. Sie ist für diese im Gegenteil sehr offen.

Viele *Arbeitsvorhaben* führen die Schüler aus der Schule hinaus: Erkundungen im Wohnviertel, Besuche von Museen, Ausstellungen u.dgl., Aufführungen von Theater- oder Marionettengruppen (die z.T. auch in die Schule eingeladen werden), Treffen mit den Korrespondenzklassen, Aufenthalte in Landschulheimen usw.

Manche Klassen der Schule nehmen an einem Korrespondenz-Ring mehrerer Klassen im Elsaß teil. In diesem Rahmen werden Tages-Treffen organisiert, z.B. die gemeinsame Beteiligung an der Weinlese im Winzerdorf einer der Korrespondenzklassen.

Öffnung der Schule auch den Eltern und dem ganzen Wohnviertel gegenüber: in den verschiedenartigen Elternkontakten und durch das Schulfest. Die zwei wesentlichen Angelpunkte der Elternkontakte sind Information und Elternmitarbeit.

Elterninformation mit dem Ziel, Vorbehalte und Bedenken abzubauen (die z.B. daraus entstehen, daß die Kinder keine Hausaufgaben zu machen haben, der Unterricht ohne die üblichen Lehrbücher durchgeführt wird usw.): Sie findet statt auf Elternabenden, Schulausstellungen (Ausstellung von Kinderarbeiten mit erklärenden Begleittexten der Lehrer), und in der Herausgabe einer Informations-Schrift für die Eltern der Schulanfänger.

Elternhilfe in einzelnen Klassen: Annick, Lehrerin des 5. Schuljahres, hat zu bestimmten Stunden in ihrer Klasse vier Ateliers, die sie mit Hilfe dreier Mütter organisiert (Töpferei, Sticken, Kochen, Stricken).

Ateliers am Samstag: Diese Ateliers werden in 5-wöchigen Zyklen durchgeführt, die jeweils die Hälfte der Schüler betreffen (die andere Hälfte der Schüler hat in dieser Zeit normalen Unterricht).

Zur Zeit werden 18 verschiedene Ateliers angeboten: Teppich-Weberei, Sport (mehrere), Stickerei, Schach, Musterstickerei, Töpferei, Photographie, Stricken, Holzverarbeitung, verschiedene Bastelarbeiten, Glasmalerei, Blumenkleberei, Nähen, Kochen, Weben. Jedes Atelier wird von einem verantwortlichen Erwachsenen (Lehrer oder Eltern) geleitet und steht 6 bis 10 Kindern offen. Die Organisation dieser Atelier-Arbeiten wird von Eltern und Lehrern zusammen durchgeführt. Dabei werden nicht nur die Atelier-Vorschläge der Eltern, sondern auch ihre Ideen betreffs der Arbeitsweise berücksichtigt. So geht es z.B. auf die Vorschläge der Eltern zurück, daß in den Ateliers Kinder verschiedener Altersstufen zusammenarbeiten. Im Laufe eines Schuljahres nimmt jedes Kind insgesamt an drei Atelier-Zyklen teil, wobei es die Ateliers seinen Neigungen entsprechend auswählt.
Im gegenwärtigen Schuljahr sind ca. 80 Eltern gemeldet, die irgendwann im schulischen Geschehen aktiv werden.

Das Schulfest: Gegen Ende jedes Schuljahres wird in Zusammenarbeit von Lehrern, Schülern und Eltern ein Schulfest vorbereitet und durchgeführt. Im Laufe der Jahre organisch gewachsen, wurde dieses Fest immer mehr zu einem Fest des ganzen Stadtviertels.

Die ursprüngliche Intention des Lehrerteams war informatorischer Art: In den ersten zwei Jahren wurde eine Ausstellung durchgeführt mit dem Ziel, über die Arbeitsweise in der Schule und deren pädagogische Hintergründe zu informieren. In der nächsten Etappe wurde diese Ausstellung durch die

Ausstellung von Schülerarbeiten

Aufführung von Szenen, Tänzen u.dgl. ergänzt, welche in den Klassen entstanden waren. Dadurch wurde ein wesentlich breiteres Publikum angezogen, dessen Bedürfnissen die später hinzugekommenen Imbiß- und Getränke-Stände Rechnung trugen. Die Lotterie und der Basar, auf dem extra dafür hergestellte Schülerarbeiten verkauft werden, unterstreichen zum einen den Charakter des Volksfestes und tragen zum andern dazu bei, die finanzielle Grundlage der vielen verschiedenen Vorhaben an der Schule zu verbessern. Schließlich wurde noch für Musik gesorgt, so daß nun das nachmittags beginnende Schulfest bis in die Nacht mit einem Ball fortgesetzt wird. Damit ist es wirklich zu einem Fest des Wohnviertels geworden.

Beziehungen zu vorgesetzten Behörden

Die Ecole Karine verfügt über eine verhältnismäßig gute materielle Ausstattung (Keramik-Brennofen, Sportgeräte, Einrichtung einer Schulbibliothek, den Anforderungen der Arbeit besser angepaßtes Mobiliar als das übliche Schulmobiliar usw.). Für diese materielle Ausstattung kommt im Grundschulbereich nicht das öffentliche Schulwesen auf, sondern die lokalen Instanzen (Stadtverwaltung). Die wiederholten und systematischen Antragsstellungen des Lehrerteams bei der Stadtverwaltung zahlten sich im Laufe der Jahre aus. Nach und nach erlangte die Schule bei der Stadtverwaltung auf Grund ihrer beharrlichen Antragsstellungen und der nach außen sichtbaren Ergebnisse ihrer systematischen und kooperativen Arbeit ein besonderes Image. Dies bewirkt, daß ihren Anträgen heute verhältnismäßig leicht stattgegeben wird.

Da die Schule über keine Turnhalle verfügt, wurde die Ausstattung zweier betonierter Vorräume im Erdgeschoß mit Sportmaterial (Geräte und Fußbodenbelag) beantragt. Der Antrag wurde zunächst abgelehnt, mit der Begründung, daß ein Fußbodenbelag zu teuer käme, weil erst der Betonboden herausgerissen werden müßte. Der Antrag wurde daraufhin noch einmal begründet und von den Eltern unterstützt. Außerdem war das Team nach der Zuratezziehung eines Spezialisten in der Lage, auf eine billigere Lösung zu verweisen, bei welcher der Betonboden einfach mit einem Belag abgedeckt werden sollte. Daraufhin wurde dem Antrag schließlich stattgegeben.

,,Viele Schulen stellen solche Anträge gar nicht. Wir stellen sie, begründen sie und verweisen auf Möglichkeiten der Ausführung. Und wir lassen uns nicht abwimmeln", sagt Christian dazu.

Und wie sieht es mit den Beziehungen zum Schulamt aus? ,,Die zuständige Schulrätin hat sich verständnisvoll und offen gezeigt, die Einsatzbereitschaft des Lehrerteams zu würdigen und die Arbeitsergebnisse zu schätzen gewußt", erklärt Christian. Das verminderte die Anfangsschwierigkeiten

und führte dazu, daß die Schule von Seiten der Schulbehörde keine Schwierigkeiten erfahren hat und ihre Eigenheit eher positiv als negativ bewertet wird. So wird heute das Lehrerteam als solches anerkannt, obwohl es keinen offiziellen Team-Status hat.
Andererseits ist es jedoch keineswegs auf Fördermaßnahmen oder offizielle Anerkennung von Seiten des Schulamtes zurückzuführen, daß der Ausbau des Lehrerteams von 4 auf 17 Mitglieder möglich geworden ist. Erst nach mehreren Jahren wurde z.B. bei der Ausschreibung der neuen Lehrerstellen hinzugefügt, daß die Lehrer der Schule im Team arbeiten und von neuen Kollegen pädagogische Offenheit und Bereitschaft, sich ins Team zu integrieren, erwarten! Daß es trotzdem möglich war, das Team auszubauen, erklärt sich durch die Sonderstellung, in die die Schule sehr schnell durch zahlreiche umlaufende Gerüchte und Urteile geriet: Man war dafür oder dagegen, aber nicht neutral. Für viele hatte die Schule den negativen Ruf, daß man da mehr arbeiten müsse als anderswo, daß da die Kinder „alles machen dürften" usw.

Erfolgschancen der Schüler in der weiterführenden Schule

Die Ecole Karine ist eine Schule, die den Kindern das Wort gibt und den Akzent statt auf die Speicherung von vorgegebenen Wissensinhalten auf die Aneignung von Fertigkeiten und die Befriedigung eines natürlichen Wissensbedürfnisses legt. Wie sind die Erfolgschancen der Schüler, wenn sie sich nach Beendigung der fünfjährigen Grundschulzeit der Normalschule anpassen müssen?
Das Lehrerteam informiert sich regelmäßig über die weitere Entwicklung und die Arbeitsergebnisse der Kinder nach Verlassen der Schule. Leider sind menschliche Qualitäten wie Offenheit, Selbständigkeit, kooperatives Verhalten usw., in denen sie anderen Schülern gegenüber höchstwahrscheinlich überlegen sind, mit den üblichen Mitteln schulischer Bewertung nicht meßbar und werden deshalb so gut wie gar nicht berücksichtigt. Es ist aber mit Sicherheit festgestellt worden, daß die in Noten meßbaren Leistungen in der weiterführenden Schule, dem College, nicht unter dem Leistungsdurchschnitt der Schüler aus anderen Schulen liegen. D.h., was die Schüler an nicht meßbaren Fähigkeiten mit ziemlicher Sicherheit gewonnen haben, geht ihnen im Bereich der schulischen Leistungen nicht ab.

2. Möglichkeiten in der Sekundarstufe

2.1. Was kann Freinet-Pädagogik in der Sekundarstufe bedeuten?

Eine an Freinet orientierte Praxis gibt es in der Sekundarstufe erst seit etwa 15 bis 20 Jahren. Der stundenweise, meist streng abgegrenzte Fachunterricht und das Nebeneinanderwirken mehrerer Lehrer in einer Klasse lassen eine solche Praxis schwierig erscheinen — und erschweren sie auch ganz bestimmt. Ganz allgemein kann man sagen: In der Sekundarstufe nach Freinet zu arbeiten, bedeutet nicht in erster Linie, bestimmte Unterrichtstechniken anzuwenden, es bedeutet vor allem, andere Beziehungen zu den Schülern herzustellen.[69]

Andere Lehrer-Schüler-Beziehungen

Man kann alle Freinet-Techniken anwenden, ohne dabei etwas Wesentliches zu verändern — wenn die pädagogische Beziehung unverändert bleibt. Worauf es ankommt, ist, das Schema zu widerlegen, auf dem der allgemein übliche Unterricht beruht: der Lehrer weiß alles und entscheidet, er hat die Macht in der Klasse. Wenn die Schüler bei der Organisation, dem Inhalt und der Bewertung der Arbeit mitbestimmen können, wenn der Lehrer nicht allein alles entscheidet, dann kommt von selbst eine Entwicklung im Leben der Klasse in Gang, und die verschiedenen Techniken tun nichts anderes, als diesen Vorgang einer inneren Entwicklung zu unterstützen.

Wichtig für eine Veränderung der Lehrer-Schüler-Beziehung ist in erster Linie: eine vertrauensvolle Atmosphäre in der Klasse zu begünstigen; zu erreichen, daß die Schüler nicht mehr alles kritiklos hinnehmen; daß sie ihre eigenen Fähigkeiten erkennen und schätzen lernen; daß sie lernen, sich mitzuteilen.

Dies alles bedeutet jedoch keineswegs, die besondere Rolle des Lehrers zu negieren: er betrachtet sich zwar als ein Mitglied der Klassengruppe, aber sein Status in der Institution Schule schreibt ihm dabei von vornherein eine Sonderrolle zu. Es kommt darauf an, den helfenden Aspekt dieser Rolle zu unterstreichen und gleichzeitig ihren repressiven Aspekt abzubauen.[70]

Außerdem verfügt der Lehrer über Erfahrungen und Informationen, die den Schülern fehlen. Er weiß, daß er innerhalb von Stundenplänen, Lehrplänen und einer gewissen Abhängigkeit von Schulbehörde, Kollegen und Eltern nur eine begrenzte Freiheit hat. Es wäre unfair den Schülern gegenüber, sie bei all dem in dem Glauben zu lassen, daß sie wirklich allein darüber entscheiden können, was sich in der Klasse tut. Man sollte ihnen am Anfang eher zu folgender Erkenntnis verhelfen: wir haben einen Stundenplan, Lehrpläne, ein vorgegebenes Lernumfeld — aber es bleibt uns dabei genug Freiheit, es so einzurichten, daß wir uns in der Zeit, die wir miteinander verbringen, nicht langweilen, daß wir sogar Spaß an unserer Arbeit haben können.

Viele werden fragen: aber die Disziplinschwierigkeiten dabei, der Krach, das Durcheinander? Disziplinschwierigkeiten richten sich in erster Linie gegen eine vorgegebene Ordnung. Eine Ordnung, die sie sich selbst gegeben haben, respektieren die Schüler mit weniger Schwierigkeiten. Natürlich ist auch dies ein Lernprozeß, vor allem, wenn sie in ihrem schulischen Vorleben noch nie Gelegenheit hatten, bei der Gestaltung des Unterrichts mitzubestimmen. Aber kann und sollte das Einüben solcher Regeln des demokratischen Zusammenlebens nicht auch ein Ziel unserer Erziehung sein?

Die Arbeit organisieren

Die Gestaltung des Unterrichts durch die Schüler ist nicht möglich ohne entsprechende organisatorische Strukturen. Diese Strukturen schafft sich die Klasse selbst, in Zusammenarbeit mit dem Lehrer, und entsprechend ihren jeweiligen Bedürfnissen. Verzicht auf den traditionellen Frontal-Unterricht durch den Lehrer bedeutet nicht, in jeder Stunde zu improvisieren, sondern den Ablauf des Unterrichts im Vorhinein zu strukturieren: gemeinsam festlegen, was wann und wie gemacht wird. Arbeitspläne werden aufgestellt. Planen, organisieren — dies stellt nicht zuletzt eine Hilfe für die Schüler dar, die sich besonders am Anfang in der neuen Situation verunsichert fühlen und Anhaltspunkte brauchen, an Hand derer die sich orientieren können.

Techniken

Und schließlich besteht Freinet-Pädagogik auch in der Anwendung bestimmter Techniken, die freies Experimentieren und Forschen, freien Selbstausdruck und Berücksichtigung der individuellen Lernrhythmen erlauben. Auf einige dieser Techniken werden wir in den folgenden Kapiteln näher eingehen.

Was den Freinet-Lehrern gemeinsam ist

Die persönliche Praxis jedes einzelnen Lehrers kann unterschiedlich weit gehen. Sie wird nicht zuletzt bestimmt von den materiellen Bedingungen, den Reaktionen in seiner Umwelt, den Möglichkeiten einer Zusammenarbeit mit Kollegen und den Grenzen seiner eigenen Person. Es gibt keine allgemeinen und unveränderlichen Kriterien für die Definition der Freinet-Pädagogik. Sie ist in jedem Fall in Bezug auf die konkrete Situation zu definieren: Was ist in dieser Situation objektiv möglich? Und was ist tatsächlich realisiert worden?

Einige Verhaltensweisen allerdings dürften den Lehrern in jeder Situation gemeinsam sein: die Bereitschaft, auf die Schüler einzugehen, die ein vorherbestimmtes „pädagogisches" Verhalten ausschließt; das Bemühen, die Klasse nicht auf vom Lehrer vorbedachte Strukturen festzulegen (Wenn wir den Schüler vom ersten Tage an auf einen von uns beschlossenen Rahmen festlegen, berauben wir uns der Vielfalt seiner eigenen Ideen); und nicht zuletzt das Bestreben, sich in erster Linie seiner eigenen Persönlichkeit entsprechend zu verhalten.

Mit dem Kompromiß leben

Sicher ist, daß angesichts der zahlreichen Hindernisse und Schwierigkeiten, die sich einer Freinet-Praxis in der Sekundarstufe entgegenstellen, man diese in keinem Fall als vollkommenes Unterrichtsmodell darstellen kann. Sie ist immer nur innerhalb gewisser Grenzen realisierbar und bedeutet einen ständigen Kompromiß mit dem bestehenden Schulsystem. „Wir sind uns des Kompromisses vollkommen bewußt, den wir eingehen, indem wir die Lehrpläne oder die übliche Zensurengebung respektieren (selbst wenn wir sie so weit wie möglich relativieren, damit sie für die Schüler durchschaubar werden). Wir sind uns auch des geringen Einflusses bewußt, den eine veränderte Unterrichtsorganisation auf die herrschende Schulideologie haben kann", sagen in der Freinet-Bewegung engagierte Lehrer. „Aber ‚Kompromiß' bedeutet für uns nicht ‚Kompromittierung'. Und wir gestehen auch uns selbst das Recht auf ‚tastendes Versuchen' und auf Irrtümer zu — beides ist zum Erfolg und zu einer wissenschaftlichen Fundamentierung unserer Pädagogik unerläßlich."[71] In dieser Optik bedeuten alle Hindernisse und Schwierigkeiten, auf die ein Lehrer stoßen kann, keinen Grund zur Resignation, sondern in erster Linie einen Anlaß zur weiteren Exploration der Situation.

2.2. Muttersprachlicher Unterricht*: Etwas zu sagen haben — und es sagen können

So unterschiedlich der muttersprachliche Unterricht verschiedener Lehrer in ihren Klassen aussehen mag — in jedem Fall bestimmen ihn drei wesentliche Komponenten: Sprach-Lern-Prozeß, freier Ausdruck, das Umgehen mit Informationen.

* Französisch-Unterricht in Frankreich, Deutsch-Unterricht in Deutschland usw.

Sprach-Lern-Prozeß

Selbst in diesem Bereich, der am stärksten herkömmlich ausgerichtet ist und in dem bindende Lehrpläne zu berücksichtigen sind, orientiert sich der Lehrer an den Bedürfnissen seiner Schüler. Ob bestimmte Punkte von der ganzen Klasse behandelt werden, hängt davon ab, in welchem Maße sie für viele Schüler ein Problem darstellen. Manche Übungsaufgaben müssen nicht für alle verbindlich sein, wenn sich herausstellt, daß sie von wenig Interesse für die Schüler sind. Wenn die Klasse jedoch der Meinung ist, daß traditionelle Arbeiten sie weiterbringen, werden sie durchgeführt (etwa das Einüben bestimmter in Prüfungssituationen geforderten Strukturen). Im Übrigen bleibt das Bearbeiten der vom Lehrplan geforderten Inhalte jedoch stark der Schülerinitiative überlassen. Oft unterstützt der Lehrer diese durch die Mitteilung der wichtigsten im Lehrplan geforderten Inhalte und gibt erklärende Arbeitshilfen dazu (etwa mittels welcher Arbeitsblätter oder auch üblicher Schulbücher die einzelnen Punkte behandelt werden können). Aber der Schüler organisiert seine Arbeit selbst, seinem eigenen Arbeitsrhythmus und seinen persönlichen Möglichkeiten entsprechend. Da er zunächst die ihn selbst am ehesten interessierenden Punkte bearbeiten kann, ist eine stärkere Motivation vorhanden.

Das wichtigste Ziel im Sprach-Lern-Prozeß ist, daß jeder lernt, seine eigenen Schwierigkeiten zu bewältigen. Dieser Zielsetzung entsprechend wird jede geleistete Arbeit als verbesserungswürdige Arbeit betrachtet — nicht als ein Mittel, die Schwächen des Schülers zu unterstreichen.

Freier Ausdruck

Der freie Ausdruck, dieses Kernstück der Freinet-Pädagogik, nimmt einen breiten Raum im muttersprachlichen Unterricht ein. Und nicht ganz zu Unrecht trifft man immer wieder die Meinung, daß es innerhalb der fächertrennenden Struktur der Sekundarstufe hier noch am ehesten Möglichkeiten gibt, die Unterrichtspraxis am Freinet'schen Gedankengut zu orientieren.

Freier Ausdruck erscheint in den verschiedensten Formen, ist aber doch in erster Linie auf die Praxis des freien Textes orientiert. Alle Arten von Texten, alle Ausdrucksformen und Inhalte werden akzeptiert und gefördert. Ziel ist dabei die Erfahrung des Jugendlichen, daß er selbst Dinge mitzuteilen hat, die andere interessieren können. Dies bewirkt gleichzeitig einen Aufwertung seiner Persönlichkeit und eine Steigerung seiner Motivation für den Lernprozeß.

Es wird alles getan, was dazu beitragen kann, einen authentischen Selbstausdruck zu fördern. Am Anfang geht es vor allem darum, den Ausdruck aus angelernten Strukturen zu ,,befreien", schulische Allgemeinplätze ab-

> *Unsere Liebe dauerte lange du hielst mich in deiner Hand. Ich hatte keine Angst, daß du mich vielleicht zerquetscht. Aber ich hatte Angst das du mich los läßt. Die Angst das du mich verlassen würdest war groß. Ich habe viel gelacht aber manch mal war mein Lachen mer Mekup für meine Tränen. Ich konnte dir meine Liebe nich zeigen oder erklären es war zum verzweifeln. Ich hatte Angst dich zu verlieren. Ich war einsam aber in meine Gedanken wars du. Aber jetz muß ich gehen, sonst werde ich zu einem Vogel der irgend einmal abstürzen will. Und das will ich nicht. Ich habe Angst. Unsere Liebe war wie ein Tropfen Wasser das irgend wann mal verdampfen würde. Halt mich nicht fest. Komisch ich fühle Wärme wenn du mich in deinen Händen hältst. Ich weis nicht ob ich ohne dich leben kann Ismail*
>
> *Hauptschule Köln*

zubauen. Verschiedenste Arten von Sprach- und Schreibspielen, aber auch anregendes Material[72] können dabei, besonders in den ersten Monaten, hilfreich sein.

,,Möglichkeiten, die als Übergang zur wirklich freien Textarbeit dienen, sehe ich in bestimmten ‚Anregungsmaterialien', die in genügender Differenzierung vorhanden sein müssen, damit die Kinder selbst eine Auswahl treffen können. Beispiele:

a) *Fotosammlung vorlegen*
   Jedes Kind sucht sich ein Foto aus und soll eine Geschichte darüber schreiben.
   z.B. Foto eines weinenden Kindes, einer alten Frau (sehr offene Situation)
   oder Foto eines Lehrers, der mit dem Stock im Rücken vor einer Schulklasse steht (relativ geschlossene Situation)
   Solche Anregungsfotos lassen sich leicht aus illustrierten Zeitschriften zusammenstellen. Klar ist, daß die Bilder auf die Altersstufe, die soziale Zusammensetzung und die Interessen der Kinder abgestimmt sein sollten.
b) *Schlüsselwörter angeben*
   z.B. Busfahrkarte, Puppe, Elefant, Hausaufgaben etc.
c) *Stichwortkette angeben*
   z.B. Tunnel-dunkel-Angst, Wiese-Vogel-Katze etc.
d) *Anfangssatz einer Geschichte vorgeben*
   z.B. ,,Ich werde immer unsichtbar, wenn ich eine Tasse Tee trinke."
   ,,Eines Morgens wachte ich auf und merkte, daß ich Flügel hatte."
   ,,Gestern merkte ich, daß ich durch Mauern sehen kann."
   ,,An meinem letzten Geburtstag bekam ich als Geschenk einen Elefanten. Das war eine Überraschung."

„Als ich gestern den Klassenraum betrat, sah ich alle Lehrer in den Bänken sitzen und ich war der Lehrer..."

e) *Schlußsatz einer Geschichte vorgeben*

z.B. „... Am nächsten Tag, als ich über den Schulhof ging, sah ich ein Denkmal von mir selbst dort stehen."

„... und dann passierte das Unglaubliche. Ich schlug Muhamed Ali in der ersten Runde K.O."

„... und da saß ich mit diesem kleinen grünen Mann, quasselte und trank mit ihm."

f) *Taschenaktion (nach Tretjakow)*

Alle leeren den Inhalt ihrer Taschen aus. Aus mehreren oder einem Gegenstand aus der Tasche eine Geschichte entwickeln, z.B. Lebensgeschichte eines Gegenstandes (z.B. Schlüssel, Kugelschreiber)"[73]

Jeder Text kann in der Klasse mitgeteilt (vorgelesen oder ausgehängt) werden, es gibt keine allgemein gültigen Normen dafür, was „erlaubt" oder „gut" ist. Allerdings kann ein Text durchaus eine Suche nach für die Klasse gültigen Normen auslösen — aber in diesem Falle hat die Klasse ihre überlegten und durchdiskutierten Gründe für solche Normen (es ist z.B. nicht in jedem Fall geraten, einen herausfordernden, aber in der Klasse akzeptierten Text in einer Schülerzeitung zu veröffentlichen).

Zögernden Schülern gibt der Lehrer Anregungen durch das Angebot einer großen Auswahl an möglichen Themen oder durch die Möglichkeit, sich mit freien Texten von Jugendlichen außerhalb der Klasse auseinanderzusetzen, die sie z.B. in Klassenzeitungen aus anderen Klassen, „Garben" (Sammlungen freier Texte)[74] usw. finden.

„Garben"

„Ich habe mit ‚Freiem Ausdruck‘ in meiner Klasse sehr positive Erfahrungen gemacht. Allerdings war die Freiheit etwas eingeschränkt, da die Themen, zu denen die Schüler ihre Gedanken aufschrieben, von mir vorgegeben waren.
Ich habe Erfahrungen mit Gedichten in den Klassenstufen 6 — 10 sammeln können. Die Themen waren u.a. ‚Sinn des Lebens‘, ‚Glücklichsein‘, ‚Freundschaft‘, ‚Krieg und Frieden‘, ‚Herbst‘, ‚Alter‘, ‚Rentner‘, ‚Liebe‘.

Das Alter

Es ist dunkel!
Das Leben beginnt!
Der Keim der Menschheit tritt aus dem Dunkel hervor.
Er wird zum Zweig.
— Der Weg ist noch weit bis zum Alter —
Der Stamm bringt Blüten!
Es werden Früchte!
Eine neue Generation fängt an zu leben.
— Der Weg ist nicht mehr weit bis zum Alter.
Der Baum vertrocknet!
Die Äste sterben ab!
— Das ist das Alter —

Ich schreibe die Themen an die Tafel. Die Schüler schreiben in etwa 10 Minuten alles auf, was ihnen dazu einfällt, ohne vorher zu durchdenken, ob bestimmte Gedanken „passen" oder nicht. (Brainstorming)
Anschließend haben sie Zeit, ihre Gedanken zu ordnen und die auszuwählen, von denen sie sich im Zusammenhang mit dem Thema am stärksten berührt fühlen. Diese Gedanken werden in Beziehung zueinander gesetzt und wenn nötig, durch Überleitungen oder sonstige Ergänzungen zu einem Gedicht gestaltet. Manchmal wird mit Endreimen gearbeitet. Häufiger sind Gedichte, die sich nicht reimen. Die jeweils vorliegenden Gedichte dienen als Grundlage für eine intensive Behandlung des entsprechenden Themas. Fast immer bringen alle Schüler einer Klasse etwas zu Papier..."[75)]

Seine Mitteilungsfunktion erfüllt der freie Text durch Aushang in der Klasse, Veröffentlichung in einer Klassenzeitung, Versand an eine Korrespondenzklasse usw.
„Wann sollte ich alle die Texte und Rechtschreibübungen würdigen und korrigieren? Wann sollten wir alle die Texte vorlesen und besprechen?

Eine Kollegin, der ich davon erzählte, schlug vor, aus ihrem 7. Schuljahr die Schüler, die Rechtschreibung gut beherrschen, in unsere ‚differenzierten' Stunden in unsere Klasse zu schicken. Gesagt, getan. Die Idee, die erste Klassenzeitung mit den Schülertexten gemeinsam mit beiden Klassen herauszugeben, lag nahe. Der Umgang der Schüler miteinander ist wirklich ermutigend. Nachdem die erste Zeitung erschienen war, besuchte uns eine ‚Delegation' aus der 7. Klasse. Die Schüler trugen ihre Kritik vor, machten ihre Vorschläge für die nächste Nummer. Mich erstaunte, wie solidarisch die sonst so aggressiven Schüler miteinander umgehen können, wenn es um etwas Konkretes geht.

In solchen Gesprächen entwickeln die Schüler Kriterien der Beurteilung der Texte, entwickeln, ausgehend von der eigenen Schreiberfahrung, Ansprüche an das Geschriebene."[76]

Freier Ausdruck kann sich aber auch in vielen anderen Formen realisieren: im Schreiben von Theaterstücken, „Klassenromanen", Bildgeschichten, im Theater- und Rollenspiel, in Pantomime, freiem Gespräch usw.

„Ich gehe davon aus, daß Lernprozesse in der Schule optimal gefördert werden können, wenn Schüler Gelegenheit haben, sich selber mit ihren Einstellungen und Gefühlen, mit ihren Urteilen und Vorurteilen, mit ihren Ängsten und Problemen, mit ihren sprachlichen und kommunikativen Möglichkeiten angstfrei und vertrauensvoll einzubringen...

Die Offenheit und Tiefe der Gedanken hängt von der Klassenatmosphäre ab. Rollenspiele, Pantomime, kreative Praktiken, Körpererfahrung, freie Meinungsäußerung, gemeinsame Aufenthalte in Schullandheimen, gezielte Erkundung der Umwelt, Interviewaufgaben und Gruppenarbeit tragen dazu bei, die kommunikative Kompetenz zu fördern.

Ich arbeite z.B. sehr viel mit Pantomime, und es ist faszinierend zu sehen, wie sicher die Schüler in der Handhabung dieses Mediums werden, wie sie die Möglichkeiten der Darstellung nutzen. Es macht ihnen Spaß, Texte, Musik und Pantomime zu kombinieren. So haben sie z.B. nach dem Lied von Alexandra „Mein Freund der Baum" eine parallel laufende Pantomime entwickelt, die den Ausdruck des Liedes verstärkte und den Schülern eine noch intensivere Erfahrung vermittelte."[77]

Gerade in der Sekundarstufe aber stößt der freie Ausdruck immer wieder auf Grenzen, die sehr oft durch das „Eingeübtsein" der Schüler in die Normen der Institution Schule bedingt sind: eine Abwehrhaltung einzelner Schüler (sie verlangen bis ins Detail festgelegte Arbeitsanweisungen); ein Mangel an Originalität zugunsten von Klischees; fehlendes Selbstvertrauen (Die Schüler sind sich selbst gegenüber anspruchslos, beschränken sich auf einfache Genres; gerade schwächeren Schülern scheinen die Schwierigkeiten eines echten freien Ausdrucks unüberwindlich); und oft auch mangelnde Aufmerksamkeit für die Klassenkameraden (Man hat sich einfach schon zu sehr daran gewöhnt, daß nur der Lehrer Wissenswertes mitzuteilen hat!).

Informationen

Im muttersprachlichen Unterricht kann auch das natürliche Wissensbedürfnis der Kinder und Jugendlichen und ihre Auseinandersetzung mit der Umwelt Ausdruck finden.

Der Lehrer wird hier versuchen, methodische Anleitungen und Hilfen zur selbständigen Bearbeitung eines Interessenkomplexes zu geben: auf Literatur oder andere Unterlagen hinweisen oder sie vermitteln, und Hilfestellung bei deren Auswertung leisten. Das bedeutet zunächst Anregung zur eigenen Suche nach Informationen und zu deren Studium. Dies kann u.a. eine Erziehung zur selbständigen Praxis des Lesens bedeuten. Zum anderen wird der Schüler zu einem komplexen Prozeß angeregt, in dem eigenes Überlegen und eigenes Schaffen eine wesentliche Rolle spielen. Ziel ist, von einer Konsumentenhaltung gegenüber Text-, Bild- oder Tondokumenten weg zu einer kritischen Auseinandersetzung mit diesen Dokumenten zu gelangen.

„Thema: Krieg der Atombombe
Leute, stoppt den Krieg. Beim nächsten Krieg werden Neutronenbomben und Atombomben eingesetzt. Wenn die Bomben geworfen werden, ist die gesamte Welt in Gefahr. Ist es überhaupt erforderlich, soviel Leben in Gefahr zu setzen? Welchen Sinn hat der Krieg, außer Leben zu opfern?
Wir, die Klasse 9 b, machen uns Gedanken darüber, wie das Ganze mal enden soll. Unserer Meinung nach müßten man sich irgendwie gegen die ‚hohen Tiere', die mittlerweile mit Milliarden Menschen spielen, wehren. Über dieses Thema müßten sich eigentlich alle Gedanken machen.
Wir nehmen auch Meinungen von euch an.
WIR WOLLEN FRIEDEN FÜR IMMER!!!
                                    Mustafa, Frank, Ursula, Kirstin"[78]

Die Ergebnisse solcher Arbeiten einzelner Schüler oder einer Gruppe von Schülern werden in der Klasse in Form von Vorträgen oder Aushängen mitgeteilt. Außerhalb der Klasse können sie durch eine Klassenzeitung veröffentlicht oder in die Korrespondenz mit einer Partnerklasse einbezogen werden.

Bei Arbeiten, die die ganze Klasse betreffen, werden die Interessen des einzelnen nach Möglichkeit berücksichtigt. So können z.B. nach der gemeinsamen Lektüre eines Buches die Schüler auswählen, in welcher Form sie über das gelesene Buch arbeiten wollen (Rollenspiel, Erkundungen zum Thema, Diskussion, Comic, Photomontage u.ä.), bzw. selbst andere Arbeitsformen vorschlagen. Oder mehrere herausgearbeitete Themen können in verschiedenen Gruppen bearbeitet werden.

Druckerei in der Sekundarstufe

Der Grundtenor bleibt immer, die Eigeninteressen der Schüler — Basis eines motivierten Arbeitens — so weit wie möglich zu berücksichtigen.

„Ausländerprobleme
Wir, die Ausländer, werden von den meisten Deutschen sehr gehaßt. Wir werden als zweite Klasse behandelt.
Uns werden viele Rechte vorenthalten. Z.B.: ein Ausländer sucht eine Arbeit. Wohin er auch geht, sagen sie ihm meistens: wir brauchen keine Arbeiter. Obwohl sie Arbeiter brauchen. Aber wenn er ein Deutscher wäre, hätten sie ihn genommen. Uns werden viele Schwierigkeiten gemacht. Z.B. das Visum. Oder wenn eine Ausländerfamilie eine Wohnung sucht, geben sie ihnen kaum eine Wohnung. Weil sie glauben, die Ausländer wären dreckig. Und sie meinen, die Ausländer würden nach Knoblauch stinken. Darum halten manche sich weit von Ausländern.
Aber das sind nur leere Vorurteile. Manche Deutsche sagen, wir hätten ihnen die Arbeitsplätze weggenommen. Aber wo viele Ausländer arbeiten, würde kaum ein Deutscher arbeiten. Trotzdem sagen sie, wir hätten ihnen die Arbeitsplätze weggenommen.
Y.C., I.H.Y., M.Y."[79]

Bericht: Wir suchen unseren Weg

(Eine 6. Klasse im muttersprachlichen Unterricht)
Dieser Bericht schildert anschaulich, wie verschiedene Techniken, den Bedürfnissen und Wünschen der Klasse entsprechend, nach und nach eingeführt wurden:

„Zuerst haben wir die Klasse so eingerichtet, daß alle einander sehen konnten. Und wir haben viel geredet. Vom Schulanfang, von der Schule, auch von der, in die die Brüder und Schwestern gehen, von der Vorschule, vom Gymnasium, und auch davon, wie die Schule früher war.
Und so ist es zur ersten Umfrage bei den Eltern gekommen. Die, die über ein Tonbandgerät verfügen, haben Vater, Mutter, Großvater, Nachbarn interviewt. Die anderen haben geschrieben. Ich will nicht auf die Einzelheiten eingehen; aber so ist es zur ersten Gruppenarbeit in der Klasse gekommen, und zur Herstellung des ersten Albums.
Und dann lagen in der Klasse Zeitungen vom vergangenen Jahr aus. Es wurden Fragen dazu gestellt, sie wurden gelesen, ich erzählte von ihrer Entstehung und sprach von der Möglichkeit, Texte zu schreiben und sie vorzulesen. In den folgenden Tagen ging es los, sehr, sehr schnell, zu meinem großen Erstaunen. Von den ersten Texten an sagte ich, jeder sollte seine Meinung dazu sagen. Die mutigsten fingen an zu reden; und bald haben ein paar bemerkt, daß andere nichts sagten: da wurde ihnen das Wort erteilt. Laurent sagte: ‚Jetzt bist du dran, Marie-Christine', und danach rief er andere auf. Am nächsten Tage kamen mehrere zu mir und fragten, ob sie heute das Wort erteilen dürften; ich habe die Frage an die Klasse weitergegeben, und da gab es natürlich noch mehr Anwärter! Nachdem wir eine Weile diskutiert hatten, wurde gesagt: ‚Wir können ja abstimmen'. So kam es in diesem Jahr zum vierzehntägigen Klassenratsvorsitzenden.
Ich hatte gesagt, daß bei jedem Text, der vorgelesen wird, der Name des Autors und der Titel in einem Heft aufgeschrieben werden könnte: da mußte auch wieder demokratisch entschieden werden. Damit entstand die Funktion des Klassensekretärs, auch vierzehntägig.
Nach drei Wochen wurden jeden Tag Texte vorgelesen. Da habe ich vom Lehrplan der 6. Klasse gesprochen und von den verschiedenen Arbeitsrubriken. Das Gespräch endete mit der Frage. ‚Das sollen wir alles machen?' Diskussionen, endlose Gespräche... Sie liefen auf eine Zeiteinteilung für die Woche hinaus. Vor allem Texte vorlesen, zweimal in der Woche, am Dienstag und am Freitag. Und diese Stunden sind unanfechtbar geworden. Es sind die Stunden, auf die man am meisten gespannt ist; oft war die Klasse schon bei der Arbeit, wenn ich hereinkam, und die zwei Male, die ich fehlte, haben die Kinder allein ihre Texte vorgelesen und diskutiert.
Ende Oktober gab es schon eine Menge Texte. Was sollte damit geschehen? Die Kinder haben gleich an die Zeitung gedacht: wenn wir eine machen würden, wie die vom letzten Jahr? Aber alle Texte konnten da

nicht rein. Wenn es mir an Ideen gefehlt hätte, was man mit den anderen anfangen könnte, so fehlte es den Kindern nicht daran! ‚Aus diesem könnte man ein Lied machen... Aus diesem da ein Plakat' (Damit ist gemeint: auf einen großen Bogen schreiben und in der Klasse aushängen), ‚Nach diesem könnte man ein Bild malen...' Und so entstanden schließlich, zu meiner Freude, in dieser Klasse die ersten freien Lieder, Texte mit musikalischer Untermalung, gesprochene Texte. Das war mir noch nie passiert!
Oft sagte ein Kind im Gespräch: ‚Dein Text handelt von der Natur... Dieser ist ein Porträt... Das ist ein Traum...' Da schlug ich vor, sie in verschiedene Mappen einzusortieren... Und so entstand die Gewohnheit, jeden vorgelesenen Text in eine Mappe einzuordnen. Jetzt haben wir ein Dutzend solcher Mappen. Gestern fragte Coralie: ‚Was werden wir denn mit diesen Mappen anfangen?' Um ehrlich zu sein, ich weiß es noch nicht, aber wir werden schon etwas finden!

Was begünstigt das Schreiben von Texten?
— Da ist zunächst die Klasse selbst: 21 Schüler, das bedeutet, 21 verschiedene Arten zu empfinden. Ein vorgelesener Text bringt einen anderen auf neue Ideen; manchmal wird derselbe Titel wiederaufgenommen und anders behandelt. Aber Vorsicht bei Plagiat. Niemand schätzt es, und es wird heftig kritisiert; man muß Persönlichkeit an den Tag legen!
— Da ist die Korrespondenz: die Korrespondenten haben Märchen geschickt; die wurden in der Klasse vorgelesen und diskutiert, und ich brachte Märchenbücher mit. In der folgenden Woche brachten sie die ersten Märchen. Die Korrespondenten haben auch Poesie-Spiele geschickt; die Klasse probierte sie 14 Tage lang aus, bis einer sagte: ‚Mit der Zeit wird das langweilig!' Von da an wurden neue Spiele erfunden, die uns zu den Abzählreimen hinführten.
— Da sind die „Garben"[80], die Gedichtbücher, die wir in der Klasse haben. Bei der Lektüre mancher Texte sprechen wir über die beste Art, sie vorzutragen.
— Da ist das Leben der Klasse mit seinen täglichen Ereignissen: unseren Diskussionen, dem Fernsehen, den Dingen, die uns Freude machen, meinen Ärgernissen und ihren; zweimal war ich Objekt (Subjekt) eines Textes, und das Spiegelbild ist nicht immer erfreulich!
— Eines Tages hatte Sylvie einen Text geschrieben, in dem alle Schüler der Klasse vorkamen, und hatte angekündigt, daß sie ihn fortsetzen wollte. Das hatte soviel Erfolg, daß sie beschloß, einen Roman über die Klasse zu schreiben, zwei bis drei Kapitel jede Woche. Andere hatten Lust, dabei mitzumachen. Sylvie paßte das zuerst nicht besonders; aber als sie dann sah, wie viele verschiedene Abenteuer auf diese Weise ihren Roman bereichern würden, akzeptierte sie schließlich.
Das alles ist nur ein Teil von dem, was wir in Französisch machen, aber der lebendigste und sympathischste Teil, der, der am meisten erwartet wird

und bei dem ich am meisten im Hintergrund bleibe, der, wo die Kinder am selbständigsten sind. Oft gerate ich in Panik, wenn ich sehe, daß diese Dinge zwei Stunden unseres Wochenkontingents ‚verschlingen', wenn mir plötzlich auffällt, daß wir in den Stunden wenig schreiben. Aber letzten Endes lernen die Kinder ja eben dabei, zu sprechen, einander zuzuhören, sich auszudrücken, sie selbst zu sein. Und das ist doch das Wesentliche!"[81]

2.3. Spaß an der Mathematik?

Es können in diesem Kapitel keine Einzelheiten aufgeführt werden, die ins mathematische Detail gehen. Sie würden einerseits den Rahmen dieser Arbeit sprengen und sind andererseits, zumindest für den Französisch sprechenden Leser, in vielen Zeitschriften und Arbeitsmaterialien der CEL nachzulesen[82]. Auch aus Kreisen deutscher Freinet-Lehrer gibt es Überlegungen und Informationen zum Thema Mathematik[83]. Unser Ziel kann hier nur sein, zu zeigen, durch welche Arbeitstechniken die pädagogische Grundhaltung Freinets im Mathematikunterricht realisierbar ist. Und dies trotz der Lehrpläne, die im Wesentlichen unbedingt zu respektieren sind, wenn man der großen Bedeutung der Mathematik im schulischen Gelingen Rechnung tragen will.

Individualisierung der Arbeit

Selbstkorrektur und Selbstkontrolle

Hierzu sind Unterrichtsmittel notwendig, z.B. Arbeitsblätter oder Arbeitshefte zur Selbstkorrektur. Die CEL (vgl. S. 256) hat von beiden eine ganze Serie herausgegeben. Viele Mathematiklehrer verwenden jedoch auch Arbeitsmaterial anderer Herkunft, das sie der Klasse zur Verfügung stellen, teils in Form von Büchern, teils als handlichere Arbeitsblätter (in Heftern zusammengefaßt). Viele dieser Arbeitsblätter werden von den Lehrern selbst erarbeitet. Auf diese Weise ist sämtliches Arbeitsmaterial der CEL entstanden: das von einem Lehrer erarbeitete Projekt wird in einer ganzen Reihe von Klassen getestet, den Ergebnissen dieser Tests entsprechend überarbeitet und erst dann publiziert. Bisweilen erarbeiten die Schüler, nach dem Modell der vorhandenen Arbeitsblätter, selbst neue.

Diese Form von Arbeit erlaubt jedem Schüler, seinen eigenen Fähigkeiten und Kenntnissen entsprechend zu arbeiten. Sie erzieht außerdem zu Selbständigkeit und größerer Unabhängigkeit vom Lehrer. Ihr Ziel ist zum einen ein besseres Verständnis des Lernstoffes, zum anderen das Deutlichwerden von unverstandenen oder schlecht verstandenen Teilen dieses Stoffes.

Arbeitskartei Mathematik (2 Beispiele):

Bekannt sind die Produkte von Zahlen einer Tabelle. Finde Zahlen dieser Tabelle.

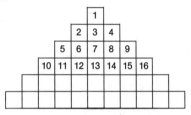

Arbeitsanregungen:
— erfinde andere Tabellen
— sind bei vorgegebenen Produkten mehrere Lösungen möglich?

Ein Zahlendreieck

				1				
			2	3	4			
		5	6	7	8	9		
	10	11	12	13	14	15	16	

— Führe dieses Dreieck fort, soweit es dir Spaß macht.
— Was stellst du fest?

Ein paar Anregungen (Lesen ist fakultativ):
— Was du untersuchen kannst:
  + Diagonalen: z.B.

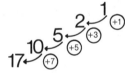

  + Linien: z.B.
  10 11 12 13 14 15 16

  → beobachte, daß: 10 + 16 = 11 + 15 = 12 + 14 = 2 x 13
  → beobachte, daß die Summe aller dieser Zahlen in Linie
                    13 x 7
  ist, und daß es 7 Zahlen gibt

  + Du kannst andere Feststellungen treffen und andere Zahlentabellen erfinden.

Je nach Klasse oder Lehrer arbeiten die Schüler dabei einzeln oder in Gruppen. Anhand der Testaufgaben am Ende eines Arbeitsheftes oder einer Serie von Arbeitsblättern kann man feststellen, wieweit der Schüler den Stoff beherrscht.

In den meisten Fällen suchen die Schüler sich ihre Arbeit aus, und im allgemeinen arbeiten sie sehr motiviert. Der Lehrer wird durch diese Form von Arbeit stärker disponibel und kann sich z.B. besonders den Schülern widmen, die Schwierigkeiten haben.

„Freies mathematisches Forschen" (Libre recherche mathématique)

Diese Praxis entfernt sich am meisten vom herkömmlichen Unterricht und ist deshalb unter den gegenwärtigen Bedingungen am schwersten zu realisieren. Die Schüler sind zu sehr gewöhnt, mathematische Begriffe als solche zu akzeptieren, ohne sich Fragen darüber zu stellen. Dem Lehrer fällt es oft schwer, mit Geduld auf eine kritischere und fragende Haltung ihrerseits zu warten, ohne mutlos zu werden.

Geeignetes Arbeitsmaterial, etwa die Arbeitshefte „Pistes de libre recherche mathématique (mit „Pisten zum freien mathematischen Forschen" übersetzbar) kann hier von Hilfe sein.

Die hier abgedruckten Arbeitsblätter können einen Eindruck von der Konzeption dieses Materials vermitteln. Jedes solche Arbeitsblatt besteht aus zwei Teilen:
— einer anregenden Situation
— Hinweisen, die eine forschende Haltung stimulieren wollen, wobei sie jedoch viel persönliche Freiheit und Initiative lassen. (Die Lektüre dieser Hinweise ist fakultativ, und das Arbeitsblatt ist auch ohne sie verwendbar.)

Die Arbeitshefte haben folgende Zielsetzung: forschendes Verhalten des Schülers zu provozieren; zur Wiederaufnahme einer abgebrochenen Untersuchung anzuregen (indem in einem günstigen Augenblick neue Stimuli gegeben werden); notwendige Informationen zu liefern; eine in anderem Zusammenhang unternommene Forschung weiterzuführen; eine Situation mit anderen, schon bekannten Situationen zu konfrontieren.

Die folgenden Aussagen von Schülern einer 10. Klasse geben ein Echo von einer solchen Arbeitsweise:
„In diesem Jahr haben wir mehr Initiativen ergriffen. Der Lehrer tischte uns nichts Fertiges auf — es lag an uns, zu suchen und etwas herauszufinden... Beim ‚Freien Forschen' haben wir mehr zusammengearbeitet und uns dabei gegenseitig kennengelernt. Man arbeitet so besser, als wenn man irgendwelche aufgezwungenen Arbeiten macht, ohne einander zu ken-

nen... Wir haben mehr von uns selbst aus gearbeitet und Spaß an der Mathematik gefunden... Wir sind aktiver gewesen... Das war zuerst nicht so leicht, weil wir vorher gewöhnt waren, immer alles hinzunehmen. Aber jetzt hat sich das geändert, es scheint uns natürlicher, selbst zu forschen..."[84]

Kooperative Organisation des Unterrichts

Folgendes Beispiel zeigt, wie der Unterricht einer 6. Klasse in einem dreiwöchigen Rhythmus organisiert wurde:

„Nach und nach kam es zu einer halb kooperativen Organisation, die schließlich folgendermaßen aussah:

Vertrag mit den Schülern über die Hausarbeit während einer Periode von 14 Tagen (d.h. 8 Mathematikstunden):
- zwei dem Niveau der Klasse entsprechende Aufgaben in übersichtlicher Darstellung schreiben — dabei die Textanweisung klar von den Fragen trennen. (Oder eine Aufgabe machen und korrigieren, wenn sie falsch ist)
- Lücken in 4 Multiplikations- oder Divisionsübungen ergänzen und vier andere Übungen derselben Art ausdenken.
- zwei selbstkorrigierbare Arbeitsblätter im Kopfrechnen machen.
- zwei Aufgaben zur Anwendung des Stoffes der 6. Klasse finden und sich zwei andere nach demselben Muster ausdenken.

Alle diese Aufgaben und Übungen befanden sich in einem Hefter, auf Arbeitsblättern. Dieser Hefter ging während der Stunde in der Klasse herum, und jeder suchte seine Arbeiten aus. Ein Arbeitsplan, in dem die Arbeiten in Tabellen eingetragen wurden, gab Rechenschaft von der geleisteten Arbeit.

Während dieser 14tägigen Periode wurde im Unterricht in Gruppen über verschiedene Themen gearbeitet:
Lochkarten, Pascalsches Dreieck, magische Vierecke, Flächeninhalte, Rechengeräte usw.
Während dieser Periode beschäftigte ich mich manchmal mit einem einzigen Schüler, der bei einer der Hausaufgaben Schwierigkeiten hatte.
Jede Gruppe bereitete sich in irgendeiner Weise darauf vor, die anderen über ihre Arbeit zu informieren: Anschläge, Dia-Montagen, vervielfältigtes Resümee.

Zwischen zwei 8-Stunden-Perioden lag immer eine Periode von vier Stunden, in der die ganze Klasse zusammenarbeitete:
- Es wurde über die von einer Gruppe vorgestellte Arbeit diskutiert.
- Dabei wurden einige neue Arbeitsmöglichkeiten entdeckt und Irrtümer richtiggestellt, was oft auf eine Zusammenfassung des Unterrichtsstoffes hinauslief.

- In dieser Periode wurden die Arbeitspläne abgeschlossen.
Bevor sie diese abgaben, versuchten alle Schüler, ihre Arbeit an Hand von Tabellen und einigen ‚Ja-Nein'-Antworten zu beurteilen.

Diese Art der Arbeit hatte mehrere Vorteile:
- Die Schüler wurden sich ihrer eigenen Arbeit bewußt.
- Die Mitteilung der Arbeitsergebnisse in der Klasse erforderte, diese in korrekter Art niederzuschreiben.
- Regelmäßige Fortschritte der einzelnen Schüler und in den meisten Fällen ein ‚Auftauen' der gehemmten Schüler."[85]

Kommunikation und Selbstausdruck

Debatte und Exposé

Diese beiden in sprachlichen Fächern gebräuchlichen Techniken scheinen zunächst in der Mathematik keinen Platz zu haben. Trotzdem treffen sie auf weniger Wiederstand, als man annehmen könnte.
Sobald die Rede auf einen berühmten Mathematiker kommt, kann man vorschlagen, daß jemand die Klasse über dessen Leben und Werk informiert.

Ebenso kann, wie im folgenden Beispiel, die immer wieder auftretende Frage nach dem Sinn und Zweck der Mathematik Anlaß einer Debatte werden:
„Eine spontane Diskussion entsteht, Behauptungen werden aufgestellt, von anderen wieder dementiert. Da mische ich mich ein, um aus der leidenschaftlichen Diskussion eine Grundsatz-Debatte werden zu lassen. Ich schlage ihnen vor, einen Monat lang, mit Hilfe der verschiedensten Quellen, Elemente zu suchen, die die verschiedenen Meinungen untermauern können..."[86]

Andere Möglichkeiten:
Mathematische Klassenzeitung und Korrespondenz

Es hat tatsächlich Versuche gegeben, in einer Klassenzeitung die Ergebnisse von Untersuchungen und Forschungen sowie Produktionen aus der Klasse (Zeichnungen, Texte, Bildgeschichten, mathematische Spiele) zu veröffentlichen. Dabei wurde zur Auflage gemacht, daß alle veröffentlichten Arbeiten in irgendeinem Bezug zur Mathematik stehen müßten. Der wichtigste Aspekt einer solchen Praxis bleibt wahrscheinlich, ebenso wie bei einer im Mathematikunterricht durchgeführten Klassenkorrespondenz, die Entwicklung eines kommunikativen Klimas in der Klasse: Kommunikation untereinander (die Realisierung eines gemeinsamen Vorhabens ist ohne diese unmöglich!) und Kommunikation nach außen hin (in diesem Fall ist schulisches Tun, da auf ein konkretes Ziel gerichtet, weniger steril).

Freiräume schaffen

Der folgende Bericht zeigt, wie es möglich ist, das Curriculum auf ein Minimum zu reduzieren. Damit bleibt Zeit für andere Dinge, die nur indirekt mit Mathematik zu tun haben (Projektphase).

„Der Ausgangspunkt meiner Überlegungen und Versuche, anders Mathematik zu unterrichten, als ich es gelernt hatte und um mich herum unterrichtet wurde, war die unbefriedigende Situation, in der ich mich als frischgebackener Gesamtschullehrer (mit einigen Illusionen) befunden habe.
Die Richtung meiner Überlegungen wurde zunächst durch die Kritik einiger Schüler des 10. Jgs. bestimmt, sie hätten zwar sechs Jahre lang beständig harte Lernarbeit leisten müssen, trotzdem aber Lücken in dem Gelernten und diese auch noch an entscheidenden Stellen. Daraus zog ich den Schluß: wennschon Lücken unumgänglich scheinen, dann sollten sie doch zumindest an weniger wichtigen Stellen des Curriculums auftreten. So hoffte ich, wenigstens diesen Teil der Frustration und Kritik am Mathematikunterricht von seiten der Schüler aufzufangen. Bei der Systematisierung der Inhalte nach verschiedenen Kriterien ergaben sich nun überraschenderweise Möglichkeiten, durch eine Beschränkung auf wirklich wesentliche Zwischenschritte Zeit zu sparen, die bisher notwendig schien für eine Erfüllung des Lehrplans in seinen wichtigen Zielvorstellungen.
In herkömmlicher Terminologie umfaßt der Lehrplan der Sekundarstufe I die Gebiete Arithmetik, Algebra und Geometrie. Diese Einteilung sagt nichts über die Ziele des Lehrplans aus und ist auch insofern überholt, als sie den vor allem zur Vorbereitung auf die Differential- und Integralrechnung wesentlichen Funktionsbegriff nicht angemessen berücksichtigt und die Rolle der Geometrie in einem Maß betont, die sie in der Schulwirklichkeit als Einübung in das logisch-axiomatische Denken seit der Einführung

Jg.	Zahl	Gleichung	Funktion	
5	Rechnen in N_c		Geometrie im Gitter	⎫
6	Bruchrechnung		graph. Darstellung von Größen	⎪
7	negative Zahlen	Terme (Formeln)	Zuordnungen	⎬ Projektphase
8	rationale Zahlen	lineare Gleichung	lineare Funktion	⎪
9	reelle Zahlen	quadratische Gleichung	quadratische Funktion	⎪
10		Gleichungssysteme	Exponential- und Trig. Funktion	⎭

mengentheoretischer Sprechweisen nicht mehr besitzt. Damit kann ich aber die Überlegungen auch nur andeuten, die mich schließlich dazu geführt haben, den Stoff der Sekundarstufe I auf der Grundlage einer mengentheoretischen Sprechweise nach den Begriffen Zahl, Gleichung und Funktion zu ordnen. Aus dieser Gliederung ergibt sich ein auch für Schüler überschaubares Spiralkonzept, das sich über alle Jahrgänge erstreckt und unter der Voraussetzung von 36 Schulwochen auf jeder Jahrgangsebene 9 Wochen projektorientierten bzw. freien Unterricht einschließt.

Es ist klar, daß in diesem Spiralkonzept nicht alle Inhalte erfaßt sind, die bisher im Mathematikunterricht nach Lehrplan behandelt wurden oder behandelt werden sollten. Inwieweit einzelne Inhalte auf den unteren Jahrgangsstufen unabdingbar sind oder inwieweit sie ohne Schaden vernachlässigt werden können, ist allerdings nur auf der Grundlage eines Gesamtkonzeptes entscheidbar. Dieses Gesamtkonzept liegt in der obigen begrifflichen Strukturierung des Mathematik-Curriculums vor. Danach erscheint es nun m.E. nur beschränkt sinnvoll, etwa im Jg. 6 mehr als 9 Wochen auf die Bruchrechnung zu verwenden, weil Lücken in diesem Entwicklungsschritt zum Begriff der reellen Zahl in den nachfolgenden Jahren von einem höheren Niveau zurückgreifend leichter geschlossen werden können. Ähnliches gilt für das Problem der Termumformungen, die im Jg. 7 nur von einem Teil der Schüler ausreichend beherrscht werden. In Kenntnis des Problems der linearen Gleichung wird die Notwendigkeit eines sicheren Umgangs mit Termen unmittelbar einleuchten, kann also zu diesem Zeitpunkt wieder aufgegriffen werden...

Notwendiger Bestandteil dieses Unterrichtsmodells ist also die freie Projektphase, die zwar noch immer nicht die Schule mit dem wirklichen Leben verbindet, aber die Möglichkeit eröffnet, frei von curricularen Zwängen einen Einblick in Ausschnitte aus der gesellschaftlichen Praxis zu nehmen, um so den Stellenwert der Mathematik in unserer Gesellschaft vielleicht genauer einschätzen zu können.
Sicher ist mein Unterrichtsmodell ein ganzes Stück von ‚der Spitze des sozialen Fortschritts' entfernt, wie Schule immer davon entfernt ist. Was ich mit meinem Unterrichtsmodell bezwecken möchte, ist auch ein sehr viel niedrigeres Ziel. Es geht mir um eine Reduzierung des Stresses und der Frustration durch Mathematikunterricht, indem Freiräume geschaffen werden, in die Schüler ihre Interessen wenigstens zeitweise in den Mathematikunterricht einbringen und ihre Arbeit nach eigenen Vorstellungen planen, ausführen und beenden können.
Ich habe nach diesem Unterrichtsmodell einundeinhalb Jahre an meiner Schule unterrichtet. Mit dem gebundenen Teil des Modells habe ich dabei gute Erfahrungen gemacht. Die Vorteile des Spiralkonzepts schlugen vor allem in den Wiederholungsphasen durch, weil die Schüler die curricularen Entwicklungsschritte im Mathematikunterricht der Jahre zuvor zu sehen begannen.

An eine längere (4wöchige) freie Projektphase habe ich mich erst im letzten Schulhalbjahr gewagt, nachdem ich in den Jahren zuvor die Schüler und mich an die verschiedensten Arbeitsformen gewöhnt hatte (selbständiges Arbeiten in der Bibliothek, schriftliche Ausarbeitungen, Referate, Partner- und Gruppenarbeit auch in Testsituationen). Konkret sah diese freie Projektphase im letzten Halbjahr so aus: diese Zeit wurde nicht benotet; wer nicht arbeiten wollte, brauchte nicht; Spielen, Lesen und die Beschäftigung mit anderen Themen war ebenso erlaubt wie die Arbeit an unserem gemeinsamen Projektthema ‚Energieversorgung'. Die Anregung zu diesem Thema war von mir gekommen und von der Mehrheit meiner Schüler auch angenommen worden. Nach einem Besuch in einer Ausstellung über ‚alternative Energie' beschlossen wir, darüber eine Zeitung zu machen. Der Bezug zum normalen Mathematikunterricht stellte sich während der Arbeit an verschiedenen Punkten von selbst her: etwa bei Kapazitätsberechnungen verschiedener Kraftwerksarten oder beim Energieverbrauch und der Tarifpolitik der Elektrizitätswerke. Hier war von großem Vorteil der Überblick, den die Schüler über ihre eigenen mathematischen Möglichkeiten hatten. Die bisher vorliegenden Ergebnisse (die Arbeit soll im Sommerhalbjahr fortgesetzt werden) lassen zumindest den eindeutigen Schluß zu, daß Wißbegierde und Lerneifer von Schülern überhaupt nicht auf den Druck und Zwang von seiten des Lehrers angewiesen sind, um sich ausleben zu können. Im Schulalltag geht diese Selbstverständlichkeit nur leider allzu häufig verloren. Wenn es auch nur bei dem Ergebnis bleiben sollte, daß die freie Projektphase lustvolle Lernergebnisse ermöglichte, so wäre mir das als Resultat schon viel und genug."[87]

Umweltbezüge ermöglichen

In diesem Bericht bleiben Mathematik und Umweltbezug zunächst total getrennt. Dem liegt wohl die Meinung zugrunde, daß die geforderte Mathematik ohnehin keinen Bezug zu den Schülern hat: darum soll sie in möglichst kurzer Zeit abgeschlossen werden, so daß noch viel Zeit für interessantere Dinge übrigbleibt.

Eine andere Möglichkeit wäre, möglichst Lebensbezüge heranzuholen, die einen Zugang zur vom Lehrplan geforderten Mathematik eröffnen. Mathematik würde so mehr Sinn bekommen („Natürliche Mathematik"). Ist das jedoch in der Sekundarstufe überhaupt durchführbar? Lehrergruppen suchen nach Möglichkeiten, diese Frage zu bejahen. So gibt es in der BRD eine Gruppe von Mathematiklehrern, die sich das als Programm vorgenommen hat.[88]

Eine andere Auffassung der Mathematik —
und ihre Folgen für die Schüler

Zusammenfassend kann man sagen, daß ein solcher Mathematikunterricht nicht vom Unterrichtsstoff ausgeht, der dann mittels Aufgaben illu-

striert und eingeübt wird. Der Ausgangspunkt ist vielmehr die konkrete Situation, der Einzelfall, also sozusagen die Aufgabe selbst. Wenn man etwas Neues entdeckt hat, fragt man sich, ob diese Entdeckung in jedem Fall Gültigkeit hat, man versucht, das herauszufinden. Es handelt sich also eigentlich weniger um Unterricht als um ein gemeinsames Forschen. Die Regel wird aus dem Ergebnis der Untersuchung abgeleitet.
Eine solche Arbeitsweise bleibt nicht ohne Folgen für die persönliche Entwicklung der Schüler. ,,Sie lernen, selbständig zu arbeiten, ihre Arbeit zu organisieren und ein echtes Leben in der Klassengruppe zu entwickeln. Die Mathematik ist für sie nicht in erster Linie eine exakte Wissenschaft, mit ihren Gesetzen und Verboten. Sie stellt in ihren Augen eher eine experimentelle Wissenschaft dar, mit den entsprechenden Versuchen und verschiedenen Methoden der Problemlösung..."[89]

2.4. Kunsterziehung: Authentizität geht vor Ästhetik

Man könnte annehmen, daß gerade der Kunstunterricht einer Freinet-Praxis besondere Möglichkeiten bietet. Wo sonst könnten die Schüler mehr Gelegenheit zum freien Selbstausdruck haben?

In der Praxis gibt es jedoch gerade hier viele Probleme. Diese sind im Wesentlichen auf zwei Ursachen zurückzuführen:
— Materielle Faktoren: Mangel an Zeit, Raum, Material; zu große Klassen.
— Das schulische Vorleben der Schüler, durch das sie oft schon stark geprägt sind. Sie stehen den Möglichkeiten des freien Ausdrucks eher gehemmt gegenüber, da die meisten kaum je Gelegenheit hatten, sich selbst darzustellen und oft schon stark auf Stereotype festgelegt sind. Viele sind von ihrem ,,Mangel an Begabung" überzeugt. Und die ,,Begabten" haben gelernt, die ,,Regeln der Kunst" zu respektieren.

Welches Ziel können Lehrer angesichts dieser Situation im Kunstunterricht verfolgen? Es ist ihnen vor allem wichtig, das Selbstvertrauen ihrer Schüler zu entwickeln und zu stärken, denn gewisse Möglichkeiten des künstlerischen Ausdrucks hat jeder. Beobachtungsgabe und Phantasie sind keine von Natur aus vorhandenen (oder nicht vorhandenen) Eigenschaften — sie sind entwicklungsfähiges Produkt einer darauf ausgerichteten Erziehung. In dieser Erziehung ist es wesentlich, die Kinder mit möglichst vielen verschiedenen Techniken vertraut zu machen, damit jeder einzelne die Technik finden kann, die seinem persönlichen Ausdrucksbedürfnis am nächsten kommt. Bei dieser grundsätzlichen Einstellung der Lehrer, die Entfaltung und Entwicklung kindlichen Ausdrucks zu fördern, steht also nicht Ästhetik im Mittelpunkt, sondern Authentizität.

Jedes Bild — ein Dokument

Auf dem Freinet-Kongreß in Rouen im Jahre 1977 stellten zwei Lehrerinnen aus der Sekundarstufe Schülerarbeiten aus, die großes Aufsehen erregten: Darstellungen von Totenköpfen, Kreuzen, Gräbern, Vampiren und sonstigen Ungeheuern; Kritzeleien, die nicht zuletzt Zeugnis ablegten von innerer Unruhe und Spannungen in der Klasse. Der erklärende Text dazu lautete:

,,Kunstunterricht in der Sekundarstufe: So sieht es aus! Natürlich nicht nur so!

Aber drei Viertel der Zeichnungen und Arbeiten unserer Schüler zeigen immer stärkere Anzeichen von Unruhe, Angst, Sorgen, Gewalt, Anerkennungsbedürfnis, Machtstreben..., die durch Gemeinplätze und Einflüsse verschiedenster Art erstickt zu werden drohen.

Deshalb haben wir nicht die nach unserem Erwachsenen-Urteil ,,besten" Arbeiten aussuchen wollen, die die uns gefallen.

Eine solche Auswahl hätte einen falschen Eindruck von unserer Arbeit mit den Schülern vermittelt.

Freier Ausdruck in der Sekundarstufe mit den Kindern, die wir haben, und angesichts unserer schlechten Arbeitsbedingungen, kann keine ,,zeigenswerten" Arbeiten zum Ziel haben."[90)]

Auswahlkriterium ist hier also nicht der künstlerische Wert einer Arbeit, sondern der Ausdruck dessen, was die Jugendlichen beschäftigt: ihrer Fragen und Ängste. Oft handelt es sich um rohe Entwürfe, Skizzen: Ar-

Freier Ausdruck in der Sekundarstufe...

...Ausdruck von Unsicherheiten...

...Fragen und Ängsten

beiten, die in manchen Fällen von den Schülern selbst für den Papierkorb bestimmt sind. ,,Worin liegt die Bedeutung solcher Arbeiten? Was stellen sie dar? Eine Etappe in der Entwicklung des Kindes zu ausgefeilteren Arbeiten (eine Art Skizze)? Eine Befreiung von innerem Druck (Ausdruck von Gewalt oder Sexualität, die sich sonst nur versteckt äußert)? Das Bedürfnis nach Kommunikation mit dem Lehrer, mit seinen Klassenkameraden?... Jedes Bild eines Kindes stellt ein Dokument dar und ist würdig, betrachtet, kommentiert, diskutiert oder sogar von kompetenten Personen analysiert zu werden. Wir müssen dem Kind — wie dem Lehrer — das Recht auf sein eigenes tastendes Versuchen zugestehen. Nur zu zeigen, was schön ist, das könnte bei beiden Schuldgefühle und Entmutigung zur Folge haben, besonders am Anfang. Wie oft bin ich nach einer Ausstellung, wo ich nur ‚perfekte' Bilder gesehen hatte, entmutigt in meine Klasse zurückgekehrt. Ich erreichte mit meinen Kindern nie ein solches Niveau, oder jedenfalls gab es in meiner Klasse nie nur ‚perfekte' Arbeiten!"[91]

Die Funktion des Lehrers ist hier alles andere als wertend.

,,Ich weiß nicht, ob es wirklich schöne Zeichnungen gibt: Es ist so schwer zu wissen, was ein Schüler mitteilen wollte. Aber wenn einer sich selbst dargestellt hat, wenn er etwas gemacht hat, was seiner Persönlichkeit entspricht, wenn er ausgedrückt hat, was ihn beschäftigt und wenn die Arbeit ihm selbst gefällt, dann — denke ich — ist es eine gute Zeichnung."[92]

Die folgenden Berichte zeigen, wie jeder Lehrer die seiner Persönlichkeit am meisten entsprechende Methode entwickelt. Als Konstante findet sich bei allen das Bedürfnis nach einer gewissen Strukturierung wieder.

Erster Bericht: Wie ich im neuen Schuljahr anfange und warum

,,Ich mache einen Unterschied zwischen den Klassen, in denen ich bereits unterrichtet habe und denen, die für mich ‚neu' sind.
In den Klassen, die schon im freien Selbstausdruck gearbeitet haben, gibt es wenig materielle und organisatorische Probleme. Die Schüler wissen, daß ich dazu da bin, Anregungen zu geben, wenn es ihnen an Ideen fehlt. Seltener kommt es vor, daß sie von mir eine Arbeit bzw. ein Thema zugeteilt haben wollen (ca. 4 — 5 mal im Jahr). Sie organisieren ihre Arbeit in ‚Ateliers', in Gruppen, entsprechend den Themen und Techniken, für die sie sich entschieden haben, und entsprechend auch unseren momentanen Möglichkeiten.
Und dann die neuen Klassen:
Im 8. und 9. Schuljahr bestimme ich in der Regel nicht, mit was für Arbeiten angefangen werden soll. Aber im 6. und 7. Schuljahr lasse ich einige Wochen lang kleine Übungen machen, nicht ohne ihnen deren Zweck zu erklären (um mit neuen Formen der Arbeit, mit neuen Techniken und mit

dem Lehrer vertraut zu werden; um den Kindern, die Angst haben, etwas eigenes zu machen, ein Gefühl der Sicherheit zu geben; um ihnen zu beweisen, daß jeder fähig ist, zu zeichnen, zu malen, mit den seiner Persönlichkeit entsprechenden Eigenschaften; wenn ich ein paar Wochen lang bestimmte Hilfsmittel nicht erlaube, so geschieht dies, um ihren spontanen Ausdruck zu fördern, um Reaktionen hervorzurufen...).
Welche Übungen werden gemacht?
Kleine Arbeiten spielerischen Charakters, die jeder machen kann, auch ohne ‚zeichnen‘ zu können, die weder besonderes Geschick noch besondere Sorgfalt erfordern, aber Situationen schaffen: z.B. Anordnung der Techniken, des Formats (ich vermeide kleine Formate), der Arbeit ohne Radiergummi, ohne Bleistift, ohne Lineal oder Zirkel; manchmal ohne Schere, ohne Pinsel für Kleister oder Farben...
z.T. individuell, z.T. gemeinsam...
Kleine Arbeiten, die nicht ‚ernst‘ zu nehmen sind, auf die sich jeder, selbst der Ängstlichste, einlassen kann, ohne zu fürchten, daß es nicht ‚schön‘ wird (diesen Ausdruck mag ich überhaupt nicht!); aber die die Phantasie anregen...
Keine Zensuren (auch nicht im Laufe des Schuljahres), außer, sie wollen ausdrücklich welche haben.
Zum anderen wissen sie, daß ich da bin, um zu beraten, Anregungen zu geben, nicht zu kritisieren oder zu tadeln. Jeder macht, was er kann, wie er es kann, wie es ihm gefällt, seiner eigenen Persönlichkeit entsprechend...
Nach dieser kleinen Vorbereitung, diesen ersten Kontakten, zeichnen sich Ansätze des freien Selbstausdrucks ab. Ich schlage drei oder vier Techniken zur Auswahl vor, und freie Themen, freies Format, Freiheit im Gebrauch von Bleistiften, Linealen... Gleichzeitig informiere ich sie über die Arbeitsanregungen, die ihnen zur Verfügung stehen, und darüber, was man tun kann, wenn es einem an Ideen fehlt; über verschiedene Arten des Zeichnens, frei erfunden, aus dem Gedächtnis, nach Beobachtung..., figuratives Zeichnen, abstraktes Zeichnen...
Die, die nicht ‚wissen, was sie tun sollen‘, können mich über diese verschiedenen Arten von Zeichnungen befragen oder anregende Arbeitsblätter durchsehen. Und im Notfall kann ich ihnen, wenn sie wollen, ein Thema geben... Ein paar Wochen später führe ich ein oder zwei neue Techniken ein, wobei die ersten Techniken und die freien Themen beibehalten werden. Schließlich werden alle Themen und alle Techniken freigegeben. Bei dieser programmierten Form der Arbeit im 6. und 7. Schuljahr habe ich weniger den Eindruck, auf der Stelle zu treten, wenigstens in einer großen Klasse. Die Schüler lernen nach und nach neue Materialien, neue Techniken kennen und werden gleichzeitig mit der materiellen Organisation des Unterrichts vertraut — Einrichtung von Ateliers, Sortieren und Aufräumen —, und sie machen vor allem Bekanntschaft mit einer neuen Form des Zeichnens, mit dem freien Ausdruck, der keineswegs selbstverständlich ist, wenn man ihn nie praktiziert hat und auf Stereotype festgelegt ist."[93]

Zweiter Bericht: Eine Arbeitskartei
Hier geben wir einen Bericht wieder, der die Ausarbeitung und probeweise Verwendung einer Arbeitskartei für den Zeichenunterricht behandelt.

‚‚‚Ich weiß nicht, was ich machen soll!' — Das bekommt ein Zeichenlehrer mehrmals am Tag von Schülern zu hören, die einmal in der Woche mitten zwischen zwei anderen Unterrichtsstunden etwa 40 Minuten lang zu ihm kommen, um sich künstlerisch ‚auszudrücken'. Schmerzliches Problem für den Lehrer, der gern möchte, daß das Kind, der Jugendliche sich selbst gestaltet. Er muß für diese ängstliche Fragestellung eine Antwort bereithalten, Mittel finden, die es dem Kind ermöglichen, seinen eigenen Weg zum Ausdruck hin zu finden.

Die in der Ausarbeitung befindliche Kartei ‚Anregungen zur plastischen Gestaltung' ist ein solches Mittel. Diese Arbeitskarten sind unterschiedlich konzipiert. Manche regen, von einer konkreten Situation in der Klasse ausgehend, zu bildnerischen oder graphischen Versuchen an, die auf eine Selbstbesinnung hinzielen; andere leisten Hilfestellung bei der Lösung eines im Laufe einer Arbeit auftretenden technischen Problems.

Diese Arbeiteskarten bewirken jedoch keine Wunder:
— sie sind keine Rezepte, die das schöpferische Genie fördern;
— sie sind auch keine Zeichenlehrgänge;
— sie stellen keinen ‚Weg zum Künstlertum' dar.

Sie haben lediglich die Funktion, die Schüler für den freien Ausdruck zu motivieren.

Hier ein paar Beispiele aus der Arbeitskartei:

Spiel mit Linien
Material: Filzstifte, Kugelschreiber, Federn und China-Tusche oder bunte Tusche, weißes oder Karo-Papier.
Teilnehmer: Allein oder zu zweit
Spielregel: Du zeichnest eine ununterbrochene Linie; du wechselst die Richtung immer im rechten Winkel. Diese Linie soll sich an keinem Punkt überschneiden.
Du kannst anfangen, wo du willst!
Vermeide Wiederholungen!
Höre auf, wann es dir paßt und betrachte das Ergebnis deiner Arbeit!
Du kannst andere Spielregeln vorschlagen!...

Du hast keine Lust, etwas zu tun
Material: Ein Blatt, Farben
Du hast keine Lust? Dann ist dies hier interessant für dich:
Denke an das, was du fühlst!
Denke an Gesten und Bewegungen, die du machst!
Was für Farben, was für Formen fallen dir ein, um auszudrücken, was du fühlst?

Du kannst dieselbe Arbeit machen zu Themen wie:
— Wie heiß es ist!
— Diese Kälte!
— Was für einen Hunger ich habe!
— Dieser Krach in der Klasse!
— So eine Stille! Man hört die Fliegen summen.
— Ich habe es satt, zu...
Sammle deine Bilder, vergleiche sie miteinander!

Mit einem Wort

Material: Ein Blatt, Feder und Tinte, Kugelschreiber oder feine Filzstifte.
Suche ein Wort aus, das du gerade schreibst, z.B. deinen Vornamen. Schreibe dieses Wort schnell und sehr oft, verbinde alle Buchstaben miteinander, aber versuche, ihre Größe, ihre Richtungen zu variieren... Wenn du am Ende einer Linie bist, schreibe z.B. die nächste von rechts nach links, ohne dir über die Lesbarkeit Gedanken zu machen. Nach und nach, mit zunehmender Übung bringst du es zu einer reichhaltigen und unerwarteten Kritzelei. Das ursprüngliche Wort ist nur ein Vorwand!

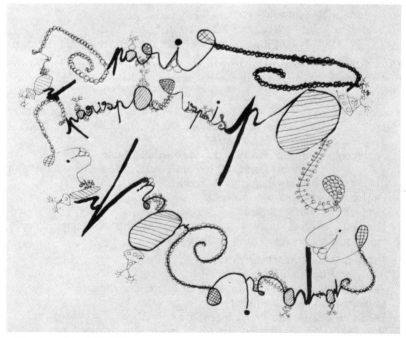

„Mit einem Wort: Paris"

Als nächstes kannst du zwei Wörter aussuchen:
— eins, was du gerne magst;
— und eins, was du nicht leiden kannst.
Du kannst versuchen, durch die Art, sie zu schreiben, deine Gefühle auszudrücken..."[94]

Aus diesen drei Erfahrungsberichten geht hervor, daß Förderung von freiem Ausdruck keineswegs gleichzusetzen ist mit dem Fehlen von Strukturen.
,,Die Vorgabe materieller Bedingungen macht es mir möglich, eine Öffnung des Schülers nach außen hin zu erhoffen, ihm seinen eigenen Ausdruck zu ermöglichen, ihm zu helfen, sich selbst darzustellen. Zum anderen erlaubt mir eine solche Methode der Arbeitsorganisation, trotz meiner Arbeitsbedingungen und der vielfältigen Ansprüche meiner Schüler nicht in Panik zu geraten", sagt eine andere Zeichenlehrerin und drückt damit wohl aus, was für die meisten wesentlich ist.

Dritter Bericht: Ateliers zur Förderung von Ausdruck und Kreativität

Janou u. Edmond unterrichten an derselben Schule und im Rahmen des Möglichen in denselben Klassen: Janou in Französisch und Zeichnen, Edmond in Mathematik und Werken. Nach Möglichkeit übernehmen sie den Zeichen- und Werkunterricht in denselben Klassen. Durch die Zusammenlegung der beiden Stunden und eine gut eingespielte materielle Organisation schaffen sie Möglichkeiten des künstlerischen Ausdrucks, wie man sie in der Sekundarstufe selten findet. Zugleich ergänzen diese künstlerischen Ateliers in glücklicher Weise die im Französisch-Unterricht geleistete Arbeit: Die Klassenzeitung ,,Joie de vivre", die sie mit ihren Schülern herausgeben, unterstreicht diese Arbeit durch die seltene Qualität ihrer Gestaltung.

,,Wir verlangen beide jedes Jahr, daß Zeichnen und Werken auf zwei aufeinanderfolgende Stunden gelegt wird, damit wir das ganze Material nicht zweimal aus- und wieder einräumen müssen. In etwa jedem zweiten Fall wird unserem Wunsch Rechnung getragen...

Räumlichkeiten
Ein übliches Klassenzimmer ohne Wasseranschluß.
Ein nebenan gelegener Abstellraum, in dem wir auf einigen im Biologieraum freigewordenen Tischen unsere Schablonen-Abzüge machen und ein altes Vervielfältigungsgerät installiert haben... Um diesen Raum und um das darin befindliche Material, das uns von großem Nutzen ist, haben wir jahrelang gekämpft...

Klassenzeitung „Joie de vivre" (Titelblatt)

Material
Wir erhalten jedes Jahr bescheidene Geldmittel, mit denen wir kaufen, was dringend notwendig ist. Die drei Klassen haben eine kooperative Organisation; die monatlichen Beiträge von einem Franc dienen dazu, Farben, Terpentinlösung usw. zu kaufen, sowie die durch die Korrespondenz entstehenden Kosten zu decken. Außerdem sammeln wir alles noch nutzbare Material, das in der Kantine und in den Familien weggeworfen wird. Wir verzichten auf kostspielige Arbeiten.
Alles, was für ein Atelier notwendig ist, befindet sich — mit einer Arbeitsanleitung — in einem Karton. Es gibt soviele Kartons wie Ateliers. Diese Materialautonomie vermeidet langes Aufräumen sowie ein Durcheinander. Wenn die Gruppen ihre Ateliers einrichten, finden sie alles notwendige in dem jeweils entsprechenden Karton. Sie brauchen nur noch zwei oder drei Tische zusammenzurücken. Diese Kartons werden im Abstellraum gestapelt.

Die Anzahl der Ateliers
Sie ist, je nach den augenblicklichen Interessen der Klassen und den verschiedenen Anregungen, unterschiedlich. Farb-Perioden lösen nüchterne Schwarz-Weiß-Perioden ab... Aber fünf oder sechs sind immer da: Malen, Klassenzeitung, Drucktechniken, Graphismen, verschiedenerlei Konstruktionen (z.B. Styropor- und Streichholzkonstruktionen), Künstlerkreide..., und einige Einzelgänger mit ihren ausdauernden eigenen Projekten, die völlig selbständig arbeiten.

Atelier Graphismen
Die Verwendung von Strich und Punkt mit verschiedenen Instrumenten (Kugelschreiber, Füller, feine und dicke Filzstifte, Feder, Wachskreiden...) führt über zahlreiche versuchende Manipulationen zu immer reichhaltigeren Ergebnissen. Einige der mit großem Perfektionismus ausgeführten Miniaturarbeiten werden dank des elektronischen Kopiergerätes der Schule direkt für die Illustrierung der Zeitung verwendet; andere werden vergrößert und ausgestellt.

Andere Ateliers
Teppichstickerei, Künstlerkreide, Metallgravur, Styroporkonstruktionen (Verwendung von Abfallprodukten, die ausgeschnitten und geklebt zu räumlichen Konstruktionen verarbeitet werden), mathematische Konstruktionen (hier ist die Zielsetzung dreifach: technisch, mathematisch und handwerklich).

Das Atelier Klassenzeitung
Dieses Atelier hat den Vorrang vor allen anderen. Wenn eine Schablone gedruckt, ein Titel ausgearbeitet oder eine Illustration hergestellt werden muß, wenn die Abzüge mit der Maschine gemacht werden müssen, verläßt im Notfall jeder Schüler sein Atelier, um mitzuhelfen."

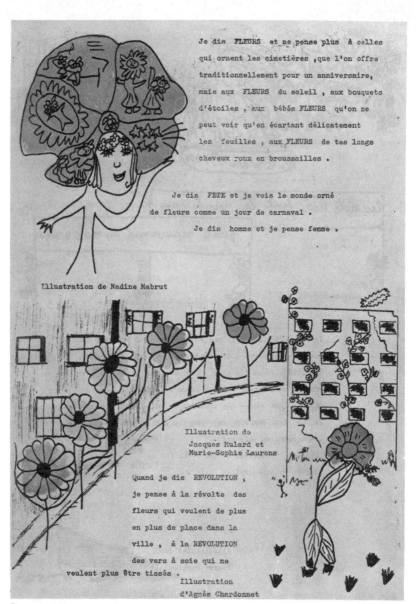

Je dis FLEURS et ne pense plus à celles qui ornent les cimetières, que l'on offre traditionnellement pour un anniversaire, mais aux FLEURS du soleil, aux bouquets d'étoiles, aux bébés FLEURS qu'on ne peut voir qu'en écartant délicatement les feuilles, aux FLEURS de tes longs cheveux roux en broussailles.

Je dis FETE et je vois le monde orné de fleurs comme un jour de carnaval.
Je dis homme et je pense femme.

Illustration de Nadine Mabrut

Illustration de Jacques Mulard et Marie-Sophie Laurens

Quand je dis REVOLUTION, je pense à la révolte des fleurs qui veulent de plus en plus de place dans la ville, à la REVOLUTION des vers à soie qui ne veulent plus être tissés.

Illustration d'Agnès Chardonnet

Übersetzung der Abbildungstexte
Ich sage BLUMEN und denke nicht mehr an die, die die Friedhöfe verzieren, die man der Tradition entsprechend zu einem Geburtstag verschenkt, sondern an die Blüten der Sonne, an die Sternbuketts, an die Blumenbabys, die man sehen kann, wenn man vorsichtig die Blätter auseinanderfaltet, an die Blumen deiner langen wilden roten Haare.
Ich sage FEST und ich sehe die Welt mit Blumen geschmückt, wie am Karnevalstag.
Ich sage Mann und ich denke Frau.
Wenn ich REVOLUTION sage, denke ich an die Revolte der Blumen, die immer mehr Platz in der Stadt wollen, an die REVOLUTION der Seidenraupen, die nicht mehr verwebt werden möchten.

Graphische Gestaltung der Klassenzeitung

Ausstellung der Arbeiten
Alle Arbeiten werden in der Klasse ausgehängt und je nach ihrer Art durch eine Gruppierung, eine Collage oder einen Hintergrund aus einfachem weißen Papier hervorgehoben, Diese Ausstellung wird alle zwei Wochen erneuert. In der Klassenzeitung erscheinen viele Bilder, die Ergebnis einer weitreichenden Zusammenarbeit sind. Wenn ein Bild nicht überarbeitet wird, sondern in seiner ursprünglichen Spontanität unverändert erhalten bleibt, dann nur, weil die Gruppe es als direkt ausstellbar beurteilt hat. Wir regen alle Kinder an, in ihrer Gruppe eine positive und helfende Haltung einzunehmen. Wir tun, was uns möglich ist, um zu erreichen, daß sie ihr individuelles Interesse zugunsten der Gruppe zurückstellen...[95]

2.5. Berichte verschiedener Fachlehrer

Biologie: Mit neuen Schülern im 6. Schuljahr

In den ersten Tagen, den ersten Unterrichtsstunden, passiert sehr viel: da ist auch Gelegenheit zu einem Austausch mit den Schülern, Gelegenheit, ihre Wünsche zu erfahren, uns miteinander bekanntzumachen und über Arbeitsmethoden zu reden.

„Und wenn wir uns gegenseitig vorstellten?"
Im Gespräch natürlich, ohne den üblichen Zettel, auf den die Schüler für jeden Lehrer die gewünschten Auskünfte schreiben...

„Hast du Tiere zu Hause?"
Da wird eine ganze Menagerie beschrieben...
„Wer würde der Klasse ein Trimester lang z.B. sein Kaninchen, sein Meerschweinchen, seine Taube oder seine Schildkröte zur Verfügung stellen?"
Wir stellen eine Liste der Tiere zusammen, die die Klasse versorgen wird. Es muß an Futter gedacht werden, ans Saubermachen der Käfige und daran, wer sich in den Ferien um die Tiere kümmern kann. Verantwortungen werden übernommen, und an der Wand wird eine Tabelle aufgehängt, in die sich die Verantwortlichen einschreiben. Je nach der Auswahl an geborgten Tiere sprechen wir dann über die Möglichkeiten, andere Tiere zu halten: wenn die Kinder nur Säugetiere zur Verfügung stellen können, versuchen wir herauszufinden, woher wir Fische oder Tauben bekommen können. Ein Zucht-Heft wird vorgeschlagen, um die Beobachtungen zu notieren.

„Würdet ihr gern Ausflüge machen?
Ich kann euch für jedes Trimester einen vorschlagen."
Darauf folgt ein Ansatz zur Organisation dieser Ausflüge, wir sprechen von der Schülerversicherung, vom Stundenplan, um einen halben Tag für den Ausflug festzulegen (den, an dem sie die wöchentlichen eineinhalb Biologiestunden haben). Ich notiere, welche Kollegen ich benachrichtigen muß. Meistens beschließen wir, gleich nach der letzten Vormittagsstunde die Schule zu verlassen und zusammen zu picknicken, oder wenn wir den Ausflug vormittags machen, erst zur ersten Nachmittagsstunde zurückkommen... Wenn der Rahmen festgelegt ist, besprechen wir, von meinen und ihren Vorschlägen ausgehend, das Ziel des Ausfluges. Oft ist es im ersten Trimester (weil noch schönes Wetter ist) eine botanische Exkursion, und im zweiten Trimester ein Besuch auf einer Zuchtstation, z.B. einer Fischzucht.
Solche Ausflüge am Anfang des Schuljahres machen es uns möglich, außerhalb der Schule, des Klassenzimmers, des Stundesplanes zusammenzusein. Sie bieten Gelegenheit, von einer Menge Dinge zu sprechen, einander kennenzulernen, vertraut miteinander zu werden. Außerdem geben sie, vom Leben und seinen Realitäten ausgehend, den Auftakt für die Arbeit in der Klasse. Biologie beinhaltet „Leben" und Naturkunde „Natur"...

„Würdet ihr gern mit einer anderen Klasse korrespondieren?"
Leider kann ich diesen Vorschlag nicht allen meinen Klassen machen: ich habe 12! Aber jedes Jahr schlage ich wenigstens einer Klasse eine Korrespondenz vor. Dieses Jahr ist es die 6 A, die mit einer Klasse aus Saint Quentin korrespondieren wird, je 2 Schüler miteinander, aber auch die beiden Klassen als Ganzes; und nicht nur in Biologie, denn ich arbeite fächerübergreifend mit Kollegen an meiner Schule (in Französisch, Geschichte und Sport) und mit dem Kollegen-Team aus Saint Quentin, das die Korrespondenzklasse hat. Seit drei Jahren organisieren wir jedes Jahr eine Reise nach Paris, wo sich beide Klassen treffen, und abwechselnd eine Reise in einen der beiden Schulorte...

„Was sollen wir dieses Jahr im Unterricht machen?"
Ich spreche kurz über den Lehrplan, der über die obligatorische Beschäftigung mit den Wirbeltieren und den Blütenpflanzen hinaus viele Möglichkeiten bietet. Ich erkläre, daß die Vermehrung der Säugetiere, also auch des Menschen, im Lehrplan steht und daß Fragen aus dem Bereich der Sexualkunde den Gegenstand von Untersuchungen bilden können.

„Jetzt sucht sich jeder ein Arbeitsthema aus
Im Bereich der Tiere, von denen wir gesprochen haben oder in anderen Bereichen, die ihr vorschlagt. Über Pflanzungen, die wir anlegen können, oder über den geplanten Ausflug. Oder etwas, was euch sonst besonders interessiert." Zur Hilfe verteile ich eins der Biologie-Bücher der 6. Klasse, das viele interessante Forschungsthemen anbietet. Die Kinder haben selbst

keins, denn meine Kollegin und ich haben es vorgezogen, drei verschiedene Schulbuch-Serien zu kaufen, die im Bio-Raum bleiben und nach Bedarf verteilt und benutzt werden.
Einige Themen werden fallengelassen und aufgeschoben, weil es an Arbeitsmaterial fehlt, weil sie zu komplex sind, oder weil die Jahreszeit ungeeignet ist (im September gibt es keine Kaulquappen).

„Nach was für einer Arbeitsmethode wollen wir arbeiten?
Arbeiten wir alle zusammen? Oder von Anfang an in kleinen Gruppen? Oder alle zusammen bei den ersten Themen und erst danach in Gruppen?" Der letzte Vorschlag macht den Übergang von der Grundschule (wo sie fast keine Versuche gemacht haben, sondern ein Resümee von der Tafel abschrieben und auswendig lernten) zu einer selbständigen Arbeit in Gruppen am leichtesten...[96]

Physik: Den Schülern Verantwortung geben

Ich bin der Freinet-Bewegung 1975 begegnet und mit der Überzeugung zurückgekommen, daß eine solche Pädagogik in Physik in der Sekundarstufe II unrealisierbar ist...
Aber im folgenden Jahr habe ich darauf geachtet, daß die Schüler soweit wie möglich eine Verantwortung im Ablauf der Stunden übernehmen konnten. Angesichts ihrer verschiedenen Wünsche kam ich dabei in zeitliche Schwierigkeiten (die einen brauchten Gelegenheit, bestimmte Übungen mehrmals zu machen, die anderen wollten Unterrichtsgespräche über Themen durchführen, die nicht im Lehrplan standen, und in jedem Fall war Zeit für Schülerexperimente notwendig), deshalb entwickelte ich eine bis dahin nur im Ansatz vorhandene Arbeitskartei weiter. Zuerst versuchte ich, die Karten von den Schülern ausarbeiten zu lassen, aber das funktionierte nicht, weil die Zeitspanne zwischen dem Moment, wo sie gebraucht wurden und der Fertigstellung zu lang war. Daraufhin begann ich, die Karten selbst zu erarbeiten, und zwar so, daß sie, wenn wir einen Punkt behandelten, immer schon bereit waren.

Von dem Augenblick an, wo man dieses Zeitproblem ungefähr bewältigt, ist man stärker in der Lage, auf die Schüler einzugehen, so daß ihre Initiativen und Ideen nicht mehr aus zeitlichen Gründen vernachlässigt werden brauchen.

In der 10. und 11. Klasse werden die Ergebnisse von freien Forschungsarbeiten der Klasse in Form von mündlichen Berichten und/oder Diskussionen mitgeteilt, die durch ein vervielfältigtes Informationsblatt ergänzt werden. Die Themen entwickeln sich aus Fragen, die im Unterricht eine Reaktion ausgelöst haben. Wie oft Diskussionen stattfinden, hängt davon ab, wie viele Interessenkomplexe ich in der Lage bin, auszuwählen, die dem Niveau der Schüler entsprechen und über die wir Informationen finden können. Im Schnitt alle zwei Wochen...

Was die Freinet-Pädagogik in der Klasse verändert hat:
— andere Unterrichtsverfahren: Selbstkorrektur, Diskussionen (von Interessen-Schwerpunkten ausgehend, gut vorbereitet, kurz).
— gegenseitiger Austausch: von Ideen, Verfahrensweisen, Dokumenten.
— individuelles oder kollektives Eingreifen der Schüler in den Unterrichtsablauf...[97]

Musik: Ruhe — wir spielen!

Schuljahresbeginn September 1979: eine verhältnismäßig neue Schule in ländlichem Milieu, 480 Schüler. Ich bin die erste Musiklehrerin hier, bisher wurde der Musikunterricht entweder von Nicht-Fachlehrern durchgeführt, die betonten, daß es ihnen an Kompetenz fehlte, oder er fiel einfach weg. Ich verfüge über einen Klassenraum, dessen Wände zwar schallisoliert sind, der aber mitten zwischen anderen Klassen liegt, so daß es unmöglich ist, die eine oder andere Schülergruppe im Flur arbeiten zu lassen. Material ist auch nicht viel da: ein Plattenspieler, ein Tonbandgerät... Was die Schüler anbetrifft, so kann von Autonomie keine Rede sein, und die ,,bemerkenswerte'' Organisation und Disziplin in der Schule fördern auch bestimmt kein autonomes Verhalten.

Die dringendste Arbeit betrifft deshalb das soziale Verhalten: dahin gelangen, daß die Kinder einander zuhören, Beziehungen untereinander entwickeln. Von der ersten Stunde an werden die Tische an die Seite geschoben und wir sitzen im Kreis: so können sich alle sehen.

Ich fabriziere in aller Eile einige supereinfache Instrumente (mit Flaschenkapseln gebaute Klappern, ,,Marakas'' aus Joghurtbechern, Schraubgläsern u.ä., Trommeln aus Pappeimern usw.), ich rede den Kindern zu, selbst einfache Instrumente zu erfinden (Kämme zum Draufblasen u.ä.); schon in der zweiten und dritten Stunde haben wir soviel Instrumente, daß jeder spielen kann, natürlich nicht alle auf einmal. Wir improvisieren, einzeln oder in Zweier- bis Vierergruppen; wir organisieren ,,Frage-Antwort''-Spiele (einer dirigiert) oder Gedächtnis-Spiele (bei denen es darauf ankommt, die Melodie oder den Rhythmus eines anderen Schülers nachzuspielen).

Mit Gruppenarbeit fangen wir etwas später an, wenn ihnen die Instrumente schon vertraut sind und sie keine Angst mehr davor haben — ein Musikinstrument, mit dem man nicht umzugehen versteht, macht einem immer zuerst Angst. Nach und nach hat sich unser Bestand vergrößert: in der 9. Klasse wurden Zupfkisten gebaut[98], in der 8. eine Harfe und eine Panflöte, und mit einem Teil des Lehrmittelgeldes kaufte ich eine Elektro-Orgel.

Das größte Problem ist der Lärm: 24 Kinder, die in einem Raum spielen, das ist entsetzlich!... Deshalb versuchen wir, ,,Stillarbeitsgruppen'' zu machen: Vorbereitung von Vorträgen, in einer Ecke der Klasse oder in der

Schulbibliothek (das ist durchaus legal, auch wenn kein Bibliothekar da ist). Mit den Schulkrediten habe ich 5 Kopfhörer bestellt, die ein „stilles" Anhören von Schallplatten ermöglichen sollen, aber ich warte noch darauf (der Weg über die Vorgesetzten ist lang...); unterdessen benutzen wir eine selbstgebastelte Vorrichtung mit Telefonhörern (das funktioniert!)...

Von Anfang an habe ich betont, vor den Schülern ebenso wie in Elternversammlungen, daß ich kein systematisches Lernen mit Noten, Aufgaben und Kontrollen vorhabe. In der Musik kommt es doch vor allem darauf an, das Interesse zu wecken.[99]

3. Schülerinteressen statt Lehrbuch
(Aus der Praxis im Fremdsprachenunterricht)

In diesem Teil soll geschildert werden, in welcher Form ich versuche, das Freinet'sche Gedankengut in meiner Praxis als Fremdsprachenlehrerin zu realisieren.

Der folgende Praktikumsbericht einer deutschen Pädagogikstudentin schildert zunächst die Situation sowie den Eindruck, den ein Beobachter gewinnen kann, der dem Versuch beiwohnt, Freinet-Pädagogik in einer ganz durchschnittlichen Normalschule zu realisieren.

3.1. Beobachtungen einer Praktikantin: Freinet-Pädagogik im Deutschunterricht

Eine Woche in der 9. Klasse (3ème)

,,Am Freitag in ihrer zweiten Deutschstunde legt die 9. Klasse immer gemeinsam ihren Arbeitsplan für die nächste Woche fest. Ein Schüler steht bei diesem Vorgang an der Tafel und schreibt die Vorschläge der Klasse auf. Bestimmte Stunden sind schon von vornherein verplant. So ist eine Stunde für stille Arbeit und eine Stunde für Grammatik (dies hatten sich die Schüler am Anfang des Jahres selbst gewünscht) verplant. Die übrigen Stunden werden von den Schülern ausgefüllt. Jeder, der einen Text oder ein Gedicht vortragen möchte oder eine Diskussion, ein Spiel mit seinen Kameraden machen will, kann sich melden. Die Klasse entscheidet dann, ob der Beitrag in der nächsten Woche gemacht oder verschoben wird...
Der Klassenraum, in dem die 3ème vier ihrer fünf Deutschstunden hat, war für die 24 Schüler schon fast zu klein. Der Klassenschrank in diesem Raum enthielt die Materialien für den Deutschunterricht: Es waren Grammatikarbeitskarten und andere Materialien (z.B. Karten mit Geschichten, die zu Ende zu erzählen sind und Bilder, die zu freien Texten und Gedichten anregen sollen usw.) vorhanden. Außerdem war eine kleine Deutschbibliothek vorhanden mit Grammatikbüchern, Lesebüchern, Kinder- und Jugendbüchern und deutschen Schülerzeitungen. In diesem Schrank gab es auch den Hefter, in dem die Schülerprotokolle von allen Stunden abgeheftet waren.

Montag, 26.2.79: Stille Arbeit

Während der Stunde schrieben einige Schüler freie Texte oder Gedichte, arbeiteten mit Grammatikkarten oder lasen Bücher und Zeitungen. Die

Schüler, die Probleme und Fragen hatten, meldeten sich oder gingen zu ihrer Lehrerin, die genug Zeit hatte, jeden einzelnen zu beraten oder ihm weiterzuhelfen.

Mir ist aufgefallen, daß die Arbeitshaltung der Schüler sehr verschieden war. Es gab Schüler, die sehr intensiv alleine arbeiteten, die sich nur an ihre Nachbarn wandten, wenn sie deutsche Wörter nicht wußten. Es gab Schüler, die in kleinen Gruppen arbeiteten. Schüler, die allein arbeiteten, sich aber dauernd von ihren Mitschülern ablenken ließen, und Schüler, die mehr oder weniger nichts taten, in irgendwelchen Heftern blätterten und ihre Mitschüler ablenkten. Trotzdem war die Athmospphäre in der Klasse gut und der Geräuschpegel nicht besonders hoch, d.h. die Schüler, die arbeiten wollten, konnten es.

Dienstag, 27.2.79

Für diesen Tag war eigentlich Grammatik vorgesehen, da aber Fastnacht war, alle Lehrer sich verkleidet hatten und in der Schule eine ziemlich ausgelassene Stimmung herrschte, wurde der Arbeitsplan kurzfristig abgeändert. Zwei Schülerinnen hatten schon vor einiger Zeit ein Spiel nach dem Muster der deutschen TV-Sendung ,,Dalli-Dalli'' entworfen, was nun gespielt wurde. Dabei habe ich festgestellt, daß die meisten Schüler einen sehr großen Wortschatz haben und sich gut ausdrücken können.

Donnerstag, 1.3.79: Stille Arbeit

Nicht in jeder Woche stehen zwei Stunden für die stille, individuelle Arbeit zur Verfügung. In dieser Woche lag es daran, daß nur wenige Schüler einen Beitrag vorbereitet hatten, der gelohnt hätte, der gesamten Klasse vorgestellt zu werden.

Diese Stunde am Donnerstag lief so ab, wie die Stunde am Montag. Die Schüler, die Texte, Gedichte usw. geschrieben hatten, gaben diese Mme B. zum Korrigieren. (Nach der Korrektur werden diese Texte und Gedichte vom Schüler noch einmal abgeschrieben.) Ich habe beobachtet, daß die meisten Texte sehr viele Fehler enthielten, die nicht nötig waren, denn wenn die Schüler auf die Fehler hingewiesen wurden, wußten sie sofort, was sie falsch gemacht hatten.

An diesem Tag wurden noch die Beurteilungsbögen von den Schülern abgegeben. In diese Bögen tragen die Schüler für jeden Monat ein, was sie im Deutschunterricht gemacht haben und wie sie sich selbst beurteilen. (Die Schüler müssen monatlich mindestens drei Grammatikkarten bearbeiten und eine schriftliche Arbeit anfertigen)

Diese Beurteilungsbögen wurden monatlich von Mme B. eingesammelt und nachgeprüft (Da sie die schriftlichen Arbeiten von jedem Schüler zur Korrektur erhält, kann sie die Angaben auf ihre Richtigkeit hin überprüfen.). Außerdem wird jeder Schüler noch einmal von ihr beurteilt (keine Zensuren).

Freitag, 2.3.79

1. Stunde: Zwei Schülerinnen hatten aus einer Zeitung für deutsche Kinder im Ausland einen Artikel bearbeitet und zusammengefaßt. Diese Zusammenfassung wurde den anderen Schülern vorgelesen; es wurden einige schwierige Worte erklärt und danach bekamen alle Schüler Blätter mit Fragen zu dem Text, die sie beantworten mußten und die danach von den beiden Schülerinnen eingesammelt und korrigiert wurden.

Danach las eine Schülerin ihre deutsche Zusammenfassung von einem französischen Buch vor. Diese Schülerin hatte das Lesen ihres Textes sehr gut vorbereitet, außerdem war der Text spannend und gut geschrieben. Die ganze Klasse hörte aufmerksam zu.

2. Stunde: Mehrere Schüler stellten ihre freien Texte vor, die sie zum Teil sehr schlecht vorbereitet hatten. Beim Lesen der Texte stockten die Schüler, konnten ihre eigene Schrift nicht mehr identifizieren usw. Bei schlecht vorbereiteten Texten hörten viele Schüler auf, zuzuhören und fingen an zu reden, zu tuscheln usw., es wurde jedenfalls sehr laut in der Klasse und bald war der Vorlesende nicht mehr zu verstehen.

Es wurde abgebrochen und über das Verhalten der Schüler diskutiert. Die vorlesenden Schüler beschwerten sich, daß die Klasse nicht zuhörte. Die Klasse sah ein, daß sie zu laut gewesen war, kritisierte aber auch die schlechte Vorbereitung der vortragenden Schüler. Ich habe wiederholt beobachtet, daß es sehr laut in der Klasse wurde, wenn Schüler ihre Texte vorlasen. Es lag nicht immer daran, daß der vortragende Schüler schlecht vorbereitet war; es war einfach so, daß sich die Schüler nicht immer für die Arbeiten ihrer Mitschüler interessierten, und daß sie es in diesen Fällen nicht fertig brachten, den Vortragenden ruhig zuzuhören.

Das Drucken einer Schülerzeitung in der 7. Klasse (5ème)

Die 7. Klasse ist ein aus den fünf 7. Klassen zusammengestellter Deutschkurs von 29 Schülern. Montags und dienstags hat der ganze Kurs zusammen jeweils eine Stunde Deutsch. Donnerstags hat eine Hälfte des Kurses Deutsch und freitags die andere Hälfte. Die Schüler, die donnerstags und freitags keinen Deutschunterricht haben, arbeiten in der Bibliothek unter Aufsicht der Bibliothekarin oder sie machen Hausaufgaben unter Aufsicht der ,,Surveillants''.* Die Deutschstunde am Samstag war Förderunterricht, zu dem einige Schüler bestellt wurden, während andere freiwillig kamen. Donnerstags, freitags und samstags, wenn nur jeweils die Hälfte des Kurses da war, arbeiteten die Schüler meist allein oder in kleinen

---

* Die französischen Schüler stehen immer unter Aufsicht. Extra dafür gibt es die Einrichtung der ,,Surveillants'' (Aufseher, meist Studenten oder arbeitslose Pädagogen). Diese Aufseher beaufsichtigen die Schüler in den Pausen, in der Mittagszeit und in den Freistunden.

Gruppen. Auf jeden Fall konnten die Schüler im Rahmen des Deutschunterrichts in dieser Zeit das machen, wozu sie Lust hatten.
Der Kurs, bzw. die Hälfte des Kurses, hatte während dieser Zeit auch zwei kleine Klassenräume zur Verfügung...
Mme B. hatte schon mit mehreren Klassen eine Klassenzeitung gemacht. Doch obwohl die Klassenzeitung die Texte der Schüler enthielt, die diese meist auch noch selbst auf Matritze geschrieben hatten, hatten die Schüler dem fertigen Produkt ,,Klassenzeitung" oft distanziert gegenübergestanden. An dem Akt der Produktion konnten die Schüler nämlich nicht beteiligt werden, da nur die Schulsekretärin mit dem Vervielfältigungsgerät

Drucken mit dem Limographen

umgehen durfte. Aus diesem Grund hatte sich Mme B. entschlossen, diesmal die Schüler ihre Zeitung selbst mit dem Limographen drucken zu lassen. Der Limograph ist ein einfaches Siebdruckvervielfältigungsgerät, das zusammen mit Wachsmatritzen von der CEL vertrieben wird, das aber auch sehr leicht selbst gebaut werden kann. Der Limograph, mit dem wir druckten, war mitsamt der Walze nur geliehen.

Die Texte für die Klassenzeitung waren von der ganzen Klasse ausgesucht worden. Donnerstag, Freitag und Samstag, wenn nur die Hälfte des Kur-

ses anwesend war, druckte ich mit einer Gruppe von 7 Schülern die Klassenzeitung, während Mme B. mit den anderen Schülern im Nachbarklassenraum arbeitete.
Wir hatten für die Arbeit mit dem Limographen einen kleinen Klassenraum zur Verfügung, konnten aber unsere Sachen dort nicht von einem Tag zum anderen liegenlassen. Nach jeder Stunde mußten wir wieder alles zusammenräumen, was oft sehr schwierig war, da die bedruckten Blätter noch feucht waren.
Jeder der sieben Schüler hatte eine bestimmte Arbeit (die wir aber wechselten) zu verrichten, zwei Schüler entwarfen das Deckblatt, ein Schüler beschrieb die Matrizen, drei Schüler wechselten sich bei der Arbeit mit dem Limographen ab: ein Schüler bediente die Walze, zwei andere legten die unbedruckten Blätter in den Limographen und nahmen die bedruckten heraus (dazu waren saubere Hände notwendig, die der Schüler, der die Walze bediente, nicht hatte). Da der Limograph sehr alt war (ab und zu verlor er Schrauben, dann mußten wir die ganze Arbeit unterbrechen) und die Zeilenenden nicht immer gedruckt waren, mußte ein Schüler alle bedruckten Blätter nachsehen und evt. die Enden nachschreiben.
Trotz aller Schwierigkeiten (alter auseinanderfallender Limograph, kein Klassenraum) waren die Schüler begeistert bei der Sache. Die meisten Schüler kamen auch in den Stunden, in denen sie gar keinen Deutschunterricht hatten, um weiterzuarbeiten. In den Stunden haben wir immer intensiv bis zum Pausengong durchgearbeitet, und die meisten Schüler halfen in der Pause bereitwillig mit aufzuräumen. Als wir am Ende unserer Arbeit überlegten, wieviel Material wir verbraucht hatten und was die Zeitung kosten sollte, waren die meisten Schüler der Ansicht, daß man sie sehr teuer verkaufen müsse, da sie selbergemacht und schön sei. Außerdem habe man viel Zeit und Material dafür verbraucht.

Die Zeitung hatte für die meisten Schüler einen sehr großen Wert. Es waren ihre Texte, die darin standen, es war ihre Arbeit, die darin steckte, sie hatten die Entstehung der Zeitung genau verfolgen können. Es war das erste Mal für diese Schüler, daß sie im Deutschunterricht nicht nur geistig, sondern auch praktisch gearbeitet hatten und sie waren am Ende alle sehr zufrieden. Diese Zeitung war eindeutig ihre Zeitung."[100]

3.2. Loslösung vom frontalen Lehrbuchunterricht

Dieser Praktikumsbericht vermittelt einen Eindruck von der Arbeitsatmosphäre in meinen Klassen. Die Entstehung einer solchen Atmosphäre ist auf mehrere Faktoren zurückzuführen:
— das Angebot, ohne Lehrbuch zu arbeiten
— die Vermittlung von Anreizen zu anderen Arbeitsformen als den landläufig üblichen

— die Veränderung der Unterrichtsstrukturen
— die Selbstverantwortlichkeit der Schüler für ihre Arbeit.
Hier soll beschrieben werden, wie diese Faktoren im Unterricht wirksam werden können.

„Brauchen wir ein Lehrbuch?"

Wenn ich eine solche Frage stelle, kommt es mir darauf an, den Schülern Möglichkeiten zu bieten, die ein lehrbuchorientierter Unterricht z.T. ausschließt: zum einen, mehr ihren persönlichen Interessen entsprechend zu arbeiten; und zum anderen, Arbeiten zu machen, die einen konkreten Sinn haben, die direkt gebraucht werden können (Information, Kommunikation...). Es ist mir bisher noch nicht passiert, daß eine Klasse negativ auf dieses Angebot reagiert hätte. Es wird im Gegenteil von den Schülern eher mit Begeisterung aufgenommen.

Vorschläge sammeln

Allerdings haben sie zunächst keine genaue Vorstellung davon, was an die Stelle des Lehrbuches treten soll. Deshalb wird es sehr schnell notwendig, daß wir gemeinsam nach anderen Arbeitsmöglichkeiten suchen. Wir sammeln in der Klasse Vorschläge. Diese sehen etwa folgendermaßen aus:
Sketche erfinden und in der Klasse vorspielen
Diskussionen durchführen
Spiele machen
Kreuzworträtsel lösen oder selbst welche erfinden
Texte und Gedichte schreiben
in Jugendzeitschriften und Kinder- bzw. Jugendbüchern lesen
mit Kindern oder Jugendlichen in Deutschland korrespondieren.

Stunden-Bericht vom 18.9.78 (9. Klasse)
Wir haben freie Arbeit.
Alle lesen den Brief, den die Korrespondenten uns geschickt haben. Sylvie, Corinne und Denis schreiben einen Brief für sie. Corinne liest ihn vor. Am Freitag haben wir uns geeinigt, was für Arbeiten wir dieses Jahr machen werden:
Von Zeit zu Zeit einen „Test"
Arbeitskarten
deutsche Jugendzeitschriften lesen
Lektionen aus dem Buch (alle 2 Wochen, 2 Schüler oder Frau B.)
Sketche aufschreiben oder auf Tonband aufnehmen
Eine Fernsehsendung oder Radiosendung anschauen (anhören) und darüber reden
Diskussionen
Spiele, Kreuzworträtsel...

Das Mindestarbeitsprogramm für jeden ist:
— 9 schriftliche Arbeiten (Text, Umfrage, Textstudie, Gedicht, Reportage...)
— 9 mündliche Arbeiten (vorbereiten und in der Klasse vorstellen)
— 20 Grammatikkarten.

In einer Klasse, deren Schüler nicht selbst an die Möglichkeit einer Korrespondenz denken, schlage ich, soweit dies realisierbar erscheint, meinerseits eine Korrespondenz mit einer deutschen Schulklasse vor. Im Zusammenhang einer Korrespondenz, die gewöhnlich auf einen gegenseitigen Besuch orientiert wird, sind Lernen und Gebrauch der Fremdsprache nicht mehr nur konventionelles schulisches Tun, sondern bekommen einen echten Sinn. Die fremde Sprache wird als ein zur Verständigung notwendiges Element entdeckt und erlebt. Und es entstehen affektive Bindungen, die in der Folge stark motivationsfördernd wirken können.

Korrespondenz

Ich denke, Korrespondenz ist sehr gut, wenn man in ein anderes Land schreibt. Dann entwickelt man die Sprache dieses Landes. Und wenn man so wie wir mit einer ganzen Klasse korrespondiert, kann man Ausflüge in dieses Land organisieren.

Als wir den ersten Ausflug nach Deutschland machen wollten, war ich nicht dafür. Wir kannten die Korrespondenten noch nicht, und da steigt man mit mehr oder weniger Angst aus dem Bus aus... Aber einmal muß man ja anfangen!

Dann, als die Schüler aus Langen zu uns kamen, war es ganz anders. Obwohl ich sie noch nicht kannte, ging es doch sehr schnell. Ich finde ja auch sehr gut, daß wir gleich am Anfang eine Party gemacht haben. Zuerst waren die Deutschen auf einer Seite und wir auf der anderen, dann kamen die Kontakte sehr schnell, und die anderen Tage waren wir immer zusammen. Die Organisierung für diese 5 Tage war nicht leicht zu machen, aber ich war sehr froh darüber, wie sie verlaufen sind.

Ich hoffe nun sogar, daß wir, auch wenn wir nicht mehr zusammen sind, nächstes Jahr noch einmal so etwas mit derselben Klasse machen.

An diesen Tagen, die wir mit ihnen verbracht haben, haben wir gelernt, wie deutsche Jugendliche von unserem Alter sind.

Caroline
(aus der Klassenzeitung einer 9. Klasse)

Auf Schüler-Thematik eingehen

In den jüngeren Klassen und ganz besonders bei den Anfängern wird zunächst noch verhältnismäßig viel kollektive Arbeit gemacht, damit sich die Klassengruppe formen kann und notwendig sprachliche Elemente erlernt werden. Hier scheint es mir wichtig, auf die kindliche Thematik einzugehen. So waren die Themen in den ersten Schulwochen einer 6. Klasse zum Beispiel: der Herbst, die Weinlese (unsere Landschule liegt an der elsässischen Weinstraße und das Ereignis der Weinlese betrifft nicht nur die Weinbauern: in vielen Familien kommt der Hauswein vom eigenen Rebstück), der Film in der letzten Kindersendung des Fernsehens, die Maus, welche ein Mädchen vor der Katze gerettet hatte.

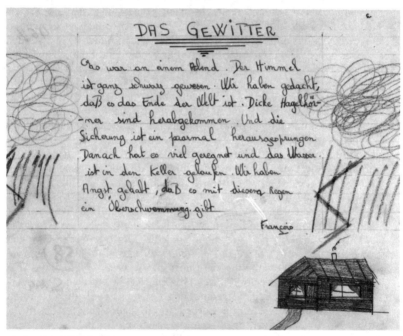

Freier Text 6. Schuljahr

Solche Themen finden ihren Weg in die Klasse meistens über freie Unterrichtsgespräche oder über die ersten freien Texte. Wieweit sie nur kurz angesprochen oder aber weiter genutzt werden, hängt davon ab, wie die Klasse darauf reagiert, aber auch, wieweit man als Lehrer in der Lage ist, darauf einzugehen. Das Problem des Lehrers ist zweiseitig: zum einen ein zu starkes Festgelegtsein auf Themen, deren Behandlung uns notwendig

scheint, oder aber, im anderen Extremfall, der unbedingte Versuch, alle von den Kindern eingebrachten Themen (die sie z.T. vielleicht nur momentan interessieren) zu Arbeitsthemen werden zu lassen. Es gelingt uns nicht immer, den richtigen Mittelweg zu finden zwischen diesen beiden Extremen — die einander insofern nahe kommen, daß in jedem Fall der Lehrer zu stark auf das, was *er* für notwendig hält, festgelegt und damit zu wenig in der Lage ist, den Kindern zuzuhören.
Gut gelungen scheint mir eine solche Nutzung der kindlichen Thematik bei der Verwirklichung einer Arbeit über den Herbst in der 6. Klasse. Sie verlief folgendermaßen:

Im Klassengespräch kam gegen Ende einer der ersten Stunden (im September) die Rede auf den Herbst. Ich bat die Kinder, am nächsten Tag einen Zeichenblock und Buntstifte mitzubringen: jeder sollte in der ersten Viertelstunde ein Bild zum Thema ,,Herbst" malen. Anschließend setzten wir uns in einen Kreis und kommentierten die einzelnen Bilder (wobei ich den Kindern fehlende Wörter oder Strukturen an die Hand gab). Zu jedem Bild wählte die Klasse aus den verschiedenen Kommentaren einen Satz aus, und zwar den, der allen am besten gefiel. Nachdem der Satz geübt worden war, sprach ihn das Kind, dessen Bild er betraf, auf Tonband. Am Ende der zwei folgenden Stunden hatten wir also nicht nur 24 Bilder über den Herbst, sondern auch einen in kollektiver Arbeit entstandenen Tonbandtext, auf den die Kinder sehr stolz waren. Es schien ihnen kaum glaubhaft, daß sie selbst diesen langen und großartigen Text gemacht hatten. Auf meine Frage, was wir denn nun mit diesem Tonband anfangen könnten, fehlte es ihnen deshalb auch nicht an Ideen. So schlugen sie vor, Dias dazu zu malen, bzw. die gemalten Bilder mit den jeweils entsprechenden Sätzen zu einem Büchlein zusammenzufassen. Den Tonbandtext schriftlich festzuhalten und zu vervielfältigen, damit jeder ein Exemplar davon bekommen könnte, war mein Vorschlag. Sofort wurden Gruppen gebildet: Eine Gruppe hörte das Tonband ab und malte dazu passende Dias; eine zweite übernahm es, die Bilder zu sortieren, eventuell das eine oder andere zu verändern oder neu zu malen, und sie mit dem Text zu ergänzen; eine dritte Gruppe versuchte, den Text vom Tonband abzuhören und zu schreiben. Die Dia-Gruppe arbeitete mit Begeisterung. In der Buch-Gruppe wußten die Kinder nicht recht, wie sie ihre Aufgabe anfassen sollten und konnten auch mit meinen Ratschlägen nicht viel anfangen; die Arbeit verlief schließlich im Sande. Die Text-Vervielfältigungs-Gruppe zeigte erstaunliche Fähigkeiten in der Transkription des Textes und stellte mit einiger Hilfe meinerseits bald die Matritze fertig.
Den Kindern, die nicht mit dem Thema ,,Herbst" beschäftigt waren, hatte ich vorgeschlagen in kleinen Gruppen Alltagssituationen in Form von Kurzszenen darzustellen und die Dialoge eventuell schriftlich festzuhalten (nicht alle trauten sich dies zu).
Bei diesem Arbeitsprozeß spielte sich sozusagen von selbst schon das Prinzip der ,,Freien Arbeit" ein: jedes Kind beschäftigt sich mit einer Arbeit,

die es selbst gewählt hat, mit dem Ziel, das Ergebnis dieser Arbeit in irgendeiner Form in der Klasse vorzustellen.
Als die fertigen Dias vorgeführt wurden und sehr gefielen, wurde der Vorschlag gemacht, den etwas holprig gesprochenen Text zu überarbeiten, um die Qualität der Tonbandaufnahme der der Dias anzupassen. Inzwischen war der Text vervielfältigt und wir konnten also Lese-Übungen durchführen. Nachdem jeder den Text — und speziell „seinen" Satz — beherrschte, nahmen wir ihn ein zweites Mal auf.
Alle waren auf die so entstandene Dia-Tonband-Montage sehr stolz, und als wir etwas später darüber sprachen, was für Arbeiten wir auf einer Austausch-Runde in andere Deutschklassen schicken könnten, wurde diese Montage einstimmig ausgewählt.[101]

Hier der Text:

Der Herbst

Ich habe einen Baum mit bunten Blättern gemalt.
Am Himmel sind Wolken.
Der Wind schüttelt die Blätter von den Bäumen.
Der Mann recht die dürren Blätter zusammen.
Er harkt sie auf einen Haufen.
Er legt sie in die Schubkarre.
Er holt sein Pferd.
Er will die Blätter wegfahren.
Draußen ist es kalt, im Haus ist Feuer.
Aus dem Schornstein kommt Rauch.
An der Straße stehen Bäume.
An einem Baum hängen nur noch ein paar Blätter.
Auf den Wiesen blühen Blumen.
Es sind Herbstzeitlose.
Die Kastanien fallen von den Bäumen.
Sie schmecken gut, aber man muß sie rösten.
Ein Mädchen sucht Pilze im Wald.
Das Mädchen sieht einen Jäger mit seiner Flinte.
Die Schwalben sammeln sich.
Sie wollen wegfliegen.
An den Reben sind rote und grüne Trauben.
Die Weinbauern holen sie.
Der arme Baum ist ganz nackt.
Im Baum ist eine Höhle von einem Specht.

Die ganze 6. Klasse

Kollektiv-Text „Der Herbst" (6. Schuljahr)

Anreize geben
Damit Kinder sich entfalten können, brauchen sie Lehrer, die offen und flexibel sind und ihre Tätigkeiten wenig einschränken. Aber dies allein genügt nicht. Dem Lehrer kommt auch eine aktivere Rolle zu: helfen und beraten, viele verschiedene Möglichkeiten aufzeigen. Auf diese Weise kann er dazu beitragen, daß möglichst viele Schüler (im Idealfall alle — aber schulische Realität ist leider selten ideal) einen oder mehrere Bereiche finden, die ihnen entsprechen. Solche Anreize des Lehrers konkretisieren sich in verschiedener Art.

Arbeitsmittel und -„werkzeuge"
Im Sprachunterricht kann es sich hierbei etwa um eine Arbeitskartei, um Bücher, Jugendzeitschriften, verschiedenes Bild- und Tonmaterial, Material für Dias, Schülerarbeiten aus anderen Klassen, Tonbandgeräte oder Plattenspieler handeln.
Natürlich verlangt es von Seiten des Lehrers einige Initiative, um einen Grundstock an Arbeitsmaterial zusammenzustellen. Austausch und Zusammenarbeit mit anderen Lehrern, wie sie auf den Treffen der Freinet-Gruppen stattfinden, kann dabei sehr hilfreich sein. So sind z.B. Arbeitskarten wie die folgende auf einem französischen Lehrertreffen von der Gruppe der Deutschlehrer erarbeitet worden:

Tennis
Der Ball geht von einer Seite zur anderen
Von links nach rechts, von rechts nach links
Der Spieler läuft von einer Seite zur anderen
Von rechts nach links, von vorn nach hinten
Die Augen der Zuschauer folgen dem Ball
Von links nach rechts, von links nach rechts
Der Tennisschläger schlägt den leichten Ball
Von rechts nach links, von hinten nach vorn
Der Ball fliegt über das Netz
Nach oben, nach unten, nach oben, nach unten
Die Ziffern der Spieltafel wechseln
fünfzehn, dreißig, vierzig, Spiel.
Isabelle und Sylvie 9. Kl.

Ein Ball, ein Schläger
Ein Schläger zum Spielen.
Zum Spielen mit Freunden.
Freunde sind sympathisch
Sympathisch ist der Tennis
Tennis mit einem Ball
Ein Ball, ein Schläger
Ein Tennisschläger
Jean-Louis 8. Kl.

Du kannst:
— beide Texte lesen üben und sie dann in der Klasse vorlesen
— sie auf Tonband aufnehmen
— ein oder mehrere Bilder dazu malen
— eine Bildgeschichte machen
— selbst einen Text über Tennis schreiben
— dir eine Reportage von einem Tennis-Turnier ausdenken und sie eventuell aufnehmen
— eine Arbeit über eine andere Sportart machen
— zusammen mit einem Freund eine Diskussion vorbereiten: Für und gegen Tennis. Spielt sie als Sketch der Klasse vor.
und so weiter...

Andere Arbeitskarten beruhen auf Material, das Kollegen im Französisch-Unterricht verwenden:

Eine Arbeitskarte: **Du willst einen freien Text schreiben...**
— Schreibe 10 Substantive auf, die dir gerade einfallen. Oder suche in einem Text oder einem Gedicht 10 Substantive aus, die dir besonders gefallen.
— Denke dir eine Geschichte aus, in der diese 10 Wörter alle irgendwann vorkommen. Schreibe solange über das erste Wort, bis dir nichts mehr einfällt, nimm dann das zweite (oder ein anderes) und schreibe darüber weiter. Und so weiter.
— Wenn du alle deine Ideen aufgeschrieben hast, lies deinen Text durch. Wenn du willst, ergänze noch etwas daran, oder verändere ihn.
Möglichkeiten für Gruppenarbeit:
— Eine Gruppe kann zusammen 10 Wörter aussuchen. Jeder schreibt allein seine Geschichte, und am Ende lesen alle ihre Texte vor.
— Oder jeder schreibt nur soviel, wie ihm zu einem Wort einfällt. Dann gibt er das Blatt seinem Nachbarn, der die Geschichte fortsetzt, indem er über das zweite Wort schreibt. Und so weiter. Am Ende gibt es so viele Gruppentexte wie Teilnehmer. Jeder liest einen Text vor.

Und was Christine dazu geschrieben hat:
Wir haben 10 Wörter genommen. Sie sind:
Ratte, Frau, Wind, Berg, Fenster, Schloß, Mann, Liebe, Flasche, Kind

Hier ist mein Text:
Es war einmal eine schreckliche, scheußliche, gräßliche Ratte, sie hatte keine Freunde. Sie wohnte bei ihrer Besitzerin, die sie nicht mochte. Wenn sie sie sah, schreckte sie auf und rannte in das Schloß, um sich zu verstecken. Eines Tages fiel die Ratte aus dem Fenster heraus und war verletzt. Da kam gerade eine Katze, aber sie fraß die Ratte nicht, sondern verliebte sich in sie. Aber die Ratte mochte die Katze nicht, und sie rannte so schnell fort, daß sie nicht die Flasche sah, die vor ihr lag, und direkt hineinlief.

Da blies auf einmal der Wind und die Flasche rollte bergab. Unten am Berg war ein See. Die Flasche rollte, und rollte. Die Ratte hatte Angst, weil sie wußte, daß unten im Tal ein See war und sie hineinrollen würde. Aber zum Glück lag ein großer Stamm auf dem Wege: sie war gerettet! Die Flasche war kaputt und die Ratte lief schnell fort. In einem Dorf sah sie ein schönes Rattenmädchen und sie heirateten. Und da war die Ratte auf einmal gar nicht mehr gräßlich, sondern sie wurde so schön wie ein Prinz.

Christine 9. Klasse

Neue Arbeitsmöglichkeiten ausprobieren

Es ist auch wichtig, die Schüler an Formen von Arbeiten heranzuführen, die sie noch nie gemacht haben. Damit wird die Skala der ihnen zur Verfügung stehenden Arbeitsmöglichkeiten erweitert.

Hierher gehört etwa das Angebot, in kleinen Gruppen mit Arbeitskarten zu arbeiten, die nicht thematische, sondern methodische Anleitungen geben. Eine Serie von Arbeiten im 9. Schuljahr, deren Ergebnisse mündlich in der Klasse vorgetragen wurde, hatte folgende methodischen Arbeitskarten zum Ausgangspunkt:

Wie macht man einen Vortrag?
Wie stellt man eine Dia-Tonband-Montage her?
Wie bereitet man eine Diskussion vor? Wie leitet man sie?
Ich stelle der Klasse ein Schrift- oder Ton-Dokument vor. Wie fange ich das an?
Wie macht man ein Interview?
Wie eine Umfrage?
Ich will über einen Gegenstand sprechen. Wie mache ich das?

Arbeitskarte ,,Diskussionsleitung"

I. Kurz vorher
(wenn möglich vor Ankunft der Klasse)
— Die Dokumente auslegen oder aushängen
— Das Material nachsehen

II. Während der Diskussion
— Einen ,,Präsidenten" bezeichnen und einen Sekretär, der die wichtigsten Punkte an die Tafel schreibt.
— Die Dokumente vorstellen und gleichzeitig die fehlenden Vokabeln erklären.
— Eventuell die Diskussion auf Tonband aufnehmen.
— Es ist möglich, daß die Klasse das Gespräch spontan in eine andere Richtung lenkt als geplant. Aber keine Panik, solange wir beim Thema bleiben. Die geplante Gesprächsordnung muß nicht unbedingt eingehalten werden.

III. Probleme, die auftreten können
— keine Reaktion: warten und nicht gleich in Panik geraten
  die Frage noch einmal oder anders stellen
  in eine ganz andere Richtung gehen
  die Klassengruppe unterteilen
  Nicht akzeptieren, daß jemand nicht mitmacht.

IV. Tricks
— Jeder darf nicht mehr als zweimal sprechen. Wer schon zweimal gesprochen hat, schreibt auf, was er noch sagen will und gibt den Zettel seinem Nachbarn, der dann die Hand hebt.
— Am Ende die, die noch nichts gesagt haben, nach ihrer Meinung fragen.
— Sprachschwierigkeiten: ein anderer Schüler als der Sekretär schreibt sie auf, damit sie später besprochen werden können.
— Wer etwas zu sagen hat und es nicht ausdrücken kann, sagt es zuerst auf Französisch; die Klassenkameraden helfen ihm dann, es in der fremden Sprache zu sagen.
— Zeichen benutzen, um mitzuteilen, wenn man etwas nicht verstanden hat.
— Sogar wenn man etwas sagen will, was schon gesagt worden ist, kann man es trotzdem sagen: auf seine Art.
— Am Ende ein Resümee der Diskussion an die Tafel schreiben.
— Diskussionskritik

V. Mögliche Fortsetzungen
Bericht/Artikel für die Klassenzeitung/Tonbandmontage

Die Schüler suchten sich in kleinen Gruppen eins der angebotenen Arbeitsblätter aus und bearbeiteten es. Die besten Arbeiten aus dieser Serie waren: das Interview eines Vaters, der von Beruf Moselschiffer ist (Tonbandaufnahme); ein interessantes Klassengespräch über das Thema „Tischtennis", ausgelöst durch Michels Kurzvortrag über seinen Tischtennisschläger; zwei Dia-Tonband-Montagen (die eine verwendete einen Text aus dem Arbeitsmaterial der Klasse, die andere stellte eine frei erfundene Geschichte dar).

Schreibspiele

Schreibspiele haben in erster Linie das Ziel, Hemmungen zu lösen und den persönlichen freien Ausdruck vorzubereiten. Sie sind besonders am Anfang in einer neuen Klasse (im 8. und 9. Schuljahr mehr als in den jüngeren Jahrgängen) von Bedeutung.

Schreibspiel I:
Drei Strukturen stehen zur Wahl:
— Warum......? Weil......
— Wenn......, dann......
— Wozu......? Um......zu.....
   Damit.......

Vorgang: Gruppenarbeit (Gruppen von je 5 — 6 Schülern)

Erste Phase (dauert etwa eine halbe Stunde):
Jeder sucht eine der drei Strukturen aus und schreibt einen Satz, in dem er sie verwendet. Dann faltet er das Blatt so, daß die beschriebene Zeile unsichtbar wird und schreibt das Anfangswort des nächsten Satzes auf die folgende Zeile. Etwa so:

1. Blatt: Warum ist kein schönes Wetter, wenn wir Ferien haben?
....
Weil

2. Blatt: Wozu gehst du in die Schule?
....
Damit

3. Blatt: Wenn du mich gerne magst,
....
dann

Der nächste Schüler in der Gruppe ergänzt den Satz und faltet das Blatt wieder. Dann beginnt er einen neuen Satz (in dem er dieselbe Struktur verwendet), den wiederum sein Nachbar ergänzen muß. Die Blätter gehen so lange in der Gruppe herum, bis sie vollgeschrieben sind.

Zweite Phase (etwa eine halbe Stunde, mit garantiert viel Gelächter und Spaß):
In der Gruppe werden alle Blätter vorgelesen und die Sätze angekreuzt, die am besten gefallen.

Dritte Phase (je nach Gruppe unterschiedlich lang, findet z.T. außerhalb des Unterrichts statt):
Jede Gruppe erfindet einen zusammenhängenden Text, in dem die angekreuzten Sätze vorkommen.

Vierte Phase (etwa eine Unterrichtsstunde):
Alle Gruppentexte werden in der Klasse vorgelesen. Gespräch darüber.

Im folgenden Beispiel, das eine Arbeit gegen Ende des 9. Schuljahrs schildert, geht es in erster Linie um die Konzentration auf ein Thema, zu der viele Schüler individuell nicht im selben Maße fähig waren (die Ferien standen vor der Tür, und niemand hatte mehr Lust, sich anzustrengen):

Schreibspiel II:
Erste Phase (zusammen mit Phase zwei eine Unterrichtsstunde):
Die Klasse nennt Themen, die sie interessieren, eine Reihe Themenvorschläge werden an die Tafel geschrieben.

Zweite Phase:
Jeder sucht ein Thema aus und schreibt es an den unteren Rand seines Blattes. Dann schreibt er oben auf das Blatt etwas, was ihm zu diesem Thema einfällt, faltet das Blatt so, daß nicht mehr zu sehen ist, was er geschrieben hat, und gibt es weiter. Die verschiedenen Blätter gehen in der Gruppe herum, bis sie vollgeschrieben sind.

Dritte Phase (1 Unterrichtsstunde):
Alle Blätter werden eingesammelt und es bilden sich ,,Themen-Gruppen": alle Schüler, die am selben Thema interessiert sind, tun sich zu einer Gruppe zusammen. Sie bekommen sämtliche zu ihrem Thema vorhandenen Blätter und erarbeiten von diesen ausgehend einen Text. (Der Text ,,Musik" ist auf diese Weise entstanden.)

Musik

Ich denke an Bécaud, der nicht singen kann
Musik macht Spaß
Musik ist aktiv
Die Jungen hören gern Musik
Musik ist ein Grund, sich zu vergessen
Musik bringt Freude ins Leben
Mit Musik keine Langeweile
Es gibt mehrere Sorten Musik
Man hört viel Musik im Radio
Man kann Schallplatten hören und auch Kassetten
Musik höre ich gern
Ich liebe Musik
Ich höre viel Musik: jeden Abend, wenn ich meine Aufgaben mache, wenn ich mein Bad nehme
Ich tanze gern
Ich werde vielleicht Musikant...

           Corinne, Thierry, Christine, Cécile, Sylvie (9. Klasse)

Was anderswo gemacht wird

Der Austausch mit anderen Deutsch-Klassen bietet ebenfalls Anreize. Wir haben ihn in Form von Rundbüchern praktiziert, in die die Schüler ihre Arbeiten schreiben oder einkleben, und die dann in mehreren Klassen angesehen, besprochen und ergänzt werden, bevor sie in die Ausgangsklasse zurückkommen. Auf diese Weise kommen bisweilen neue Ideen in die Klasse, die sich fruchtbar auswirken.
Als Beispiel hier ein Text aus einem Rundbuch:

>Suchen
>Vati sucht Mutti
>Mutti sucht Hans
>Hans sucht Karin
>Karin sucht den Hund
>Der Hund sucht die Katze
>Die Katze sucht den Vogel
>Der Vogel sucht den Baum
>Der Baum sucht... nichts
>   Béatrice und Florence, 8. Klasse

Dieser Text provozierte in anderen Klassen eine Serie ähnlich strukturierter Arbeiten, hier zwei davon:

>Der Fischer sucht den Wurm
>Der Wurm sucht den Eisschrank
>Der Eisschrank sucht Strom
>Der Strom sucht das Kraftwerk
>Das Kraftwerk sucht den Fluß
>Der Fluß sucht die Quelle
>Die Quelle sucht den Regen
>Und der Regen sucht nichts
>   Marc, 7. Klasse

>Kaufen
>Vati kauft ein Hemd
>Mutti kauft einen Mantel
>Gisela kauft eine Bluse
>Rolf kauft eine Hose
>Karin kauft einen Rock
>Axel kauft einen Pullover
>Ute kauft ein Kleid
>Wieviel kostet das alles?
>Viel GELD!
>   Francoise, 8. Klasse

Strukturen verändern

Daß Unterricht stärker zu einer Sache wird, die Schüler nicht erleiden, sondern gestalten, dazu kann auch eine Veränderung der Strukturen beitragen. Der traditionelle Frontalunterricht wird abgelöst durch andere Arbeitsformen.

Gruppenarbeiten

Hier handelt es sich um gezielte Arbeiten, die die Schüler innerhalb eines Angebotes auswählen können. Die Zielsetzung kann dabei methodisch oder thematisch sein. Ein Beispiel für eine Serie von methodischen Gruppenarbeiten wurde im vorhergehenden Kapitel aufgeführt. Thematische Gruppenarbeiten aus unserer Praxis sind z.B.:
— der Vergleich verschiedener Schüler- und Jugendzeitschriften im 9. Schuljahr: Jede Gruppe suchte eine der angebotenen Zeitschriften aus, las sie durch, gab einen kurzen Bericht darüber in der Klasse und stellte einen Artikel ihrer Wahl vor.
— Im 8. Schuljahr ein Album über die Austauschfahrt zu der Korrespondenzklasse in Deutschland: Jede Gruppe gestaltete ein oder zwei Blätter zu einem der Themen, die als Ergebnis eines Klassengespräches in dem Album behandelt werden sollten (Unsere Reise, Die Stadt unserer Korrespondenten, Das Leben in der Familie, Deutsche Sitten und Gewohnheiten, Schule in Deutschland, Freizeitbeschäftigungen, Berichte über Ausflugsziele usw.)
— Im 7. Schuljahr eine Serie von informativen Plakaten über verschiedene deutsche Städte: Briefe an die entsprechenden Verkehrsämter zur Materialbeschaffung, Studium von Dokumenten, Auswahl von Informationen und Bildmaterial, Redaktion der erklärenden Texte und Zusammenstellung des Plakates.

Bei solchen Gruppenarbeiten sind die Schüler in ihrer Wahl also auf die vom Lehrer oder von der Klasse vorgegebenen Themen begrenzt.

Freie Arbeit

In diesen Stunden dagegen kann jeder das tun, wozu er Lust hat, was ihn interessiert. Die einzige Auflage ist, daß die Beschäftigung etwas mit Deutsch zu tun haben soll. In dieser Zeit steht das in der Klasse vorhandene Arbeitsmaterial jedem frei zur Verfügung. Die Schüler können miteinander sprechen, sich frei in der Klasse bewegen und eventuell auch das Klassenzimmer verlassen (um in der Schulbibliothek oder in einem anderen Raum zu arbeiten). Wer sich durch dabei entstehenden Lärm oder Durcheinander gestört fühlt, teilt dies mit. In vielen Fällen reicht so eine

Mitteilung nicht aus, das Problem zu lösen — aber die Kinder lernen, das Problem der Disziplin als ihr eigenes zu betrachten und entwickeln im Laufe der Zeit zumindest Ansätze zum Versuch einer Lösung.

Bericht: Eine Stunde freie Arbeit im 7. Schuljahr (2. Januar 1981)
Annick hat ihren freien Text fertig. Ich zeige ihr, wo Fehler sind und helfe ihr, diese zu korrigieren. Dann arbeitet sie an ihrem Grammatikarbeitsblatt weiter (der Abzug war nicht gut, und sie hat es zu Hause auf der Schreibmaschine abgetippt).[102)]
Mit Roger und Jean-Philippe habe ich gestern darüber gesprochen, daß sie in den letzten freien Arbeitsstunden meiner Meinung nach so gut wie nichts gearbeitet hätten. Ich habe sie aufgefordert, wenigstens mit sich selbst ehrlich zu sein, anstatt sich und mir einzureden, daß sie im Nebenraum drei Stunden intensiv gearbeitet hätten, um 6 Dias aus einer Serie auszusuchen. Heute setzen sie sich spontan an ihr Grammatikarbeitsblatt. Roger zeigt mir, was er schon gemacht hat, und ich helfe ihm, in seinem Buch die Formen der starken Verben zu finden, die ihm fehlen (das haben wir schon mindestens zehnmal in der Klasse besprochen!). Eine Viertelstunde später sehe ich Jean-Philippe allerdings schon wieder herumlungern, ohne etwas zu tun. Aber ich finde einfach keine Zeit, mich um ihn zu kümmern (es ist auch so entmutigend!)...
Marie-Christine B. hilft Agnès, einen ihrer Texte zu überarbeiten. Später sehe ich beide an der Grammatik-Kartei. Damit arbeitet auch Luc.
Alexandre und Marie-Christine S. schreiben ihre freien Texte ins Reine. Ich erinnere Marie-Christine daran, daß sie eine Schallplatte mitbringen wollte.
Sabine K. erfindet den Text zu einer Bildgeschichte.
Ich gehe weiter.
Frédéric und Olivier arbeiten an einem Kreuzworträtsel. Das läuft.
Sophie und Simone schreiben zusammen einen freien Text. Sie brauchen mich nicht.
Daniel denkt sich den Anfang einer Geschichte aus, die die Klasse fortsetzen soll. Endlich schreibt er mal was! (Eine ganze Geschichte ist ihm aber noch zu viel...) Wir korrigieren zusammen, was er geschrieben hat.
Yves fragt, ob er in der Schulbibliothek ein Buch holen darf: er will sich eine Idee für einen Text suchen.
Laurence und Sabine F. haben eine Karte aus der Sprach-Spiel-Kartei fertig. Ich sehe sie durch. Sie suchen jetzt in einer Serie von Schülerzeitschriften einen Text aus, den sie in der Klasse vorschlagen wollen.
Elisabeth liest vier Nummern der Schülerzeitschrift „Das Rad". Sie findet darin u.a. einen Test zum Thema „Hast du gute Manieren?", den sie in der Klasse vorschlagen will. Gute Idee!
Vier andere Schüler arbeiten an ihrem Grammatikarbeitsblatt. Ein paar Dinge müssen erklärt werden.
Eine gute Stunde: ohne besondere Probleme, Konflikte, Krach. Viele haben gearbeitet. 22 Schüler, von denen ich gesehen habe, was sie machen.

In der Klasse sind dreißig: was haben die anderen in dieser Stunde getan? Ich weiß es nicht! Offentsichtlich haben sie mein Interesse oder meine Hilfe nicht gebraucht — oder sie haben sich nicht lautstark genug bemerkbar gemacht. Zum Glück — sonst wäre ich bei dem Gefühl, der Situation nicht gewachsen zu sein, wieder einmal in Panik geraten!

Bei dieser Form der freien Arbeit ist das Arbeitsmaterial von Bedeutung, aber auch die Offenheit des Lehrers für Themen und Interessen der Kinder. Patrick (8. Klasse) hat seinen Spaß an der Arbeit in Deutsch über die Beschäftigung mit Fußball gefunden. Valentin (9. Klasse) über den Motor-Cross. Francis, der mit seinen 15 Jahren in offenem Konflikt zur Erwachsenen-Welt stand, über einen für die Klasse bestimmten Fragebogen zum Thema ,,Wir wir uns als Eltern verhalten werden". Agnès, ein stark gehemmtes Mädchen aus dem 7. Schuljahr, das man in der Klasse so gut wie nie hört, entfaltet ein reiches, phantasievolles Innenleben in zahlreichen Geschichten, die sie erfindet. Zwar ist ihr Deutsch kaum als solches erkennbar, und oft kann ich ihre Texte nur korrigieren, wenn sie dabei ist und mir erklären kann, was sie meint — aber sie scheint sich in der Klasse wohlzufühlen und macht Fortschritte (seit einiger Zeit sehe ich sie auch an der Grammatik-Kartei arbeiten).

Nicht zu vernachlässigen sind die Möglichkeiten, die die freie Arbeit auf der Ebene der Beziehungen bietet. Der Lehrer wird ansprechbar für die einzelnen Schüler (wenngleich man durch eine zu große Zahl von Schülern oft überfordert ist): Möglichkeit des persönlichen Gesprächs und der individuellen Hilfe.

Annick hat sich ein Buch ausgesucht, aber große Schwierigkeiten beim Lesen (sie sucht zu viele Wörter im Wörterbuch). Ich erkläre ihr, daß sie lieber versuchen soll, Sinnabschnitte des Textes herauszufinden, diese 2 oder 3 mal zu überlesen und erst dann im Wörterbuch nachzuschlagen und zwar nur die Wörter, die ihr zum Verstehen des Textes unerläßlich scheinen. Dann schlage ich ihr vor, die nächsten zwei Seiten auf diese Weise zu lesen. 20 Minuten später erzählt sie mir zufrieden den Inhalt der beiden Seiten (sie hat nur zwei Wörter im Wörterbuch suchen brauchen).

Sophie kommt mit ihrer Grammatik-Übung nicht weiter. 10 Minuten, nachdem ich ihr das Prinzip erklärt habe, hat sie die Übung fertig: ohne Fehler.

Die Entwicklung der Beziehungen der Schüler untereinander, die sich in manchem Fall positiv auswirkt, wird erleichtert.

Marie-Christine, die viel Fleiß und guten Willen an den Tag legt, aber mit starken Hemmungen in ihrem persönlichen Ausdruck zu kämpfen hat, schlug vor, mit Agnès zusammen, der es nicht an Phantasie, aber an sprachlichen Möglichkeiten fehlt, deren Texte zu überarbeiten. Agnès hat dabei gelernt, selbst manchen Fehler zu verbessern, und Marie-Christines letzter freier Text war weniger von Klischees geprägt als die früheren.

Vorstellung von Schülerarbeiten
Etwa die Hälfte der Unterrichtszeit dient zur Vorstellung der fertigen Arbeiten in der Klasse. Der Lehrer tritt dabei in den Hintergrund, er greift nur helfend ein, wenn es notwendig ist. Im Allgemeinen haben die Schüler mehr Interesse für die Arbeit ihrer Klassenkameraden als für das unpersönlichere Lehrbuch- oder Lehrerangebot.

Die Schwalben

Im Frühling kommen die Schwalben. Sie sind schwarz und weiß. Sie bauen ihre Nester für die kleinen Schwalben. Sie holen Holz, Heu, Stroh, Blätter und Moos.
Die Nester sind jetzt fertig. Der Vater sagt: "Jetzt müssen wir essen", "Ja, wir kommen" und sie essen gut. Mutti sagt: "Und jetzt ins Bett". Die Schwalben schlafen jetzt, und Mutti geht ins Zimmer und gibt allen dreien einen Kuß.

Am Morgen gehen sie ins Schwimmbad. Nacher holen sie Essen für die Reise. Es ist jetzt November. Es ist kalt. Die Schwalben ziehen fort. Sie ziehen fort in ein heißes Land.

Freier Text 6. Schuljahr

Arbeitspläne
In solcher veränderten Unterrichtsstruktur werden Arbeitspläne notwendig. Wir machen in jeder Klasse am Ende der Woche einen Plan für die Arbeit der folgenden Woche. Darin wird festgehalten, welche Arbeiten gemacht werden sollen und wie der Unterricht organisiert wird (Aufteilung der verschiedenen Arbeiten auf die Wochenstunden, Wer macht was?)

Arbeitsplan vom 5. bis 9.3. (9. Klasse)
Montag, 5.3.: Freie Arbeit
Dienstag, 6.3.: Ergebnis der Umfrage „Hausaufgaben" (Marie-Noëlle, Christine)
Donnerstag, 8.3.: Grammatik
Freitag, 9.3.: Erste Stunde: Fragen über Deutschland an unsere deutsche Praktikantin (Vorbereitung: Daniel, Philippe)
Zweite Stunde: Arbeitsplan für die nächste Woche, Textresümee (Corinne, Sylvie)

Die Schüler notieren diesen Arbeitsplan, so daß sie sich auf jede Stunde einstellen können.

Verantwortlichkeit abgeben

Anreize und Strukturveränderungen werden ergänzt durch die Selbstverantwortlichkeit der Schüler für ihre Arbeit.

Statt Arbeitszwang — ein Vertrag

Am Anfang des Schuljahres sprechen wir in der Klasse über ein Minimum an Arbeit, das jeder leisten sollte.

1. Beispiel: Mindestarbeitsprogramm für das 9. Schuljahr
— 1 schriftliche Arbeit/Monat (freier Text, Gedicht, Textstudie, Reportage, Umfrage, Kreuzworträtsel...)
— 1 mündliche Arbeit/Monat (vorbereitet und in der Klasse vorgestellt: eine Diskussion vorschlagen und leiten, über eine Zeitschrift oder ein Buch sprechen, einen Text vorlesen oder ein Gedicht aufsagen, ein Spiel vorschlagen und dgl. mehr)
Diese Klasse hatte in den vorhergehenden Schuljahren viel Wissen gespeichert, und es war jetzt nötig, ihnen Gelegenheit zu geben, dieses Wissen anzuwenden.

2. Beispiel: Arbeitsvertrag für das 7. Schuljahr
Hier handelt es sich um eine Klasse, in der im vorhergehenden Schuljahr hauptsächlich das Bedürfnis der Kinder, sich auszudrücken, gefördert und kaum systematisches Lernen durchgeführt worden war.

Jeden Monat:
— 1 schriftliche Arbeit
— 6 Grammatikübungen aus der Kartei (dies erlaubt, im Laufe des Jahres die Grammatikkartei durchzuarbeiten, die alle wesentlichen Punkte des Lehrplanes für das 7. Schuljahr abdeckt)

— 1 Blatt „Arbeit an der Sprache" (von mir erarbeitete Übungsblätter zu in der Klasse häufigen Sprachschwierigkeiten, anhand derer auch wesentliche Punkte der Grammatik durchgesprochen und erklärt werden.)
— die monatliche Arbeitsbilanz

Jedes Trimester:
— wenigstens eine Arbeit in der Klasse vortragen (einen Text, ein Gedicht, einen Artikel... vorlesen und eventuell ein Gespräch darüber anregen; ein Spiel vorbereiten; eine selbstgemachte Tonbandaufnahme vorführen u.dgl. mehr)
— selbst seine Arbeit einschätzen und einen Vorschlag für die Zeugniszensur machen.

In solchen Verträgen wird ein Minimum an Arbeit gefordert. Wenn ein Schüler dies nicht leistet, wird er in der Regel weder dazu gezwungen noch bestraft. Ich mache ihn aber darauf aufmerksam, daß ich seine Entscheidung, nicht zu arbeiten, zur Kenntnis genommen habe. Im Übrigen versuche ich vor allem, sein Interesse zu wecken und die Beachung einer Arbeit, die er eventuell macht, zu sichern (indem sie in der Klasse vorgestellt oder ausgehängt, an die Korrespondenten geschickt wird o.ä.). Wenn sich das Nicht-Arbeiten über einen längeren Zeitraum erstreckt, rufe ich ihm außerdem von Zeit zu Zeit in Erinnerung, daß es seine eigene Entscheidung ist. Dabei will ich nicht verschweigen, daß ich solche Situationen immer wieder als inneren Konflikt erlebe: Inwieweit entspreche ich noch der Lehrerrolle, die man von mir erwartet? Bzw.: Kann ich es verantworten, ihr nicht mehr zu entsprechen?

Oft reagieren die Schüler sehr erstaunt auf die Tatsache, daß ihre Arbeitsverweigerung respektiert wird. In manchen Fällen braucht es nicht mehr, damit sie ihre verweigernde Haltung aufgeben (besonders wenn sie gleichzeitig die Möglichkeit haben, eine Arbeit zu machen, die ihren Interessen nahekommt).

Catherine, 9. Klasse, hatte das ganze erste Trimester über ein abweisendes und herausforderndes Verhalten gezeigt und keine einzige Arbeit zur Korrektur abgegeben oder in der Klasse vorgetragen. Auf eine Bemerkung meinerseits hatte sie im November geantwortet: „Ich habe Sachen geschrieben, aber ich habe keine Lust, sie Ihnen zu zeigen!" Ich versuchte nicht, irgendeinen Druck auf sie auszuüben. (Allerdings habe ich der Klasse, als sie meinte, Catherine müßte eine gute Zeugniszensur bekommen, entgegengehalten, daß ich mit gutem Gewissen nur eine mittlere Zensur — wie auch Catherine selbst sie vorschlug — vertreten könne). Nach den Weihnachtsferien stieß sie auf ein schmales Bändchen französischer Schülergedichte in unseren Arbeitsmaterialien, die sie offensichtlich ansprachen. Sie begann die Gedichte zu übersetzen, wobei sie ein großes Einfühlungsvermögen und erstaunliche Fähigkeiten im Deutschen an den Tag legte. Noch immer kümmerte sie sich nicht um das Geschehen in der Klasse und sagte: ,,Ich werde hier niemals vorlesen, was ich geschrieben habe", aber sie zeigte mir bereitwillig ihre Arbeiten und schien für Ratschläge dankbar. Im Laufe der nächsten Monate interessierte sie sich mehr und mehr für die Schüler- und Jugendzeitschriften, über die wir in der Klasse verfügten und fand darin manche Anregung für Umfragen oder Gespräche, die sie in der Klasse durchführte (z.B. zu den Themen ,,Schule", ,,Liebe"). Sie wurde immer aktiver und brachte mehr und mehr positive Impulse in die Klasse. Gegen Ende des Schuljahres war sie eine der besten Schülerinnen geworden.

Keine Zensuren

Eine andere Art, den Schülern die Verantwortung für ihre Arbeit zu überlassen, ist — da wo es möglich ist — der Verzicht auf Zensuren. Schülerarbeit sollte ihren Sinn nicht in guten Zensuren finden, sondern sollte in sich selbst sinnvoll sein (z.B. weil der Schüler etwas mitzuteilen hat, weil er eine Information haben möchte usw.). Ein sinnvolles Tun ist immer befriedigend, und der eigene Stolz über eine gelungene Arbeit ist wichtiger als die gute Zensur.

In meiner Schule geben zwar alle Lehrer Zensuren, aber verlangt werden diese nur für die Trimesterzeugnisse. So ist es möglich, meinen Unterricht ohne Zensurengebung durchzuführen. Die Schüler sind zunächst wohl überrascht, aber sie gewöhnen sich bald an die Situation — und arbeiten trotzdem!

Sich seiner Verantwortung bewußt werden

Ein regelmäßiger Rechenschaftsbericht der Schüler über ihre Arbeit und die Selbsteinschätzung ihrer Arbeit und ihres Wissensstandes haben zum Ziel, das eigene Verantwortungsbewußtsein zu fördern: Es ist gut, zu wissen, daß jeder in erster Linie für sich selbst, nicht für Eltern oder Lehrer, lernt.
In einer schriftlichen Monatsbilanz zählt jeder die geleisteten Arbeiten auf, versucht, sich selbst einzuschätzen und notiert außerdem seine Meinung über das Klima in der Klasse.

Über die Zeugniszensuren entscheiden wir gemeinsam in einem Klassengespräch am Trimesterende. Dieses Gespräch bereitet jeder vor, damit er in der Klasse sagen kann, wie er seine Arbeit und seine Kenntnisse einschätzt und welche Zensur seiner Meinung nach seinen Leistungen entspricht. Die Klasse nimmt dazu Stellung, bevor ich selbst meinen Zensurenvorschlag äußere. Sofern die Vorschläge voneinander abweichen, versuchen wir in einer Diskussion, uns auf eine Zensur zu einigen.

Freie Texte	Schriftliche Arbeit	Grammatik Kartei
- Mischka, der Bär. - Peter	Spiel aus "Das Rad"	3 Karten
Sonstige Arbeit	In der Klasse vorgestellt	
Lektüre: "Das Rad" Nr. 1, 2, 3, 4.	Mischka, der Bär	
Mein Arbeit: sg, g a u	Mein Deutsch: sg g a u	
Bemer- kungen	Ich habe etwas weniger gearbeitet. Manche in der Klasse sind zu laut.	Ich bin trotzdem mit deiner Arbeit zufrieden. Du solltest es in der Klasse sagen.

Monatsbilanz aus dem 7. Schuljahr

Dazu hier ein Ausschnitt aus meinen Tagebuch-Notizen:
6. Dez., 9. Klasse: Trimester-Bilanz und Zeugnis-Zensuren. Sehr gutes Gesprächsklima. Viele wichtige Dinge werden angesprochen: — wer nichts tut; — wer arbeitet, aber in der Klasse nicht in positiver Weise mitmacht; — Die Nichtbeachtung der Arbeiten und Meinungen der anderen in der Klasse (die der Grund dafür ist, daß Catherine in der Klasse nichts sagen will); — Schwierigkeiten, seine Arbeit selbst auszusuchen; — Entmutigung durch eine Zensur, die weniger gut ist, als man es erwartet hat...

Zur Verantwortung der Schüler für ihr eigenes Lernen gehört zum anderen auch das persönliche Engagement in der Klasse. Es werden Verantwortliche bestimmt für verschiedene Aufgaben (Komitee für Korrespondenz und Austauschreise, Verantwortliche für Klassenkasse, Stundenberichte, Klassenbibliothek, Arbeitskartei, Einhaltung von Disziplinregeln usw.).

Anerkennung finden

Von Seiten des Lehrers ist es wichtig, darauf zu achten, daß jede Leistung Anerkennung findet (nicht in erster Linie die des Lehrers, sondern die der Klasse). Seine Leistung anerkannt zu sehen, bedeutet für den Schüler ein Erfolgserlebnis und wirkt stimulierend.
Anerkennung kann sich in vielerlei Form ausdrücken:
Interesse.
Positive Aufnahme einer Arbeit in der Klasse (man hört zu, wenn eine Arbeit vorgetragen wird, man reagiert in konstruktiver Weise darauf).
Spontaner Applaus (z.B. nach einem gelungenen Sketch).
Die Arbeit in irgendeiner Form an die ,,Öffentlichkeit" gelangen lassen (in der Klasse aushängen, an die Korrespondenten schicken, in einer Klassenzeitung veröffentlichen usw.).
Nicht nur die Schwächen, sondern die Stärken hervorheben.

Roger, ein sehr schwacher Schüler im 7. Schuljahr, hat große Schwierigkeiten, einen deutschen Text zu lesen, selbst, wenn dieser sehr leicht ist. Mit seinem Freund Jean-Philippe (der fähig, aber sehr faul ist), hat er mehrere Stunden lang das Lesen eines kleinen Textes geübt. Dann hat er den Text auf Tonband gelesen. Jean-Philippe hat die Geräuschkulisse dazu gemacht, die außerordentlich gut gelungen ist. Als sie das Tonband in der Klasse vorspielen, bricht spontaner Applaus aus, so gut hat es allen, trotz der immer noch etwas holprigen Lektüre, gefallen. Man sieht Roger seinen Stolz an — und die nächsten Stunden arbeitet er intensiver als gewöhnlich. In den folgenden Wochen beginnt er, zunächst noch mit viel Mühe, seine ersten Texte zu schreiben und macht sichtliche Fortschritte dabei. Dem Niveau nach liegen seine Arbeiten zwar weiter unter dem Klassendurchschnitt — aber Roger hat den Fatalismus, mit dem er behauptete, des Lesens und Schreibens unfähig zu sein, aufgegeben.

3.3. Was unseren Unterricht kennzeichnet

Schüler stellen ihre Arbeiten vor

Was einem Beobachter wohl zuerst auffällt, ist, mit welcher Selbstverständlichkeit und Sicherheit die Schüler vor der Klasse stehen und die Unterrichtsstunde gestalten. Meine Rolle als Lehrerin besteht nur in Ausnahmefällen darin, zu unterrichten. Der wesentliche Teil meiner Arbeit ist, den Kindern zu helfen: bei der selbständigen Aneignung ihres Wissens und bei der Gestaltung des Unterrichtes, den sie selbst in die Hand nehmen. Natürlich durchläuft ihre Entwicklung zu einer solchen Selbständigkeit verschiedene Stadien, und am Anfang erwarten sie oft nicht nur Hilfe, sondern Anweisungen. Aber nach und nach spielt es sich ein, daß die Schüler ihren Unterricht selbst übernehmen. Und im Laufe der Zeit werden die verschiedensten Schülerarbeiten in der Klasse vorgestellt:

Sketche, kleine Szenen

Dies sind gewöhnlich die ersten Arbeiten in einer neuen Klasse. Die Kinder haben Spaß daran, und sie ähneln am ehesten dem, was sie als Sprachunterricht kennengelernt haben.

Wortspiele und Rätsel

Manche haben die Schüler irgendwo gefunden, andere haben sie sich selbst ausgedacht. Die ersten der Art, die gewöhnlich allen viel Spaß machen, provozieren immer eine ganze Serie ähnlicher Arbeiten: die Klasse eignet sich das neu entdeckte Ausdrucksmittel an.

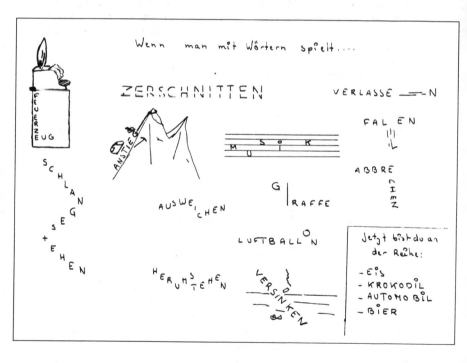

Wortspiele

Arbeiten über Bilder

Das Bild wird der Anlaß zu einem Text. In einer neuen Klasse sind die Schüler durch den Mangel an vom Lehrer vorgegebenen Strukturen oft verunsichert und es fehlt ihnen an Ideen. Da kann es sehr hilfreich sein, über verschiedenste Bilder als Anregung zu verfügen (in den Reklameseiten der meisten Zeitschriften findet man ein ganzes Arsenal davon).

Arbeiten über Texte

Es handelt sich hierbei um Texte aus Büchern oder Zeitschriften, aber auch um Arbeiten von Schülern aus anderen Klassen, die zur Verfügung stehen. Bisweilen, besonders von den jüngeren Schülern, wird der Text einfach vorgelesen: Vergnügen des Lesens und des Verstehens. Die älteren verwenden den Text oft als Vorwand für eine Arbeit, die bekannte Modelle des Sprachunterrichts nachvollzieht: Vokabel-Erklärungen, gezielte Fragen, die das Textverständnis kontrollieren und eventuell eine eigene Anwendung des Erlernten erlauben sollen. Im Allgemeinen verliert sich aber mit der Entdeckung anderer Arbeitsmöglichkeiten sehr schnell das Interesse an solchen Textbehandlungen. Was übrig bleibt, ist der Spaß am Vorlesen und die Vermittlung von Informationen.

Freie Gespräche

Diese Möglichkeit, aus dem und über den Alltag zu plaudern, ist beliebt bei den jüngeren Schülern.

Diskussionen (Gespräche über ein Thema) gefallen besonders den älteren. Am Anfang werden sie häufig durch einen Text eingeführt, der das entsprechende Thema behandelt. Dies liegt wahrscheinlich daran, daß die 14-15jährigen Schüler noch Mühe haben, Probleme zu umreißen und gut verständlich auszudrücken.

Folgende Themen wurden in einer achten Klasse diskutiert: Fernsehen am Abend — ja oder nein?, Parties, Krach in der Familie, Probleme in der Schule, Fußball, Geburtstag, Hunde, Eine Welt ohne Schule?, Ferien mit oder ohne Eltern?, Müssen Mädchen heute noch kochen lernen?, Haarlänge, Taschengeld, Was die Eltern uns verbieten.

> Diskussionsbericht: „Krach in der Familie" (aus den Stundenprotokollen der 8. Klasse)
> — Wann gibt es bei euch zu Hause Krach?
>   Mehrere haben gesagt, wenn sie etwas im Fernsehen anschauen wollen, und die Eltern oder die Geschwister wollen etwas anderes sehen, dann gibt es Krach.
> — Dürft ihr zurückschreien?
>   Viele dürfen nicht, sonst werden sie vielleicht bestraft.

WAS MAN MIT SECHS WÖRTERN MACHEN KANN

Annick hat uns ein Spiel vorgeschlagen, in dem wir sechs Wörter mit "S" suchen sollten. Dann hat jeder mit diesen sechs Wörtern einen Text erfunden. In der Klasse haben wir diese Texte vorgelesen, und wir haben die ausgesucht, die uns am besten gefallen haben. Hier sind sie:

Ein Einbrecher

Auf dem Stuhl neben dem Spiegel steht eine Kassette mit Schmuck. Es ist dunkel im Zimmer. Ich höre schreien, schaue ins Nebenzimmer. Aber ich sehe nichts, es ist zu dunkel. Dann höre ich, daß jemand ganz leise gegen den Stuhl stößt und ein Streichholz anzündet. Ich habe Angst und schreie. Da fällt die Seife auf den Boden. Der Bandit läßt das brennende Streichholz auf die Gardinen fallen, und schon steht alles in Feuer. Ich schreie: Hilfe! Hilfe!

M. Christine

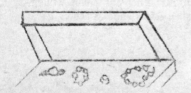

Aus der Klassenzeitung der 6. Klasse

Eine Katastrophengeschichte

Großmutter zündet ein Streichholz an und will das Feuer anzünden. Aber sie tritt auf die Seife und stürzt auf den Stuhl. Sie will sich am Tisch festhalten.

Da fällt die Salzbüchse auf die Katze, die auf den Spiegel springt. Der geht kaputt. Das Streichholz brennt immer noch. Es fällt auf die Zeitung, und es gibt einen Brand.

Yvonne

Aus der Klassenzeitung der 6. Klasse

— Triezen die Großen immer die Kleinen?
Manchmal ja, aber die Kleinen lassen es sich meistens nicht gefallen.
— Wie fängt bei euch ein Krach an?
Wenn man fernsehen will und die Eltern sagen, daß wir schlafen müssen, dann gibt es oft Krach.
— Wie endet er?
Viele gehen in ihr Zimmer.
— Findet ihr, daß Krach mit den Geschwistern dasselbe ist wie Krach mit den Eltern?
Nein, weil man den Geschwistern die Antworten geben kann, die man will, den Eltern aber nicht.
— Werdet ihr bestraft? Was für eine Strafe bekommt ihr?
Manche dürfen nicht mehr fernsehen, andere bekommen keine Süßigkeiten.
— Wie lange dauert eure Wut? Was macht ihr, um sie zu vertreiben?
Bei manchen dauert sie einen halben Tag oder einen Tag, bei manchen eine Woche. Viele machen nichts, um sie zu vertreiben, sie reden bald wieder mit den Eltern oder Geschwistern.
— Haut ihr die Kleinen?
Viele hauen sie, weil sie Sachen tun, die sie nicht tun dürfen.
— Muß es eigentlich zu Hause Krach geben? Ginge es nicht ohne Krach?
Zu Hause ist immer Krach. Manche sagen: ,,Wenn es keinen Krach gibt, dann ist alles zu still!"

Marie-Noëlle

Freie Texte und Gedichte:

Dies sind wohl die am stärksten persönlich gefärbten Arbeiten.

„Ich möchte..."

Ich möchte die Zeit anhalten,
  Einen Augenblick lachen und glauben,
Ich möchte schreien können:
  ,,Ich hasse alles wie nie!..."
Ich möchte ein anderes Leben führen,
  Mit Glück und Liebe,
Ich möchte eine neue Welt bauen,
  Frei, ruhig und ewig,
Ich möchte keinen Krieg mehr,
  Sondern Frieden und Bruderschaft
Ich möchte alles verändern
  Für eine bessere Welt!...

Viviane, 9. Klasse

WARUM?

Ich bin 14 Jahre...
Bald 15.
    Warum?
Man sagt, es ist das dumme Alter.
Die Flegeljahre.
    Warum?
Junges Mädchen jetzt
Erwachsen morgen
    Warum?
Freundschaft ist da
Die Liebe belauernd
    Warum?
Man sagt, daß diese Jahre
Die schönste Zeit sind
    Warum?
Kleines Mädchen war ich
Frau werde ich
Das ganze neue
    auf einmal

    Warum? Warum?

Falienne, 9. Klasse.

Freier Text 9. Schuljahr

Ihr Vortrag verlangt eine gute Qualität des Zuhörens — um diese zu garantieren, greife ich auch stärker als in anderen Situationen in das Geschehen in der Klasse ein. Nicht alle Schüler sind bereit, ihre freien Texte in der Klasse vorzulesen — die Bereitschaft dazu gibt manchen Aufschluß über das in der Klasse herrschende gegenseitige Verstehen und Akzeptieren.

Berichte oder sonstige Arbeiten über Zeitungsartikel oder Jugendzeitschriften

Bisweilen bringt ein Schüler einen Artikel aus der deutschsprachigen Regionalzeitung im Elsaß mit. Meistens handelt es sich jedoch um die deutschsprachigen Jugend- und Schülermagazine aus unserem Arbeitsmaterial.

Informationen über Deutschland

Hier handelt es sich meistens um Gruppenarbeiten informativen Charakters über deutsche Städte oder Landschaften, zu denen sich in der Mehrzahl der Fälle die Schüler das Arbeitsmaterial selbst besorgen.

Selbsthergestellte Tonbandaufnahmen

Ein Nebengewinn der sprachlichen Arbeit ist hier die Beherrschung des Gerätes und die Überwindung von Hemmungen:

Laurent, neu im 7. Schuljahr, wollte anfangs seinen ersten freien Text nicht in der Klasse vorlesen. Er sprach ihn auf Tonband und spielte dieses der Klasse vor. Seine folgenden Texte las er ohne Hemmungen direkt vor.

Bisweilen werden die Aufnahmen von gezeichneten Diapositiven begleitet.

Untersuchungen, Umfragen wurden im 8. und 9. Schuljahr durchgeführt zu Themen wie: Hausaufgaben, Liest du oder liest du nicht? Rauchen, u.ä. Ein Schüler oder eine kleine Gruppe erarbeitet einen Fragebogen zum Thema. Dieser wird von allen in der Klasse (bisweilen auch von Leuten außerhalb der Klasse) ausgefüllt und dann von dem (den) Verantwortlichen ausgewertet. Das Ergebnis dieser Auswertung wird in der Klasse mitgeteilt.

Interviews werden nicht sehr häufig gemacht. Ich denke nicht oft genug daran, auf diese Möglichkeit, die spontan kaum genutzt wird, hinzuweisen. Die Ergebnisse sind, vor allem bei den älteren Schülern, interessant. Beispiele: Interview eines Vaters über seinen Beruf, Interview eines Mädchens aus der Korrespondentenklasse, das einige Jahre vorher mit seiner Familie aus der DDR geflüchtet war.

Fragebogen: Lesen

Name:
Vorname:

1. Liest du, für dich, außerhalb der Schule?
   sehr oft ☐ oft ☐ wenig oder nie ☐

2. Ist das Lesen eine Tätigkeit, die du magst?
   sehr ☐; mittelmäßig ☐; wenig oder nicht ☐

3. Was für Bücher liest du am meisten?
   Romanbücher ☐; Album oder Zeichentricks ☐; Informationsbücher ☐; Presse für Eltern ☐; „Science-fiction" ☐; Zeitungen für Kinder oder Jugendmagazine ☐; von allem ☐

4. Wieviel Zeit widmest du ungefähr an deine Lektüre in einer Woche?
   weniger als 1 Stunde ☐; 1 — 3 St ☐; 4 — 8 St ☐; mehr als 8 St ☐

5. Wann liest du gewöhnlich am meisten?
   Morgens ☐; Abends nach der Schule ☐; vor dem Essen ☐; im Bett ☐; am Wochenende ☐; während den Ferien ☐; am Mittwoch ☐; egal ☐

6. Liest du manchmal ein Buch mehr als einmal?
   ja ☐; nein ☐

7. Wenn du liest, ist es eher:
   für dein Vergnügen ☐; um dich (zu) zerstreuen ☐; um dich zu bilden ☐; weil du dich langweilst ☐

8. Mädchen ☐ Junge ☐

   Viviane, 9. Klasse

Buchresümees, Lese-Montagen

Im 8. oder 9. Schuljahr schlage ich gewöhnlich ein paar Stunden in der Schulbibliothek vor, während derer ich versuche, die Schüler ans Lesen in der Fremdsprache heranzuführen und ihre hauptsächlichen Schwierigkeiten dabei zu besprechen. Einige sind in der Folge fähig, ein ganzes Buch zu lesen, und bisweilen entsteht danach ein Resümee oder eine Montage von Vorlesestellen und eingeschobenen Inhaltsangaben. Arbeiten, die weit über das Durchschnittsniveau der entsprechenden Klassen hinausgehen.

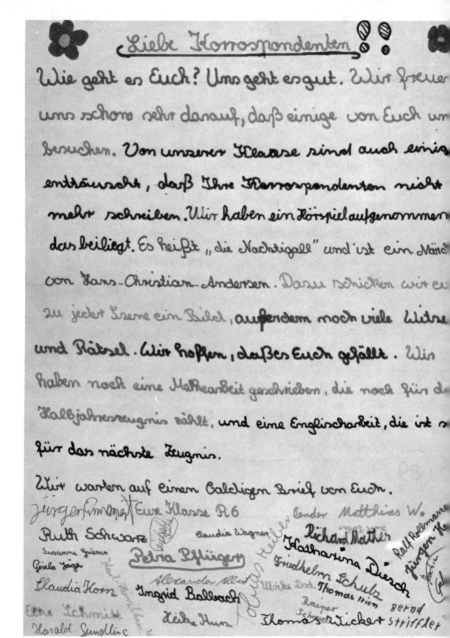

Brief der Korrespondenzklasse

Die *Klassenkorrespondenz* hat ebenfalls ihren Platz im Unterricht: Briefe der Korrespondenzklasse werden vorgelesen und Antworten besprochen, Briefe an die persönlichen Korrespondenten geschrieben.

> Ich möchte meinen Korrespondenten wiedersehen. Weil er so toll ist. Als wir zusammen waren, lachten wir bald alle Tage. Ich bin sehr froh, daß ich einen so tollen Korrespondenten habe. Ich hoffe, daß er auch einmal nach Frankreich kommt! Dann lernt er vielleicht besser Französisch. Ich habe sehr viel gelernt auf Deutsch, und ich bin sehr froh darüber.
> Joseph, 6. Klasse

Kooperation

Unser Unterricht ist ohne kooperatives Verhalten nicht denkbar.

Arbeitsprojekte

Eine Reihe von Arbeitsprojekten — es kann sich dabei um Gruppenarbeiten handeln, aber auch um Projekte, die die ganze Klasse betreffen — wäre ohne kooperatives Zusammenarbeiten nicht realisierbar: die Vorbereitung und Veröffentlichung einer Klassenzeitung; die Ausarbeitung eines Albums über die Reise zu den Korrespondenten; die Vorbereitung und Gestaltung eines Elternabends, auf dem die Klasse von der Reise berichtet und gemeinsam mit den Eltern der Gegenbesuch der Korrespondenten geplant wird. In jedem dieser Fälle muß zunächst besprochen und aufgeteilt werden, wer was macht. Die verschiedenen Gruppen oder einzelnen Schüler müssen einander aber auch weiter in ihrer Arbeit berücksichtigen.

Klassenrat

Im Klassenrat findet die Besprechung von organisatorischen Fragen statt, es werden in der Klasse aufgetretene Probleme besprochen und für die Schüler wichtige Ereignisse, z.B. eine Lehrerkonferenz, vorbereitet. Der Klassenrat wird entweder in regelmäßigen festen Abständen durchgeführt, oder jedesmal, wenn das Bedürfnis spürbar wird.

Notizen von einem Klassenrat im 6. Schuljahr

Themen: Was kann jeder zur Disziplin tun? Sollen Aufgaben kontrolliert werden?
„Was ist Disziplin?"
„Das Verhalten jedes einzelnen." „Die Aufrechterhaltung einer Ordnung in der Klasse."
„Aber die Klassensprecher tun nichts dazu!"
„Was könnten sie tun?"
„Aufschreiben, wer stört und es beim nächsten Klassenrat sagen."

„Aber damit würden die Störenfriede nicht einverstanden sein."
„Es dem Lehrer sagen."
„Aber dann würden die anderen sagen, daß sie petzen."
„Man kann nicht zulassen, daß manche die andern stören."
„Unter der Bedingung, daß man niemanden stört, sollte man alles machen dürfen."
„Man sollte sagen, was man empfindet. Wenn einen jemand stört, sollte man darüber reden. Dann kann man versuchen, eine Lösung zu finden. Die muß aber dann jeder respektieren!"
„Ja, aber wenn man wütend ist, will man eine strenge Lösung."
(ein Lehrer:) „Bei euch führt Wut immer zum Streit. Kann man etwas dagegen tun?"
„Man sollte gleich darüber reden, wenn einen etwas stört. Sonst regt man sich erst auf, und dann akzeptiert der andere schlechter, was man sagt."
„Herr R. hat uns neulich ins Gewissen geredet. Das ist gut, besser als zu schimpfen. Wenn man ausgeschimpft wird, nimmt man es übel. Aber wenn einem jemand ins Gewissen redet, ist man bereit, auf ihn zu hören."
„Nein, der Lehrer sollte eher schimpfen oder drohen, damit wir aufhören."
„Aber eine Drohung wirkt nicht besonders. Wenn nichts passiert, fängt man nach einer Weile wieder an..."
„Und die Aufgabenkontrolle?"
„Ja, die Lehrer müssen die Aufgaben kontrollieren."
„Aber damit verliert man Zeit."
„Der Lehrer kann das ja machen, während wir etwas aufschreiben."
„Ach, Kontrolle nützt überhaupt nichts. Man kann immer schummeln!"
„Wenn man eine Aufgabe von selbst macht, ist es, als ob man etwas gibt."
„Wenn man uns zum Arbeiten zwingt, haben wir nicht viel davon. Man hat dann den Eindruck, es zu können, aber man kann es nicht wirklich."
„Vor den Lehrern hat man mehr Angst als vor den Lehrerinnen..."

Kommentar: Dieser Klassenrat fand nach den ersten 6 Schulwochen statt. In einem Team von Lehrern hatten wir versucht, die Beziehungen stärker auf gegenseitiges Verstehen und Zusammenarbeit zu basieren. Positiv in diesem Gespräch ist wohl die Bereitschaft der Kinder, wirklich ihre Meinung auszudrücken. Ihre Lösungsvorschläge beruhen allerdings hauptsächlich auf einer Machtausübung durch den Lehrer — die sie andererseits auch selbst wieder in Frage stellen. Hier wird deutlich, daß der Weg vom Aussprechen der Probleme bis zu einer echten Lösung weit ist!

Lehrerkooperation

Als Lehrer in der Sekundarstufe wird man immer wieder versuchen, eine Resonanz bei seinen Kollegen zu finden. Es erleichtert natürlich in jedem Fall die Arbeit mit einer Klasse, wenn man sich mit anderen Lehrern auf eine gemeinsame Grundhaltung den Schülern gegenüber einigen oder ein fächerübergreifendes Projekt durchziehen kann. Eine Bereicherung stellt zum andern die Diskussion von grundsätzlichen Fragen (z.B. Zensierung, Disziplin) dar, und zwar gerade auch in dem Fall, wo die beteiligten Lehrer verschiedene Ansichten vertreten. Nicht zuletzt besteht Lehrerkooperation im alltäglichen Austausch über Arbeitsprogramme und -formen, Problemkinder, schwierige Situationen usw.

Man wird zu Recht feststellen, daß Zusammenarbeit von Lehrern auch ohne Berufung auf Freinet existiert. Aber für den Freinet-Lehrer ist es besonders wichtig, eine gewisse Isolierung, in die ihn seine Praxis bringen kann, zu überwinden, indem er alle derartigen Kontakt- und Austauschmöglichkeiten nutzt.

Zusammenarbeit mit Eltern

Der Kontakt zu den Eltern beschränkt sich nicht auf die bloße gegenseitige Information, sondern die Eltern werden dazu eingeladen, Arbeit und Zielsetzung des Lehrers konstruktiv in Frage zu stellen und nach Möglichkeit auch aktiv in das Lerngeschehen der Klasse einzugreifen. Konkrete Situationen aus meiner Praxis sind etwa: Gespräche über die Arbeitsweise in der Klasse (wo es sich z.B. darum handeln kann, das Prinzip einer Erziehung zur Selbstverantwortlichkeit gegenüber einem Laisser-Faire-Stil abzugrenzen) oder die gemeinsame Vorbereitung und Auswertung von Austauschreise und Besuch der Korrespondenten.

Analyse von Problemsituationen

Probleme treten im Zusammenleben einer Klasse immer auf. Aber wenn Schüler sich für ihren Unterricht zuständig fühlen, können sie es auch lernen, die Behandlung von Problemen in Angriff zu nehmen.

Wenn eine Arbeit nicht geklappt hat

In der Klasse wird darüber gesprochen. Wenn uns eine bestimmte Arbeit oder eine Unterrichtsstunde nicht befriedigt hat, versuchen wir, im Gespräch herauszufinden, warum sie anders gelaufen ist, als erwartet.

In der 9. Klasse entstand ein gewisses Ungehagen: Immer wieder wurden Diskussions-Stunden zu Schülerthemen in den Arbeitsplan aufgenommen. Aber diese der Klasse aus dem vorhergegangenen Schuljahr vertraute Unterrichtsform befriedigte die Schüler nicht mehr, ihre Ansprüche waren gestiegen: es genügte ihnen nicht mehr, die Themen ihrer Wahl einfach anschneiden zu können, sie erwarteten nun auch einiges von der Diskussion selbst. Da aber fast alle Schwierigkeiten hatten, eine Diskussion zu leiten, verliefen diese Diskussionen in den meisten Fällen unbefriedigend. Es genügte von meiner Seite aus der Impuls, über das Problem zu sprechen. Folgende Punkte wurden in diesem Gespräch über die Diskussionsleitung herausgearbeitet:

- Eine gelungene Gesprächsleitung ist eine Frage der Autorität. Damit das Gespräch gut läuft, darf nicht jeder tun oder sagen, was er gerade will. Nicht alle in der Klasse verfügen über Autorität.
- Ein schlechtes Klassenklima (man respektiert einander nicht, macht sich übereinander lustig usw.) wirkt sich in der Diskussion negativ aus.
- Manche Themen interessieren nicht alle. Bevor künftig eine Diskussion in den Arbeitsplan aufgenommen wird, soll über das Thema abgestimmt werden.
- Eine Diskussion muß vorbereitet werden. Der Gesprächsleiter muß sich überlegen, auf welche Weise er gegebenenfalls die Klasse zum Sprechen bringen kann.
- Er darf aber über seinen eigenen Vorbereitungen nicht das Interesse in der Klasse vernachlässigen: er muß sich weniger auf seinen Zettel und mehr auf das Geschehen in der Klasse konzentrieren.
- Themen, die uns interessieren, können auch in anderer Form behandelt werden: Texte, Umfragen usw.

Konflikte kann man besprechen

Vielleicht noch mehr Schwierigkeiten als unbefriedigende Arbeiten schaffen Personenkonflikte. Ich vermeide es, so ein Problem autoritär zu „lösen" (in Wirklichkeit würde es sich in den meisten Fällen nicht um eine echte Lösung handeln, sondern die Manifestierung des Konfliktes würde einfach unterdrückt). Kinder haben ein Recht auf Konflikte! Und unsere Aufgabe sollte es sein, ihnen bei deren Bewältigung weiterzuhelfen.

Nadine, ein interessantes und dynamisches Mädchen in der 8. Klasse, wird offensichtlich von ihren Klassenkameraden schlecht akzeptiert. Häufig machen sie sich über sie lustig. Wenn Nadine, die sehr einfallsreich ist und immer wieder neue Impulse in die Klasse bringt, eine ihrer Arbeiten vorträgt, findet sie nie ein der Arbeit gebührendes Echo.

Eines Tages passiert Folgendes: eine Mädchengruppe spielt einen selbsterarbeiteten Tonbandtext vor, in dem in humorvoller Weise eine ganze Reihe von Schülern glossiert werden. Was darin über Nadine gesagt wird, ist wesentlich eindringlicher und schärfer als alles andere. Nadine bricht in Tränen aus (was mich eigentlich überrascht, da ich sie schon des öfteren ziemlich hart im Nehmen gefunden habe). Ein paar Mädchen in der Klasse sind schockiert und verlangen, daß etwas geschieht. Unterdessen ist das Klingelzeichen zur Pause ertönt. Ich bleibe mit Nadine und Marie-Rose, der Wortführerin der Tonband-Text-Gruppe, in der Klasse und schlage ihnen vor, über den Vorfall zu sprechen. Aus dem Gespräch wird sehr schnell ein fürchterlich aggressives Wortgefecht zwischen beiden Mädchen (wahrscheinlich ist es nur meinem unterdessen verstummten Beisein zu verdanken, daß es nicht zu einer Schlägerei kommt): Marie-Rose, die mit mehreren jüngeren Geschwistern an Einschränkungen und häusliche Pflichten gewöhnt ist, wirft dem Einzelkind Nadine ihr Verwöhntsein vor. Worauf diese unter Schluchzen antwortet, wieviel lieber sie teilen würde und wie schwer es für sie ist, nicht nur keine Geschwister zu haben, sondern außerdem keine Freunde zu finden („Niemand will etwas mit mir zu tun haben, ich bin immer nur das fünfte Rad am Wagen!"). Darüber geht die Pause zu Ende. Die Deutschstunde am nächsten Tag beginnen wir mit einem Gespräch über den Vorfall. Jemand fragt, warum sich die Klasse Nadine gegenüber eigentlich so feindselig benimmt. Viele scheinen sich zum ersten Mal ihres Verhaltens bewußt zu werden. Ein paar sprechen es aus, daß es sich um eine Art Gruppenphänomen handelt: allein käme keiner auf die Idee, sich so gemein zu verhalten, wie sie es in der Gruppe tun.

In der folgenden Zeit habe ich den Eindruck, daß die Klasse sich Nadine gegenüber verständnis- und rücksichtsvoller benimmt. Und im Laufe der nächsten Monate sehe ich Nadine und Marie-Rose immer häufiger zusammen: offensichtlich ist eine neue, freundschaftlich gefärbte Beziehung zwischen beiden möglich geworden.

In ähnlicher Weise besprechen wir problematische Situationen im Lehrerteam. Der eine oder andere Kollege ist immer zu der persönlichen Infragestellung bereit, die dies beinhaltet.

3.4. Was die Schüler sagen

Schüler der 9. Klasse: Ein Bericht über unsere Arbeit

Dieses Jahr arbeiten wir ganz besonders in Deutsch. Voriges Jahr war es der Lehrer, der die Stunde in die Hände nahm. Dieses Jahr ist der Lehrer nur da, um uns zu helfen oder um uns ein Wort zu erklären. Jetzt sind also die Schüler Meister: wir nehmen unsere Stunden selbst in die Hand. Am Anfang war das sehr schwer für uns, weil wir es nicht gewöhnt waren, aber nach zwei Monaten ging es sehr gut.

Philippe

Die Schüler bereiten den Unterricht selbst vor, und das finde ich gut. So werden Texte, Themen ausgesucht, die uns alle interessieren, nicht nur den Lehrer.

Annette

Es sind meistens die Schüler (einer oder eine Gruppe von zwei oder drei), die eine Diskussion führen, einen Vortrag halten, einen Text oder ein Gedicht erklären, oder grammatische Übungen machen. Der Lehrer schreitet nur ein, wenn eine Schwierigkeit ist, wenn es ein neues Wort gibt oder eine Erklärung fehlt. Mit dieser Methode lernen wir besser sprechen. Um besser schreiben zu lernen, haben wir Korrespondenten in Deutschland.

Christine M.

Alle 14 Tage setzen wir ein Programm auf (für 6 Stunden). Auf diesem Programm haben wir eine oder zwei Diskussionen (alle Themen, die uns interessieren, können besprochen werden), einen Text, den ein oder zwei

Schüler vorbereiten, eine freie Stunde, in der wir in Gruppen arbeiten, eine Stunde Grammatik und Übungen. Manche Schüler denken sich auch Kreuzworträtsel aus oder erfinden Bildgeschichten und Sketche. Jeden Monat macht jeder Schüler eine Bilanz von seiner Arbeit.

Christine H.

Die Diskussionen sind das, was ich am liebsten habe, doch machen nicht immer alle mit. Aber damit lernen wir, vor Leuten zu sprechen und uns frei auszudrücken.
Dieses Jahr haben wir mehr Freiheit, aber auch mehr Verantwortlichkeit. Wir müssen selbst wählen, was wir machen wollen. Das ist auch eine Lehre für später.

Caroline

Ich kann euch sagen, die Disziplin ist gut, und wir lernen mehr als letztes Jahr, besonders reden!!

Philippe

3 Jahre Freinet Pädagogik im Deutschunterricht

Was alles gemacht wurde
Diese 3 Jahre, die wir Frau B. als Deutschlehrerin hatten, waren, glaube ich, volle Jahre: voll Arbeit, Spaß, Freude und auch Krach miteinander. Wir haben viele interessante Sachen gemacht: Texte, Plakate, Sketche, Musik, Korrespondenz, Tonbandaufnahmen, Bücher gelesen, Diskussionen gemacht, Gruppenarbeiten, eine Reise nach Deutschland; meinerseits habe ich am liebsten Texte geschrieben.

Was ich positiv beurteile und was negativ
Alles, was wir gemacht haben in diesen 3 Jahren war interessant, und ich glaube, daß es uns mehr Spaß gemacht hat, als wenn wir mit einem Buch gearbeitet hätten. Es hat uns viel mehr gebracht, so zu arbeiten. Und auch Freude, weil wir nie Hausaufgaben hatten, wir konnten machen, was wir wollten und da hatten wir auch Lust, mehr zu arbeiten. Wir konnten unsere Ideen vorstellen.
Ich beurteile nichts von dem, was wir gemacht haben, als negativ.

Was mich besonders interessiert hat
Mich hat besonders die Art, in der wir arbeiteten, interessiert.
Wir konnten alles vorschlagen, unseren Arbeitsplan selber organisieren, und das ist sehr gut, denn die Schüler wollen nicht immer machen, was ihnen der Lehrer vorschlägt.
Wir konnten alles bereden mit der Lehrerin, wir waren frei.
Ich glaube, die Schule nach Freinet-Pädagogik so zu machen, ist ein großer Erfolg. Die Lehrer verstehen sich besser mit den Schülern, sie können auch mehr Kontakte mit ihnen haben. Sie verstehen den Charakter jedes Schülers besser, und können ihn auch besser beurteilen.

Was mir nicht gefallen hat
Ich kann nicht gut sagen, daß mir etwas nicht gefallen hätte. Nur war ich vielleicht ein wenig enttäuscht, wenn jemand eine sehr interessante Sache machte, und andere haben alles verdorben. Das war schade für alle. In diesen 3 Jahren hat mir alles gefallen, besonders die Lehrerin, denn sie hat immer versucht (auch wenn es ihr nicht immer gelungen ist), uns zu verstehen, und war immer einsichtsvoll mit uns.

Kritik an der Lehrerin
An der Lehrerin habe ich keine einzige Kritik. Sie war der beste Lehrer, den ich je gehabt habe. Ich bin auch froh, daß ich in diesen 3 Jahren in derselben Klasse war.
Sie hat immer versucht, uns zu verstehen und uns zu helfen. Mit dieser Art, Schule zu halten, hat sie uns etwas bringen wollen. Viele aus unserer Klasse haben es nicht verstanden. Ich glaube, ich habe in diesen Jahren verstanden, was sie uns bringen wollte.
Daß die Schule etwas anderes ist als Hefte und Bücher, ein Lehrer und Schüler, die gehorchen müssen. Ich habe gelernt, gern in die Schule zu gehen. Denn es war nicht mehr dasselbe, es war ein Lehrer da, der nicht so wie ein richtiger Lehrer war, sondern mehr wie ein Schüler selbst, wie ein Freund. Andere Schüler sagten aber: Die Lehrerin hätte strenger sein sollen.

Meine Kritik an der Klasse
Die Klasse hat nicht immer verstanden, was Frau B. uns brachte. Die Klasse hat auch diese Freiheit, die die Lehrerin uns gab, ausgenutzt. Trotzdem haben wir viele interessante Dinge gemacht, die uns gefallen haben. Am Ende gab es immer noch keine Selbstdisziplin; warum, kann ich nicht gut erklären.

Selbstkritik
Ich habe auch Kritik an mir selbst zu üben. Denn ich habe auch nicht immer die Arbeit von den anderen geachtet. Doch diese Jahre waren die schönsten Jahre meines Schullebens, ich glaube, dank meiner Freunde in der Klasse und meiner Lehrerin.

Könnte eine ganze Schule nach denselben Prinzipien funktionieren?
Eine ganze Schule könnte so funktionieren, aber wieder nicht in allen Fächern. Z.B. besonders in Deutsch, Englisch, Französisch, dann vielleicht Erdkunde und Geschichte. Aber in Mathe weiß ich nicht, das würde nicht so gut funktionieren. In Mathe, da kann man nicht so frei sein, denn die Mathematik kommt nicht allein, der Lehrer muß da sein, um alles genau zu erklären. In Deutsch oder Englisch kann man viel besser lernen, wenn man machen darf, was man will, seine Ideen haben und kreativ sein darf.

Aber die Schule nach Freinet-Pädagogik zu machen, ist ein Erfolg.

Patricia, 9. Schuljahr

4. Die Organisation des Unterrichts

4.1. Strukturen entwickeln — wie?

Schülern Verantwortung geben

Organisation und Ablauf des Unterrichtsgeschehens sind nicht mehr nur Angelegenheit des Lehrers, die Schüler werden voll einbezogen. Das ist zunächst nicht immer einfach, der Lehrer muß helfend zur Seite stehen: „Grundsätzlich bin ich überzeugt, daß sinnvolle Strukturen sich nur aus dem unstrukturierten Raum entwickeln können. Da aber Schüler nach einer gewissen Zeit so an das Akzeptieren von fremdbestimmtem Unterricht gewöhnt werden, reagieren sie mit Verunsicherung, wenn sie plötzlich selber über ihren Unterricht bestimmen sollen. Aus Unsicherheit entstehen meist Aggressionen. Diese machen dann das Klima in der Klasse kaputt. Um dem vorzubeugen, müssen Brücken gebaut werden. Der Rahmen, innerhalb dessen sich die Schüler frei bewegen können, soll zuerst vom Lehrer abgesteckt werden. So bald als möglich muß dann die Klassenversammlung diese Funktion übernehmen. Auch bei der Materialbeschaf-

Die Schüler sind an der Unterrichtsplanung beteiligt

fung muß der Lehrer den Schülern zuerst noch helfen, um eine Frustration zu vermeiden. Es nützt uns nichts, wenn ein Schüler sein Unterrichtsvorhaben aufgibt, weil ihm der Weg in die Bibliothek zu beschwerlich ist. Wir müssen ihm helfen, einen Lernschritt nach dem andern zu vollziehen"[103]

Wie kann diese neue Unterrichtsstruktur aussehen? ,,Ein erster Schritt, um aus dem offiziellen einen ‚freinetischen' Plan zu machen, ist die Abschaffung der abgeschotteten Einzelstunden: Der (Viertel-)Tagesablauf wird durch wechselnde Lernsituationen rhythmisiert; außerdem gibt es eine feste Stunde für den Klassenrat, möglichst die letzte in der Woche. Zur Absicherung der individualisierten Lehrgänge z.B. in Mathematik und Rechtschreibung dienen dann der Arbeitsplan und die Tabellen an der Wand zum Eintragen der Lernfortschritte. Aus den Förderstunden werden Zeiträume für freie Arbeit; sie geben den Kindern mehr Zeit zum selbständigen Lernen, während der der Lehrer mit einer kleinen Gruppe arbeiten kann. Auf diese Weise ist ein Teil der Unterrichtsstunden den Kindern übertragen; der andere Teil verbleibt für den eigenen ‚normalen' Unterricht oder wird von Fachlehrern wahrgenommen. In einem solchen Stundenplan, der mehr Zeit läßt für die von den Kindern selbst verantwortete Arbeit, verändert sich auch der Lehrplan mehr zu einem Lernplan...

Der entscheidende Punkt in der Freinet-Pädagogik ist die kooperative Organisation der Klasse. Jeder Schüler übernimmt Verantwortung. Die Einrichtung des Klassenraums, der Wochenplan, die Organisation der Arbeit, das alles ist eine gemeinsame Aufgabe der Klasse. Dabei lernt der Freinet-Schüler sich selbst zu organisieren, Entscheidungen zu treffen, Verantwortung zu übernehmen, Kontakt aufzunehmen, Absprachen einzuhalten — kurz: soziales Verhalten und Arbeitstechniken, die lebensnotwendig sind"[104]

Neue Beziehungen in der Klasse

Der folgende Bericht eines Mathematiklehrers illustriert, wie Lehrer und Schüler am Anfang des Schuljahres miteinander versuchen, eine allen entsprechende Arbeitsweise zu definieren und zu entwickeln. Der Akzent im Ansatz dieses Lehrers liegt auf der Schaffung neuer Beziehungen, die eine Veränderung des Arbeitsklimas herbeiführen können.

Die ersten Stunden in einer 6. Klasse

,,Um miteinander bekannt zu werden, schrieben die Schüler auf einen Zettel und ich an die Tafel: Namen, Vornamen, Adresse, Geburtsdatum und -ort, Beruf der Eltern, Geschwister, woher man kommt und was man am liebsten mag. Dann stellte ich die Frage, welche Rolle jeder von uns in der

Klasse spielen könnte, insbesondere in Bezug auf die Lehrer-Schüler-Beziehungen und die Beziehungen der Schüler untereinander während des Unterrichts. Mit einigen schematischen Darstellungen versuchte ich, die Diskussion, die sich dann sehr frei zwischen uns entwickelte, etwas zu orientieren.

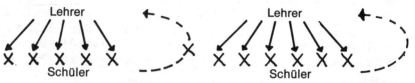

Der Lehrer stellt die Autorität dar. Die Schüler hören zu und gehorchen.

Die Schüler können dem Lehrer Fragen stellen (Dialog). Aber dieser bleibt Vertreter der Autorität.

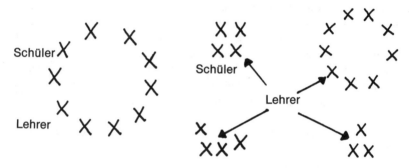

Gruppenarbeiten oder Diskussionen über ein Thema, von einem Schüler oder vom Lehrer geleitet. Selbstdisziplin.

Zweite Stunde: Wir diskutierten hauptsächlich über das zweite und dritte Schema.
,,Wir brauchen einen Gruppenchef; aber dann müssen wir machen, was er sagt."
,,Lieber keinen Chef, denn sonst sind manche neidisch und es gibt immer Streit, wer Chef sein soll."
Leidenschaftliche Diskussion. Sie konnten sich weder für das eine, noch für das andere Schema entscheiden: Angst vor der neuen Situation.
Für die dritte Stunde mußte ich eine Arbeitsform vorschlagen: Gruppenarbeit (3 oder 4 Schüler) über verschiedene Forschungsthemen (ich bringe das notwendige Arbeitsmaterial mit). Z.B.: Arbeit mit Kartenspielen, Umfragen über die bevorzugten Sportarten, die Lieblingstiere usw.
Nach dieser Stunde große Begeisterung bei allen.
In den folgenden Stunden haben sie Untersuchungen über Mengen und Diagramme durchgeführt. Zu Hause arbeiteten sie nicht daran; wenn sie in die Stunde kamen, fingen sie praktisch alles wieder von vorne an, und

es schien nicht voranzugehen. Nachdem uns das klar geworden war, haben wir einen Informationszettel eingeführt, der dazu dienen soll, die Kommunikation zwischen Lehrer und Schülern zu erleichtern: jeder Schüler (oder jede Gruppe) notiert kurz, was er macht und wie weit er ist. Ich selbst schreibe ihnen, wenn nötig ist, auf diesen Zettel meine Ratschläge.
Einige fanden am Anfang die Gruppenarbeit schwierig, und arbeiteten lieber allein. Andere fanden, daß sie zu viel Zeit in Anspruch nahm. Ich selbst habe in der ersten Zeit auch immer Angst, daß die Entstehung eines Arbeitsklimas zu viel Zeit in Anspruch nimmt, während der keine direkten Ergebnisse zu verzeichnen sind. Aber gleichzeitig weiß ich, daß es manchmal nötig ist, auf der Stelle zu treten oder sogar einen Schritt rückwärts zu gehen, um dann umso besser voranzukommen..."[105]

4.2. Freie Arbeit

Organisation

Einen Teil der Arbeitszeit haben die Kinder zur freien Verfügung. Jeder Lehrer entwickelt zusammen mit seiner Klasse die Form dieser freien Arbeit, die den Kindern und ihm selbst am besten entspricht.

Rolf: Ich habe wöchentlich zwei Stunden eingerichtet, in denen die Schüler frei arbeiten können. Es muß etwas zu tun haben mit Lesen, Schreiben, Rechnen oder Forschen — das ist eine Absprache zwischen den Kindern und mir. Bei freier Arbeitszeit entscheiden sich die Kinder für eine Sache. Für die Entscheidung dürfen sie sich unterschiedlich lange Zeit lassen. Wenn sie wissen, was sie machen wollen, kommen sie oft zu mir und teilen mir ihr Vorhaben mit. Manche beginnen auch ohne Rückmeldung mit der Arbeit.

Angela: Bei uns ist es so, daß die ganze Woche lang freier Unterricht ist. Ein Tag ist offen für Projekte, Spaziergänge, usw. Sonst wird jeden Morgen im Kreis die Arbeit für den Tag geplant. Die Lehrer machen Angebote, die Kinder äußern Wünsche. Wir haben die Tage der Woche nach Fächern aufgeteilt: z.B. ist dienstags Mathe. Ich mache als Lehrer dann ein Mathe-Angebot. Es finden sich meistens die Kinder bei mir ein, auf die das Angebot paßt. Ich spreche manchmal auch bestimmte Kinder an: ,,Wer möchte denn schon mit dem Einmaleins anfangen?" Dann führe ich das ein und zeige ihnen auch, wie sie jetzt allein daran weiterarbeiten können. In so einer Gruppe sind meistens 4 Kinder. 60 — 70% der Kinder halten sich an das vorgeschlagene Fach. Es sind pro Tag etwa 2 Stunden, in denen die Kinder so arbeiten.

Jenny: Bei uns heißen diese Stunden ,,Einzelarbeit", d.h. alle arbeiten nach eigener Wahl in allen Fächern gleichzeitig. Jeder stellt einen individuellen Plan auf für die Woche. Ein Pflichtpensum für alle gibt es nicht, aber ich spreche sehr viel mit den Schülern über ihre Pläne und gebe Empfehlungen. Es gibt in der Klasse keine festen Sitzplätze für die Kinder, sondern der Sitzplatz richtet sich nach der Art der Arbeit und nach den Materialien in den Arbeitsecken. Im allgemeinen sitzt also jeder täglich auf 3 bis 4 verschiedenen Plätzen mit jeweils anderen Nachbarn. Es wird sehr viel Partnerarbeit gemacht, Gruppenarbeiten sind ziemlich selten. Viele der Arbeiten sind natürlich auch nicht so hochinteressant, sondern einfache Übungen in Mathe oder Deutsch. Die freien Texte schreiben fast alle Schüler allein.

Praktische Arbeiten oder Aktivitäten, die Lärm machen oder jemanden zu sehr ablenken würden, der z.B. gerade das Einmaleins lernt, sind auf bestimmte Mittagsstunden beschränkt. Angebote für homogene Gruppen mache ich nicht mehr als zweimal pro Woche. Neueinführungen versuche ich — soweit es geht — von Schülern machen zu lassen. Dabei kann ich dann auch sehen, ob eine Arbeit wirklich verstanden worden ist. Ich glaube, daß es Kindern sehr gut tut, wenn sie andern etwas zu erklären versuchen, was sie selbst auch erst gerade gelernt haben.[106]

„Angefangen habe ich in der ersten Klasse mit zehn Minuten. Jetzt ist es eine fest eingeplante Stunde in der Woche. Außerdem täglich am Ende von Stunden, in denen wir erst gemeinsam etwas erarbeitet haben...

Es gilt der Spruch: ‚Es sollte etwas mit Lesen, Schreiben oder Rechnen zu tun haben'.

Das war am Anfang oft ein großes Problem. Mittlerweile schließt dies kaum noch eine Sache aus. Denn alles, was sie jetzt in der vierten Klasse machen, erfordert zumindest etwas Lesen, Beschriften oder Notizen machen."[107]

Freie Arbeit

Warum freie Arbeit?

Diese Form von Arbeit berücksichtigt die natürlichen Interessen und den persönlichen Arbeitsrhythmus jedes einzelnen Kindes. Der Lehrer braucht keine künstlichen Motivationen zu schaffen. Und die Kinder entwickeln eine große Ausdauer, wenn sie ihren eigenen Interessen nachgehen.

Angela: Ich fühle mich als Lehrer schlecht, wenn ich jeden Tag aufs Neue Motivationen aus dem Hut zaubern muß und dabei weiß, daß jedes Kind sich für Dinge wie Lesen, Schreiben, Rechnen und die Umweltzusammenhänge interessiert, daß es von Grund auf neugierig ist, und daß nur das Interesse sich in unterschiedlichen Situationen entzündet und im Vordergrund steht. Wenn man Kinder einmal genau beobachtet, sieht man, daß Motivationsphase, Aktionswechsel und ähnliche künstliche didaktische Kniffeleien unnötig sind, wenn sie ihrem Interesse und Lerntempo entsprechend lernen können[108]

Probleme

Aber freie Arbeit bringt auch Probleme mit sich, und zwar besonders bei älteren Schülern, die Schule schon stark internalisiert haben:

Die Möglichkeit, Eigeninteressen einzubringen, wird von den Schülern nicht immer genutzt. Haben sie keine Interessen? Das ist unwahrscheinlich. Es liegt wohl eher daran, daß Schüler schon stark davon überzeugt sind, daß Eigeninteressen nicht in die Schule gehören.

Wieweit ist es Aufgabe des Lehrers, Schülerinteresse zu wecken? Und wieweit ist er dazu überhaupt in der Lage, wenn das Grundprinzip Freiheit gewahrt bleiben soll? ,,Wir wissen, daß Interesse meist aus Beschäftigung mit Dingen entsteht. Wenn ich aber die Schüler nicht zu diesen Dingen dränge, beschäftigen sie sich nicht damit, entwickeln kein Interesse..."[109]

Die oft zu vollen Stoffpläne werden nicht bewältigt. ,,Die Reduktion der vom Lehrer eingebrachten Inhalte führt bei mir zu schlechtem Gewissen: das und dies müßte ich noch vermitteln...!"[110]

Wenn man den Eindruck hat, daß Schüler das Angebot der Freiheit nutzen, um ,,nichts zu tun", entwickelt man als Lehrer immer wieder Schuldgefühle. Allerdings läßt sich bei genauerer Untersuchung des Problems oft feststellen, daß dieser Eindruck nicht begründet ist.
Kinder tun oft Dinge, die uns Erwachsene unsicher machen, weil sie uns nicht als ,,Arbeit", als schulisch gerechtfertigtes Tun erscheinen, sondern als Spiel.

„In allen unseren Klassen spielten die Kinder, gaben sich mit ‚parasitären‘ Beschäftigungen ab: Spielereien mit einem Spiegel in der Sonne z.B., oder Spielereien mit Wasser, wobei sie immer wieder etwas Neues ausprobierten. Viele solcher ‚überflüssigen‘ Tätigkeiten, die von den Erwachsenen oft schief angesehen werden, konnten wir uns nicht erklären: das Kippeln mit Stühlen, das Spielen mit Streichhölzern, das Übereinandertürmen von Geschirr... Eine ganze Reihe solcher Tätigkeiten verbieten wir den Kindern oft, ‚weil man sich dabei naß macht, weil es Krach macht, weil es die anderen stört, weil man sich dabei verletzen kann, weil es gefährlich ist...‘
So gibt es eine Menge Dinge, die wir unsere Kinder nicht machen lassen, weil wir glauben, sie vertun ihre Zeit damit. Wenn sie ein Lineal am Tischrand vibrieren lassen, meinen wir, daß sie lieber etwas anderes tun sollten, eine von uns geplante Tätigkeit, die uns sinnvoll erscheint."[111]

Schulische Arbeit oder Spiel?

Soweit die Beobachtungen einer Arbeitsgruppe von Freinet-Lehrern. In ihren Überlegungen darüber kamen die Lehrer zu der Feststellung, daß die Kinder sich in dieser Weise mit fundamentalen Naturgesetzen auseinandersetzten. Ihr Tun ließ sich also durchaus schulisch rechtfertigen.

Kinder, die überhaupt nichts tun, sind Ausnahmefälle, es handelt sich meistens um gestörte Kinder. Die freien Arbeitsstunden geben dem Lehrer Möglichkeit, sich besonders mit ihnen zu beschäftigen.

„Kinder, die ganze Vormittage, ja Wochen, nichts tun, sind sehr selten. Ich versuche über drei verschiedene Wege, an diese Kinder heranzukommen: ungestörtes Beobachten der Kinder (ist meistens nur möglich mit Hilfe eines Zweitlehrers, hospitierenden Studenten, etc...), mit dem Kind allein oder in einer sehr kleinen Gruppe arbeiten, oder mit dem Kind sprechen.

Dann gibt es noch die Kinder, die nur scheinbar nichts tun. Bei genauem Beobachten fällt mir manchmal auf, daß sie anderen Kindern aufmerksam zusehen, mitreden und dabei auch lernen.

Aber wesentlich häufiger als Kinder, die gar nichts tun, findet man Kinder, die über Wochen sehr einseitig arbeiten. Meiner Erfahrung nach braucht man sich um sie keine Sorgen zu machen. Wenn sie genügend Bestätigung für ihre Arbeit bekommen und durch das Vorstellen genügend angeregt werden, beginnen sie selbst wieder mit anderen Aktivitäten."[112]

4.3. Was organisiert werden muß

Arbeitsplanung

Wenn die Arbeitseinteilung nicht mehr beim Lehrer allein liegt, sondern die Klasse über einen Teil der Arbeitszeit frei verfügt, wird es notwendig zu planen. Jeder Lehrer entwickelt mit seiner Klasse eigene Formen der Planung.

1. Beispiel, Grundschule:

„Ich wollte erreichen, daß sie selbst ihre Arbeit organisieren. Das war nicht einfach, und es hat lange gedauert. Jeden Samstagmorgen brachte ein Kind den Arbeitsplan für die folgende Woche mit: einfach ein Rahmenplan auf einem großen Blatt, in den die zeitlich feststehenden Aktivitäten eingetragen waren: Sport und Schwimmen. Dann wurde der Vortrags-Plan besprochen. Der Tages-Verantwortliche fragte, ob die Vorträge zum geplanten Termin fertig sein würden. Wenn ja, wurden sie eingetragen. Von diesem Grundplan ausgehend, wurde jeden Morgen der Tagesplan gemacht. Später hatten sie die Idee, daß man alles, was gemacht worden war, in eine Tabelle eintragen könnte; dadurch wurde es möglich, wenn am Samstag die Woche besprochen wurde, z.B. festzustellen: ‚Wir haben seit 2 oder 3 Wochen nicht mehr konjugiert, das müßten wir wieder mal machen'. Nach und nach lernten sie auch, ihre eigene Arbeit zu organisieren. Ich brauchte nur wenig einzugreifen..."[113]

2. Beispiel, Grundschule:

„Bei der Ausarbeitung des Wochenplans sind die Schüler und der Lehrer beteiligt. Wir achten bei seiner Aufstellung darauf, die verschiedenen individuellen Bedürfnisse zu berücksichtigen. Manche Kinder haben etwas noch nicht gut verstanden und wollen daran noch weiterarbeiten. Andere wollen Neues lernen... Wir planen auch die Besuche der entsprechenden Woche mit ein. Im Arbeitsplan werden auch Dinge wie Kontakte, Materialien, kurz alles. was vorhergesehen werden muß, festgelegt...'"[114]

3. Beispiel, 8. Klasse Hauptschule:
„Beim Einstieg in die freinetische Unterrichtsstrukturierung nimmt bei uns die Aufbrechung des Gleichschrittunterrichts mittels Tages- und Wochenplan eine zentrale Stelle ein. Mein Stand zur Zeit: Verschiedene Aufträge im Wochenplan:
a) Klassenunterricht — Unterricht wie gehabt in einem Fach, entweder Einführungsstunden oder Lehrerplanabdeckversuch, ca. 40% der Stunden
b) Individualisiertes Arbeiten, ca. 60% der Stunden
   1. Arbeitsblätter, Leseaufträge und Aufgaben aus Schulbüchern etc. (auch Lehrplan abdecken)
   2. Arbeitsgruppenangebote (z.B. Referate, Hörspiel, Rollenspiel etc., eng an Fächer und Lehrplan gebunden... teils ganz freiwillig, teils Pflicht mit Wahlmöglichkeit)
   3. Arbeitsgruppen: nicht an Fächer gebunden — (Blumen, Basteln etc.)

Die unter b) aufgeführten Arbeiten tauchen im Wochenplan unter ‚Freie Arbeitszeit' auf. Dazu kommt dann noch, was Schüler sonst machen (Comic lesen, Stricken o.ä.). Die Punkte b) 1 + 2 werden von mir im Plan vorgegeben. Am Montag der folgenden Woche wird kontrolliert.
Warum das Ganze? Was soll's?
Für mich ist das ein Durchgangsstadium zum vom Schüler weitgehend selbst zusammengestellten Wochenplan...
Bisher sieht die Kontrolle so aus, daß im Klassenzimmer eine Liste liegt, in der jeder Schüler die erledigte Arbeit ankreuzt, ich peile während jeder Stunde auf die Liste, gehe zu den Schülern, die am Mittwoch erst zwei Kreuze haben und schon wieder Comics lesen und rede mit ihnen (heißt: treibe sie mit moralischem oder sonstwie Geschwätz oder massivem Druck zur Arbeit.).
Ich möchte zum einen darauf hinaus, daß die Schüler diese freinetische Selbsteinschätzung machen (ich habe da und da konzentriert gearbeitet), Lehrerkontrolle zunehmend überflüssig wird, kann mir aber das nicht so richtig vorstellen. Für meine Schulfrustis ist und bleibt Schule fremdbestimmt, sie werden weiter versuchen, mich (und damit natürlich auch sich) auszutricksen. Würden sie selbst bestimmen können, kämen sie nicht in die Schule.
Und trotzdem: Es gefällt ihnen ‚freinetisch' weniger schlecht als sonst. — Reicht das? Nein. Als Idealvorstellung schwebt mir im Kopf, daß der Wochenplan zusammen (Lehrer und Schüler) in einer Stunde, z.B. Samstag letzte Stunde gemacht wird und noch stärker auf Schüler individuell ausgerichtet wird."[115]

4. Beispiel, 7. Klasse Hauptschule:
„Den Wochenplan mache ich jetzt seit fast zwei Jahren durchgängig. Er kommt von mir. Ideen der Schüler fließen insoweit mit ein, als daß wir eine Planungsgruppe haben, in der meine Ideen für die nächste Zeit durchgesprochen und ergänzt werden. Die Schüler bringen in dieser Gruppe gute Ideen, z.B. Gruppenarbeit in Kunst — Handpuppen herstellen — Theaterstück.
Beim Wochenplan schlüssele ich die Stunden stundenplanmäßig auf, lege die voraussichtlichen Themen fest und schreibe sie auf. Wochenplanstunden (freie Arbeitsstunden), in denen die Schüler selbstorgansisiert arbeiten, gibt's (noch?) nicht regelmäßig, sondern je nach Thema. Grad haben wir in Geschichte Gruppenarbeit gemacht und an einer Klassenzeitung gearbeitet — da sind dann mehr Wochenplan-Stunden drin. Thema bzw. Aufgaben für diese Stunden sind besprochen worden, stehen auf dem Wochenplan oder auf Arbeitsblättern...
Der größte Teil der Schüler begrüßt diese Wochenplan-Stunden, die meisten arbeiten gezielt (an den Aufgaben). Danach wird gespielt, gelesen, gemalt... Einige Schüler schaffen es nicht, nach schriftlichen Anweisungen zu arbeiten. Da kommen oft Nachfragen an mich. Unruhe und Lärm machen sowohl den Schülern (‚Ich fühle mich gestört') als auch mir zu schaffen. Es gibt 'ne Menge Situationen, in denen läuft's ohne Druck nicht (!?). Das wiederum verleitet mich dazu, die Wochenplan-Stunden mit Aufgaben vollzustopfen, so daß für ‚freie' Arbeit kaum mehr Zeit bleibt."[116]

Den Überblick behalten

Bei den vielgestaltigen Arbeitsprojekten und -formen sind Strukturen unerläßlich, die erlauben, die Vielfalt der Tätigkeiten in der Klasse und bei jedem einzelnen Kind zu überschauen, den Überblick zu behalten.

„Alles, was die Kinder in dieser freien Arbeitszeit tun, tragen sie in einen Arbeitsplan ein, den ich alle vier Wochen einsammle und mit einem Kommentar zurückgebe."[117]

„Um den Schülern und mir einen Überblick über die gemachten Dinge zu verschaffen, führte ich die sogenannte Punkteliste ein. Auf einer großen Pappe werden die verschiedensten Aktivitäten des einzelnen Schülers festgehalten. Es gibt verschiedene Felder für
- eigene Texte
- bearbeitete Rechtschreibkarteien
- ‚Vorträge' für die Klasse
- Bilder und Zeichnungen
- Beiträge für das Klassenarchiv u.a.m.

Mit einem Klebepunkt wird die Aktivität des Schülers auf der Liste dargestellt. Die Qualität des verfaßten Textes spielt dabei keine Rolle, auch die Anzahl der Fehler nicht. Die Punkteliste wird von mir auch nicht unmittelbar mit den Noten in Verbindung gebracht. Sie dient uns allen dazu, festzustellen, was überhaupt gemacht wird und auch: Wer was macht.

Ich sehe jetzt den progressiven Leser die Stirn runzeln und höre: ‚Leistungsterror! — Igitt, das alte Fleißkärtchen wieder in Aktion.'
Natürlich hat das, was ich tue und die Schüler machen, etwas mit Leistung zu tun, ist aber vom Terror weit entfernt. Und es hat mit dem alten Fleißkärtchen nur so viel gemeinsam, als die Aktivität des Schülers bewußt wahrgenommen und ‚registriert' wird.
Beides wird umso wichtiger, je offener und selbstbestimmter die Schüleraktivität wird. Trends und Interessen werden sichtbar, wem ich helfen muß, eher deutlich.
Der Mathe- und der Englischlehrer sind z.T. mit in das System eingestiegen. Sie halten besonders aktive mündliche Mitarbeit in der Liste fest.
Was mir am meisten auffällt ist, wie emsig die Schüler werden, wenn man sie nur läßt und ihnen die Möglichkeiten dazu schafft."[118]

„Die Kinder notieren sich jeden Mittwoch, was sie bis zum nächsten Mittwoch arbeiten wollen. Ich nehme anschließend alle fertigen Arbeiten der Woche, die alten Pläne und die neuen Pläne für die kommende Woche mit. Alle diese Dinge sind in einer Kiste mit Hängeordnern untergebracht. Die Pläne stecken zusätzlich noch in Plastikhüllen, denn die Kinder tragen sie den ganzen Tag bei der Arbeit mit sich herum und malen die geplanten Arbeiten farbig nach, sobald sie erledigt sind. Das schafft immer ziemliche Befriedigung, seine Fortschritte vor sich zu sehen.
Mir macht diese ganze Aktion ziemlich viel Arbeit, aber sie verschafft mir die nötige Sicherheit. Zu Hause kann ich noch einmal in Ruhe über die Arbeit jedes einzelnen Schülers nachdenken. Manchmal schreibe ich Kommentare oder Empfehlungen auf; etwa wenn ich merke, daß jemand sehr viel getan hat, oder bei ausgeprägten Einseitigkeiten. Ich werde so gezwungen, mich mit jedem intensiv zu beschäftigen und meine oftmals verzerrte Wahrnehmung während des Unterrichts zu korrigieren."[119]

Die Kinder sind bei ihrer Selbsttätigkeit also keineswegs sich selbst überlassen. Dank der Hilfsmittel wie Arbeitspläne, Tabellen, Punktelisten, Bilanzen usw. überschaut der Lehrer, wo jedes einzelne Kind steht.

Ordnung und Ruhe

Oft müssen es die Kinder erst lernen, mit dem neuzugestandenen Freiraum etwas anzufangen. Manche langweilen sich, wenn das Lehrerangebot ausbleibt. Sie sind zunächst nicht in der Lage, Alternativen zu erkennen und Angebote wahrzunehmen, auf die sie nicht extra hingewiesen werden. Es entsteht Unruhe, die leicht dadurch verstärkt wird, daß notwendigerweise auch die arbeitenden Kinder öfter in der Klasse hin- und hergehen, miteinander sprechen usw. Dazu kommt noch das Problem der Unordnung. Je mehr Arbeitsmaterial in der Klasse vorhanden ist, umso schwerer ist zu erreichen, daß stets alles an seinen Platz geräumt wird.

Wochenplan: Das einer fertigen Arbeit entsprechende Feld wird ausgemalt

Angela: Das Aufräumen ist ein Problem. Die Ordnung bei uns im Klassenraum ist zwar nicht perfekt, funktioniert aber angesichts der Enge und der vielen Materialien ganz gut. Bei uns gibt es Verantwortliche für die verschiedenen Regale, Ecken etc... wobei z.B. in der Druckecke die Verantwortung immer bei den Kindern liegt, die an diesem Tag gearbeitet haben. Außerdem sind die letzten 5 — 10 Minuten des Tages dem gemeinsamen Aufräumen gewidmet und eine Stunde pro Woche ist auch reserviert für das Aufräumen und Ordnen von einzelnen Karteien, Spielen und Lernmaterialien, Auf- und Abhängen von Bildern etc... Ich halte diese Stunde für sehr wichtig. Sie gibt nicht nur Einsichten in sinnvolle Ordnungen, sondern bietet den Kindern auch wieder neue Anregungen zum Arbeiten. Außerdem sind eine Reihe mathematischer Lernziele erreichbar: Mengenbildung, Zählen, Sortieren nach bestimmten Merkmalen, Größenordnungen etc... Selbst das Alphabet kann man beim Ordnen der Schreibkartei üben. Von den Absprachen, die die Kinder untereinander treffen müssen, um wirklich eine Ordnung zu erreichen, ganz zu schweigen.

Elise: Der Umgang mit dem Material ist ein Problem. Es wird zu viel verbraucht durch unsanftes Umgehen, oder es fehlen Teile. Die Ordnungsdienste in den Lernecken fühlen sich oft nicht verantwortlich, wenn andere dort Unordnung gemacht haben. Ein weiteres Problem ist die Lautstärke. Bei der selbständigen Arbeit gilt bei uns, daß das Verkleiden, die Orff-

Instrumente und die großen Bauklotzbauten nur in den Endstunden oder auf dem Flur möglich sind.

Angela: Im Moment macht mir an manchen Tagen auch die Lautstärke zu schaffen, weil ich selbst so unruhig bin. Ich sehe aber auch sehr deutlich, daß ich einen Teil der Unruhe abbauen kann, indem ich konsequent auf lautes Rufen nicht reagiere, sondern nur auf leises Ansprechen. Ein anderer Teil der Unruhe ist verursacht durch den zu engen Raum.

Friedegund: Wenn jemand Hilfe braucht, und ich bin mit einem anderen Schüler beschäftigt, kommt er zu mir und legt mir die Hand auf die Schulter. So merke ich, daß der Schüler was will, fühle mich aber nicht gestört im Gespräch mit dem anderen Schüler.

Jenny: Bei der Arbeit weiß ich auch manchmal nicht, ob ich durch mein Herumlaufen im Raum Unruhe in die Klasse bringe. Ich lasse mich zu häufig von manchen Kindern rufen. Ich habe ausprobiert, auf einem festen Platz zu bleiben, obwohl es mir sehr schwer fiel. Die Kinder mußten zu mir kommen und leise reden. Für eine ruhige Atmosphäre war das ganz gut. Aber mir gefällt es eigentlich doch nicht. Ich gehe zu gerne herum, ich bin einfach zu neugierig...[120]

Die Schüler müssen einen ganzen Lernprozeß durchlaufen, ehe sie sich für Ruhe und Ordnung in der Klasse nicht nur verantwortlich fühlen, sondern auch in der Lage sind, sie zu realisieren. Dieser Prozeß läuft parallel mit der Strukturierung des Gruppenlebens: Immer wieder gibt es Probleme, die bewältigt werden müssen. Verantwortlichkeiten werden verteilt, Ämter entstehen. Die Kinder lernen, sich zuständig zu fühlen. Nicht alle für alles (was meistens darauf hinausläuft, daß sich niemand wirklich für etwas verantwortlich fühlt), sondern jedes in einem Teilbereich, seinem Amt entsprechend.

4.4. Instanzen des Gruppenlebens

Die Klassenversammlung

Die Klassenversammlung (Klassenrat) ist der Ort, an dem Schüler und Lehrer gemeinsam die Arbeit organisieren: planen, Arbeit und Zeit einteilen, Ämter verteilen, Bilanzen ziehen, Probleme besprechen usw.
„Jeden Freitag in der letzten Stunde trifft sich die 2 b zum Klassenrat. Alle sitzen im Kreis, Guy, der für das erste Halbjahr zum Präsidenten gewählt wurde, hat die Liste mit den Themen und erteilt das Wort. Birol schreibt alle Beschlüsse in das Regelbuch. Seit einiger Zeit notiere ich mir, was im Klassenrat abläuft. So auch am

11.01.1980 Klassenrat
Themen: 1. Wer bestimmt über den Ball?
          2. Eine Frau, die Kinder schlägt
          3. Kinder, die nicht mitarbeiten
                die im Kreis zu laut sind
                die zu langsam sind
          4. Vorschläge für nächste Woche

Thema 1
birgt folgendes Problem in sich: In der Pause spielt die Klasse mit einem Schaumstoffball Fußball. Seit Wochen gibt es Ärger, wer mitspielen darf und wer überhaupt bestimmen darf. Stephan wird vorgeworfen, er bestimmte eigenmächtig über den Ball und lasse vor allem immer Kinder aus anderen Klassen mitspielen. Schließlich stellt Doris fest, daß die Mädchen überhaupt nie an den Ball kommen.
Sabine schlägt vor, daß Jungen und Mädchen abwechselnd über den Ball bestimmen dürfen.

Es erfolgen zwei Abstimmungen:
a) Mit dem Ball spielen nur Kinder aus der Klasse 2 b
b) Einen Tag bestimmen die Jungen, einen Tag die Mädchen.

Klassenversammlung: Probleme werden besprochen, Lebensregeln entwickelt

Beide werden mit 11:6 Stimmen angenommen. 3 Herren sind sauer.

Thema 2
Doris erzählt, daß sie eine Frau beobachtet hat, die am Edeka öfters Kinder schlägt. Nach Diskussion einigen sich die Kinder auf folgende Maßnahmen:
— beobachten und aufschreiben
— der Polizei Bescheid sagen
— vor den Fenstern der Frau Lärm mit Töpfen machen

Thema 3
Einigen Kindern wird vorgeworfen, sie störten die Arbeit. Sie paßten nicht auf und redeten bei Erklärungen immer laut mit anderen. Sie hielten sich nicht an die Reihenfolge im Kreis und wären nie fertig, wenn wir zum Sport gehen wollten (da wir die Klasse abschließen müssen, können wir erst zur Turnhalle gehen, wenn alle fertig sind).
Zur Verteidigung bringen die Betroffenen fast nichts vor, im Gegenteil, sie beschuldigen sich gegenseitig eifrig mit. Folgende Vorschläge werden beschlossen:
— es gibt ein neues Amt im Kreis: einer mahnt die Schwätzer
— sie sollen länger bleiben
— sie sollen Hausaufgaben bekommen
— sie dürfen nicht mehr Ball spielen
— der Lehrer soll einen Brief an die Eltern schicken (die Kinder sind viel rigoroser als ich, aber dieses Verhalten scheint sie selbst auch mehr zu stören).

Thema 4
Vorschläge für die nächste Woche:
Für den Sport gibt es keine besonderen Wünsche.
In Kunst soll mit Ton gearbeitet werden.
Der Sachunterricht soll Tiere und einen Besuch im Museum enthalten.
Briefe an die Partnerklasse übernehmen: Thomas, Raphael, Sabine, Birol, Dieter, Doris."[121]

„Belgin ist neu in die Klasse gekommen und versteht kaum Deutsch. Sie muß dauernd Ali oder Taner fragen, schlägt dieselben aber auch schon mal völlig unmotiviert. Ali beschwert sich öfter über Belgin. Ich bitte ihn, das doch in der Klassenversammlung zu sagen. Ali willigt ein. Er hat die Klassenversammlung als eine Institution, die ihm bei der Wochenplanung, aber auch bei Konflikten hilft, so langsam akzeptiert."[122]

„Der Klassenrat läuft, seit wir ihn nicht mehr regelmäßig wöchentlich machen, besser. Es liegen konkrete Sachen an, und die Schüler merken, daß es Punkte sind, die sie angehen. So hat z.B. die Gitta (und nicht ich) letzte Woche angeregt, mal wieder mit unserer Partnerklasse zu kontakten und will auch einen Briefentwurf machen. Es gibt Situationen, in denen Matthias als Gesprächsleiter massiv und lautstark eingreifen muß. Wenn man im Kreis sitzt, ist es eben noch einfacher, den Nebenmenschen zu zwicken oder dem Übernächsten mal kurz auf die Füße zu treten. Das können Momente werden, wo ich dann trotz meiner mir auferlegten Zurückhaltung nur sauer reagiere.

Ich kann meine Schüler nicht lassen.
Nicht so lassen, bis sie's selbst merken. Im Kopf weiß ich, daß sie's meistens irgendwann mal selbst mitkriegen oder deutlich von den andern gesagt kriegen. Aber bis dahin hab' ich mich mindestens schon dreimal eingemischt. Das ist schade, denn es sind ja nur einige Schüler da, die in so einer Situation Scheiß bauen. Ein Großteil will sich ja mit den Klassenrats-Punkten wirklich beschäftigen und macht das auf seine Weise auch deutlich."[123]

„Der Schultag beginnt damit, daß ein Schüler vor die Klasse tritt, und zu erzählen beginnt, was er gefunden hat: eine tote Libelle. Eine Schülerin ist Präsidentin, sie leitet das Gespräch. Ganz ungezwungen entwickelt sich ein Gespräch zwischen den Schülern. Die Schüler warten, bis sie das Wort erhalten. Die Präsidentin oder der Lehrer geben den Kindern das Wort. Wer dazwischenquatscht, nimmt einem anderen Kind das Wort weg! Wenn ein Kind erzählt, darf es nicht unterbrochen oder gestört werden. Das Wort hat einen sehr hohen Stellenwert innerhalb des Unterrichts. Dieser besondere Umgang mit dem Wort ist mir schon bei dem Vortragen der Geschichten aufgefallen und hat mich später immer wieder neu beeindruckt. Bei jeder Klassenversammlung oder jedem Vortrag wiederholt sich derselbe Ablauf: Das Wort wird gegeben, zurückgegeben, weitergegeben.

Der Präsident wird für 1 Monat gewählt. Das gleiche gilt für den Sekretär. Der Sekretär führt verschiedene Listen. Es gibt eine Menge Dienste und Aufgaben in dieser Freinet-Klasse. Neben diesen Tabellen und Listen für die verschiedenen Dienste und Arbeiten gibt es auch vier Fächer, die sich wie folgt nennen:
    Ich gratuliere...
    Ich nehme mir vor...
    Ich habe geschafft...
    Ich kritisiere...

Die Schüler gehen während des Unterrichts nach hinten, wo diese vier Fächer sich befinden und legen ihre Zettelchen hinein. Bei jeder Klassenversammlung holt nun der Sekretär die Zettelchen nach vorn und liest die Schülernotizen vor. Die Schüler diskutieren darüber.
Anschließend sprechen die Schüler über ihren geplanten Ausflug nach Metz. Einzelne Schüler haben Aufträge übernommen. Sie berichten darüber. Über einzelne Punkte stimmen die Schüler ab."[124]

Die Cooperative

„Auf dem Titelblatt jeder Schülerzeitung der Klasse CM2 Bousse steht: Cooperative Scolaire. Die Kinder und der Lehrer sprechen bei Klassenversammlungen oft von der Cooperative. So ist z.b. die Planung und Ausführung des Klassenausflugs eine Angelegenheit der Cooperative. Diese Cooperative ist schwerer zu beschreiben als all die Unterrichtstechniken. Sie äußert sich in vielfältiger Weise. Wenn so viele Kinder in einem kleinen Klassenzimmer zu gleichen Zeit unterschiedliche Dinge tun, verlangt das sehr viel Verständnis und Einsicht von dem einzelnen Schüler. Die Schüler arbeiten zusammen und nehmen Rücksicht aufeinander. Der tiefere Grund dafür, daß dies alles ohne Drill und Strafarbeiten klappt, liegt in dem Gefühl der Schüler, zu einer Cooperative zu gehören."[125]

Die Cooperative ist das Produkt der kooperativen Arbeit in der Klasse. Die Klasse ist zunächst einfach nur eine Gemeinschaft, ein Ort des Zusammenlebens. Auf Grund der gemeinsamen Planung von Arbeitsvorhaben und deren Realisierung wird aus dieser Gemeinschaft eine Gesellschaft mit Strukturen und Gesetzen. Verantwortlichkeiten bilden sich heraus, Ämter werden verteilt:

— Verwaltung der Cooperative: Präsident, Sekretär, Kassierer, die von allen Schülern gewählt und wenigstens jedes Trimester abgelöst werden.

— Arbeitsgruppen: je nach Tätigkeit kürzere oder längere Zeit andauernde Gruppierung von Schülern, jede ernennt einen Verantwortlichen.

— Klassenversammlungen: sie werden vorbereitet, finden meistens regelmäßig statt, wöchentlich, monatlich usw., und werden vom Präsidenten geleitet; wichtige Punkte werden in einem Protokoll festgehalten.

In Frankreich gibt es eine Zentralstelle für Kooperation in der Schule (O.C.C.E. = Office Central de la Coopération à l'Ecole). Ihre Zielsetzung ist ein Einüben der Schüler in die Regeln des demokratischen Zusammenlebens. Die meisten Freinet-Klassen sind offizielle Mitglieder dieser Einrichtung. Durch diese Mitgliedschaft erhalten sie einen legalen Status, sie werden rechtsfähig. Dies ermöglicht es z.B., daß Klassenzeitungen, wie jede andere Zeitung, durch eine gerichtliche Genehmigung eine offiziell anerkannte Existenz führen.

4.5. Bericht: „Wie ich angefangen habe"

Im Folgenden berichtet Marguerite, die in einer einklassigen Dorfschule unterrichtet, wie sie die verschiedenen Freinet-Techniken nach und nach in diese keineswegs darauf vorbereitete Schule einführte. Zugrunde lag dabei ihre Zielstellung, die sie folgendermaßen beschreibt: „Ein Lebensmilieu zu schaffen, in dem die Kinder ausgeglichen aufwachsen und sich in eine Vielzahl verschiedener Richtungen entwickeln können. Ein Milieu, in dem ihre fundamentalen Bedürfnisse soweit wie möglich berücksichtigt werden."

Hier ihr Bericht:
„Ich bin seit drei Jahren an dieser Schule. Es ist eine Einklassenschule. Mein Vorgänger arbeitete nicht nach Freinet.
Einrichtung des Klassenzimmers:
Bei meiner Ankunft sah die Klasse folgendermaßen aus:

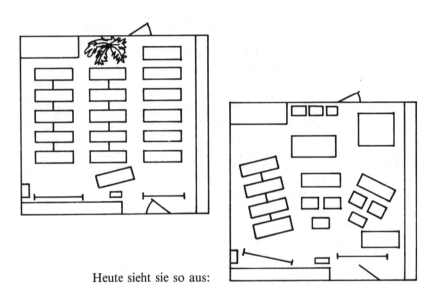

Heute sieht sie so aus:

Im Laufe des Schuljahres und von einem Jahr zum anderen kann sich aber diese Anordnung ändern.
Das Mobiliar bestand aus alten Schulbänken, die in der Reihe hintereinander festgeschraubt waren. Man konnte sie also nicht verrücken.
Das vorhandene pädagogische *Arbeitsmaterial* bestand in einigen Wort- und Naturkunde-Tafeln. Die Kinder verfügten über ziemlich veraltete Lese-, Grammatik-, Mathematik-, Geschichts-, und Naturkunde-Bücher, die die Familien bezahlten. Am Anfang habe ich mit diesen Büchern gearbeitet. D.h., während ich mit einer Altersstufe arbeitete, machten die anderen Übungen aus diesen Büchern, die dann korrigiert werden mußten.
Als erstes habe ich das *freie Zeichnen* eingeführt: mit einigen Zeichenspielen, die das Ziel hatten, Hemmungen lösen zu helfen; und mit regelmäßigen Gesprächen über die Zeichnungen, in denen die Kinder nach und nach

lernten, sich freier zu fühlen, Fragen zu stellen, zu erklären usw. All dies immer, ohne Werturteile zu formulieren (Wir sagen: ,,Es gefällt mir, weil...", jedoch niemals ,,Das ist schön oder nicht schön").
Sehr schnell begann ich auch mit den *freien Texten*. Mit den Erstkläßlern hatte ich sowieso gleich die natürliche Methode angefangen, das lief sehr gut. Aber die Größeren genierten sich am Anfang, ihre Texte laut vor allen vorzulesen! Gleichzeitig begannen wir, mit dem Limographen die ersten freien Texte zu vervielfältigen.
Und dann hatte ich Glück: Eine Kollegin aus der Freinet-Gruppe überließ mir einige alte *Karteien* mit Arbeitsblättern für Rechtschreibung und Rechnen und Französisch. Dies erlaubte mir, die Arbeit im Rechnen und in der Rechtschreibung stärker zu differenzieren.
Bald danach hatte ich Gelegenheit, eine *Druckerei* mit großtypigen Lettern zu erwerben: wir begannen, zu drucken. Außerdem hatten wir eine *Korrespondenz* mit mehreren Klassen in unserem Departement angefangen.
Bei all dem wurden individuelle und kollektive *Arbeitspläne* unumgänglich. In der Klasse entstanden auch organisatorische Probleme, die geregelt werden mußten: Klassenräte wurden notwendig. In den ersten Monaten führte ich fast jede Woche etwas Neues ein. Zur selben Zeit nahm ich ziemlich feierlich die Gründung einer *Schul-Cooperative* in Angriff, wobei ich die Eltern einbezog. Ich vervielfältigte die Satzung, die wir aufgestellt hatten und kommentierte sie vor den Eltern. Da wir sofort Geld brauchten, erbat ich einen Beitrag von den Eltern (es ist bis heute der einzige geblieben) und Spenden von Banken, Geschäftsleuten und von der OCCE (französische Organisation für Schulkooperativen, s. S. 207).
Mit den auf diese Weise eingegangenen Mitteln konnten wir die materielle Einrichtung der Klasse weiter voranbringen, einige neue Techniken im Werken einführen und vor allem Papier und Tinte für die Herstellung einer Klassenzeitung einkaufen. Nach einem Jahr konnte ich erreichen, daß ein Teil der Bänke durch individuelle Arbeitstische ersetzt wurde. Dies ermöglichte es den Kindern, sich bei einer Arbeit zu isolieren, sich in Gruppen zusammenzusetzen usw.

Die Einführung der Karteien und Selbstkorrektur-Hefte verlief nicht ohne Schwierigkeiten. Am Anfang schummelten die Kinder, besonders die Großen. Es dauerte eine gewisse Zeit, bis sie begriffen, daß etwas nicht zu wissen, oder sich zu irren kein Fehler ist, sondern eine Gelegenheit zum Lernen...
In der ersten Zeit überraschte mich das intolerante Verhalten der Kinder untereinander, wie sie sich über einen, der einen Fehler gemacht hatte, lustig machten. Auch da brauchte es einige Zeit, bis die Kinder sich gegenseitig in ihrer Unterschiedlichkeit akzeptieren lernten; Zeit, aber auch helfende Techniken, wie das Kreisgespräch und den Klassenrat.
Kreisgespräch:
Von Zeit zu Zeit setzen wir uns alle zusammen, und die Kinder stellen ihre Arbeiten vor: künstlerische Arbeiten, ihre Entdeckungen im Turnen, freie

Texte usw. Das entsprechende Kind (oder die Gruppe) zeigt oder liest vor, danach stellen die anderen Fragen oder äußern ihre Kritik. Die Kritik kann negativ, aber auch positiv sein — und ich glaube, das war eine wichtige Entdeckung für sie. Ganz am Anfang gab es in der Klasse keine Fragen und keine Bemerkungen. Da habe ich, mitten unter den Kindern sitzend, meine Meinung gesagt und viele Fragen gestellt. Die Kinder haben das dann nachgemacht, einem anderen Kind zu einer anderen Sache die eine oder andere meiner Fragen gestellt, und nach und nach kam Leben in die Klasse und alle hatten etwas zu sagen. Wenn sie so vor der Klasse standen, haben die Kinder zu reagieren gelernt: manchmal müssen sie ihren Standpunkt verteidigen oder ihre Sache rechtfertigen..."[126]

5. Schwierigkeiten und Probleme

Ein wesentlicher Teil der alltäglichen Probleme in einer Freinet-orientierten Unterrichtspraxis resultiert aus den Unterrichtsbedingungen in der Regelschule: zu große Klassen, vorgeschriebene Lehr- und Stundenpläne, mangelhafte Ausbildung, wenig Verständnis für Veränderungen, z.T. bei den Schülern selbst, aber hauptsächlich bei Eltern, Kollegen und Vorgesetzten, ungünstige materielle Bedingungen usw.

5.1. Schwierigkeiten akzeptieren

Es gibt keine allgemeingültige Art, Schwierigkeiten und Probleme zu bewältigen; die Mittel müssen der jeweiligen Situation angepaßt sein. Zunächst ist jedoch eine positive Haltung gegenüber der Realität wichtig: Schwierigkeiten zu akzeptieren und ihr Vorhandensein im Alltag zu berücksichtigen.

Zu große Klassen

Der Lehrer ist aufgrund der Klassengröße oft einfach überfordert, es ist unmöglich, sich um alle Kinder zu kümmern.

„35 in einer Klasse, das ist wirklich zu viel! Wie soll man die Entwicklung einer Gruppe von Kindern beim Malen im Auge behalten, wenn man zugleich zu überschauen versucht, was sich in der Druckerwerkstatt und in der Bastelecke tut — und daneben eigentlich grundsätzliche Dinge mit ein paar anderen Kindern besprechen müßte... Ich kann mich doch nicht zehnteilen! Ich bin gezwungen, meine Anwesenheit und Hilfe einzuteilen: einen Tag arbeite ich mit denen, die drucken; den nächsten Tag kümmere ich mich mehr um die Bastler oder die Marionettenbauer... Ich kann einfach nicht überall zugleich sein; das ist vollkommen unmöglich!
Ich kann niemals alles sehen, mich für alles interessieren, was die Kinder an einem Tag tun. Das einzige, was mir möglich ist, das ist, ein wenig mit jedem zu sprechen..."[127]

„Praktisch sieht es so aus, daß ich der Situation oft nicht gewachsen bin: Uli zeigt seine Lichtanlage und will Bestätigung, Frank hat eine Frage zum Arbeitsblatt, Andy weiß nicht, was er machen will, Edwina zeigt ihre Arbeit im Workbook, Claudia braucht den Schrankschlüssel und Jörg möchte ‚gschwind' was abziehen... Und all dies prallt innerhalb von 5 Minuten auf mich ein, während ich mich eigentlich mit Roland über den Aufbau seines Aufsatzes unterhalten möchte."[128]

Neues verunsichert

Besonders anstrengend ist die einige Monate andauernde Übergangsphase von einer bislang stark auf den Lehrer orientierten Klasse zu einer Freinet-orientierten Unterrichtspraxis: Die Kinder sind sehr unselbständig und erwarten bei jeder Kleinigkeit Aufmerksamkeit, Hilfe oder Rat des Lehrers. Sie erkennen zunächst nicht, welche Grenzen innerhalb des freien Lebensraumes, über den sie verfügen, zu respektieren sind. Und sie legen bisweilen ein sehr aggressives Verhalten an den Tag. Gerade die Schüler der Sekundarstufe, die schon verhältnismäßig angepaßt sind, zeigen häufig eine abwehrende Haltung gegenüber Neuerungen, die dem System, mit dem sie sich notwendigerweise mehr oder weniger abgefunden haben, nicht entsprechen. Sie fühlen sich verunsichert und haben Mühe, in den veränderten Strukturen ihren Platz zu finden. Herausforderndes Verhalten dem Lehrer gegenüber stellt nichts anderes dar als ihren Versuch, eine vertraute Situation herzustellen, in der jeder ,,seine Rolle kennt". Was man kennt, gibt einem das Gefühl der Sicherheit!

,,Dieses Jahr habe ich im 8. Schuljahr eine Klasse ‚guter' Schüler, die sich dem herkömmlichen Unterricht so angepaßt haben, daß sie gegen alles, was anders war, mit Mißtrauen und Abwehr reagierten. Deshalb habe ich mich im 1. Trimester damit begnügt, 2 Stunden freie Arbeit in der Woche einzuführen. Sie lehnten die Idee einer Klassenzeitung ab, wollten keine Korrespondenz, boykottierten den Klassenrat. Ich habe nicht weiter darauf bestanden und nichts mehr vorgeschlagen. Gegen Trimesterende verlangte dann ein Teil eine Klassenratssitzung, und nach und nach änderte sich die Situation. Die freie Arbeit und die Vorstellung ihrer Arbeiten in der Klasse haben eine wichtige Rolle gespielt. Trotzdem entwickelte sich der freie Ausdruck nur sehr schüchtern, und die besten Schüler lehnen es strikt ab, sich irgendwie einzubringen..."[129]

Zu wenig Autonomie

Primäres Unterrichtsziel ist in jedem Fall, daß die Schüler lernen, mit ihrer Freiheit umzugehen. Arbeit und Gruppenleben sollen ihre Angelegenheit werden.

,,— Josiane, solltest du nicht für heute nachmittag den Brief für die Korrespondenten fertigmachen? — Oh, ich habe vergessen, ihn abzuschreiben!

— Evelyne, hast du deine Mutter nach dem Preis des Heftes, von dem du in deinem Text sprichst, gefragt? — Oh, ich habe es vergessen! Ich frage sie heute abend.

— Thérèse, hast du die Arbeit für deinen Vortrag über die Katzen angefangen? — Oh, ich habe es vergessen! Ich fange morgen an.

‚Ich habe es vergessen!' Das ist die Antwort, die ich am Anfang eines neuen Schujahres oft bekomme, wenn ich im Klassenrat am Ende des Schultages jeden dran erinnere, was er sich vorgenommen hatte. Ich könnte es natürlich morgens tun, und dann würde alles gut laufen, aber das stünde im

Arbeit und Gruppenleben sollen Angelegenheit der Kinder werden

Widerspruch zu meiner Forderung: Das Kind und die Gruppe müssen unabhängig vom Erwachsenen werden..."[130]

Das aber ist bei der Stunden- und Fächeraufteilung in der Sekundarstufe besonders schwer zu erreichen.

„Ich stelle folgendes fest: In meinen sieben Klassen zwischen 6. und 8. Schuljahr gibt es nur eine einzige Klassengruppe, in der die Schüler ein Gruppenbewußtsein entwickelt haben. In den anderen Klassen dagegen treten zwischen den einzelnen Schülern ständig Spannungen auf. Die Verantwortung für die Arbeit trägt allein der Lehrer (der sich oft dazu gezwungen sieht); beim Klingelzeichen stürzt das ganze ‚Kartenhaus' in weniger als einer Sekunde zusammen, selbst wenn man vorher ein Interesse zu spüren glaubte. Mit Geschrei, aggressiver Unruhe und Gerempel wird zur nächsten ‚Beschäftigung' gelaufen. Dieses ganze ‚Durcheinander' wirkt ziemlich lange nach, selbst während des Unterrichts bleibt es unterschwellig vorhanden, um beim nächsten Klingelzeichen erneut loszubrechen...

Und doch!

Und doch gibt es Augenblicke, wo jeder einzelne, selbst der ‚schlimmste', plötzlich und spontan für sich selbst einsteht, Interesse zeigt, Mühe nicht scheut, sich den anderen mitteilt, sie akzeptiert. Es gibt Sternstunden, in denen alles in der Klasse läuft. Jeder investiert seine Fähigkeiten maximal. Allerdings dauert das nicht lange. Denn sehr schnell treten wieder Spannungen auf, man fällt einander ins Wort, wird aggressiv."[131]

Die Gruppe spielt eine wichtige Rolle: Die Strukturierung des Gruppenlebens vollzieht sich Hand in Hand mit der Fähigkeit jedes einzelnen, seine

Freiheit innerhalb der durch die Gruppe vorgegebenen Grenzen zu realisieren. Die Dynamik des freien Ausdrucks stellt ein wichtiges Element in dieser Entwicklung dar.

Lehr- und Stundenpläne

Lehrpläne nehmen keinerlei Rücksicht auf die Interessen der Kinder. Da man als Lehrer der öffentlichen Schule an Lehrpläne gebunden ist, stellt der Unterricht notwendigerweise einen Kompromiß zwischen dem echten Leben der Kinder und diesen Lehrplänen dar. Es ist unvermeidlich, diese Situation sachlich mit den Kindern zu besprechen.

Zum anderen gibt es, wenn mehrere Fachlehrer in einer Klasse unterrichten, Schwierigkeiten bei Projekten, die fächerübergreifenden Charakter haben, sich also keinem Unterrichtsfach eindeutig zuordnen lassen.

Mangelndes Verständnis

Die Praxis des Freinet-Lehrers findet oft wenig Verständnis bei Eltern, Kollegen oder Vorgesetzten. Um diesem Problem zu begegnen bzw. es möglichst erst gar nicht entstehen zu lassen, ist es gut, viele Informationen zu geben, selbst wenn sie zunächst noch nicht verlangt werden:

Die Lehrer der Ecole Karine (vgl. S. 99 ff.) haben eine Informationsschrift für Eltern verfaßt. In dieser erklären sie ihre Zielsetzung, die darin besteht, eine kritische Einstellung der Kinder zu ihrem Schulalltag zu entwickeln. Sie nehmen sich die Zeit, über diese Zielsetzung und die ihr entsprechenden Arbeitsmethoden mit den Eltern zu sprechen.

Ergebnis: Nach dem Schuljahr 1979/80 haben aus 13 Klassen nur 3 Kinder die Schule verlassen, weil die Eltern einen Freinet-orientierten Unterricht ablehnten.

Marguerite (vgl. S. 207 ff.): ,,Im Frühjahr erfolgt eine Art Jahresbilanz. Auf einem Zettel werden die Lernergebnisse (Kenntnisse, Fähigkeiten, Fertigkeiten) sowie die Verhaltensweisen des Kindes in der Klasse notiert. Dieser Zettel wird sowohl vom Schüler als auch von den Eltern unterschrieben.

Eltern und Kinder werden aber auch über die laufende Arbeit informiert: die in einem Zeitraum von zwei Wochen angefertigten Arbeiten werden von jedem Schüler aufgelistet, von den Eltern unterschrieben. Dies gilt in ähnlicher Weise für das Französisch- und Mathematikheft."[132]

Ebenso sollte man darauf achten, Kollegen und Vorgesetzte zu informieren und in jedem Fall offen für einen sachlichen Dialog sein.

Ungünstige materielle Bedingungen

Die Arbeitsbedingungen sind oft ungünstig, z.B. unpraktische Räume (nicht ausreichend, zu hellhörig, nicht den Bedürfnissen entsprechend ein-

gerichtet...), Mangel an Arbeitsmaterial usw. Wir haben schon geschildert, wie die Lehrer versuchen, mit solchen materiellen Problemen fertig zu werden (s. S. 34 ff). Manche Probleme kann man bewältigen. Andere sind der Grund dafür, daß interessante Einfälle nicht realisiert werden.
„Probleme sehe ich auch, was das Unterrichtsmaterial betrifft. Statt der Schulbücher habe ich einige Materialien gekauft, die mir brauchbar schienen und selbständige Arbeit der Kinder ermöglichen. Aber dann ist es erforderlich, immer wieder passende Übungsmöglichkeiten zu schaffen.
Darüber hinaus wird es für mich immer dann schwierig, wenn einige Kinder an Projekten arbeiten wollen. Eigentlich müßte man dann zeitweise in den Werkraum gehen können oder ich müßte mehr von bestimmten Dingen verstehen. Ich muß zugeben, daß ich öfter passe und die Kinder nicht allein durchhalten, wenn ihnen das Material und die Erfahrung fehlen. So sind schon viele schöne Ideen wieder untergegangen."[133]
Auf jeden Fall nehmen Freinet-Lehrer dergleichen ungünstige Bedingungen nicht passiv hin, sondern versuchen unter Einsatz ihrer eigenen Möglichkeiten, das Beste aus der Situation zu machen: Klassenräume werden umgestaltet, Arbeitsmaterial hergestellt usw.

Auf der anderen Seite bemerkt man aber auch, daß manches Arbeitsmaterial von den Kindern nicht genutzt wird.
„Zum Thema Herbst — Blätter — Bäume hatte ich eine Überfülle von Arbeitsblättern eingegeben. Jedes Kind hatte die Blattformen und Früchte von zehn verschiedenen Bäumen. Doch fasziniert waren die Kinder nur von dem Foto eines Baumes, der über Mauern „gehen" kann. Mit seinen Luftwurzeln verankert er sich, sowie er den Boden berührt. Bei Unterrichtsgängen beachteten viele Kinder nun nur noch die Wurzeln der Bäume. Sie fühlten den Verlauf der Wurzeln mit den Händen ab, erkannten, warum der Asphalt aufplatzte. Sie suchten die Rheinufermauer ab, ob schon Wurzeln der Uferbäume rausschauen. Die Arbeitsblätter lagen derweil rum."[134]
In diesem Fall lenkte die Entdeckerfreude der Kinder ihre Untersuchungen in eine bestimmte Richtung: die Baumwurzeln. Es ist aber durchaus möglich, daß dasselbe Material in einer anderen Klasse, einer anderen Situation ganz anders genutzt wird. Darin liegt eben die Freiheit des selbstentdeckenden Lernens.
Die Arbeit wird durch materielle Probleme zwar erschwert, aber sie braucht nicht daran zu scheitern:
„Daß wir von der Freinetbewegung im deutschen Sprachraum im Bezug auf Unterrichtsmaterialien noch nicht so stark unterstützt werden, wie wir möchten, soll uns nicht hindern, freinetisch zu arbeiten. Freinet konnte auch nicht auf viel zurückgreifen und hat die bestehenden Lehrmittel vorerst noch einsetzen müssen. Allerdings nicht im frontalen Unterricht, son-

dern seinen Ideen entsprechend. Schritt für Schritt ist dann diese Äbhängigkeit verschwunden. Wir müssen Mut haben, diesen Weg auch zu gehen. Daß er zum gewünschten Ziel führt, wissen wir von unseren Kollegen in Frankreich. Mit der heutigen Informationssucht überall in den Medien haben wir diesbezüglich einen Vorteil: Eine Dokumentensammlung ist mit Hilfe der Schüler ziemlich bald soweit, daß sie für unseren Gebrauch genügt. Was das selbstkorrigierbare Material anbetrifft, haben kommerzielle Verlage schon ziemlich viel auf den Markt geworfen und vom programmierten Unterricht konnte Freinet auch nichts übernehmen..."[135]

Eine „traditionelle" Lehrerausbildung

Marguerite (vgl. S. 207 ff.): „Ich hatte gelernt, Unterrichtsstunden vorzubereiten, eine Aufteilung des Lehrstoffs nach Monaten bzw. Trimestern vorzunehmen und einzuhalten — aber weil ich das alles nicht mehr tat, fühlte ich mich in den ersten Monaten sehr unsicher". Marguerite blieb jedoch nicht bei der Feststellung dieser Unsicherheit stehen, sondern suchte nach Möglichkeiten, sie in den Griff zu bekommen:

„Ich habe zuert versucht, mit den Kindern ein ‚Lebensbuch' zu führen, in dem jede Seite Aufschluß über ein wesentliches Vorhaben des Tages gab. Aber in meiner Einklassenschule war das nicht befriedigend. Zwar vermittelte das Buch einen Eindruck vom Leben der Klasse, aber es erlaubte mir nicht, genau festzustellen, wie weit wir in den einzelnen Unterrichtsfächern waren.
Jetzt lege ich großen Wert auf die Arbeitsbeweise, und zwar in verschiedener Form:
— Tabellen, in denen das Gelernte festgehalten wird (z.B. im 1. Schuljahr: Merksätze für die Lektüre, behandelte Laute; im 5. Schuljahr: die in Schülervorträgen, Alben, Untersuchungen behandelten Themen in Geschichte, Erdkunde, Biologie...)
— Monatliche Tabellen, die für jedes Schuljahr die in jedem Fach behandelten Begriffe festhalten.
— Ein großes Album mit den kollektiven Untersuchungen der Erstkläßler in Mathematik, das täglich ergänzt wird.
— Einen Grammatikhefter (siehe dazu S. 56)
Die Tabellen geben einen Überblick über die in der Klasse geleistete Arbeit, während der Hefter und das Album Einblick in die laufende Arbeit geben."[136]

5.2. „...aber der Zwang bleibt..."

Unter diesem Titel analysiert Gisela, Hauptschullehrerin, ihre Situation. Sie zählt Schwierigkeiten auf, die sich daraus ergeben, daß Lehrer wie Schüler von der Normalschule geprägt sind.

Kinderbedürfnisse und Lehrerintention

„Es kommt manches anders, als Freinetlehrer so denkt!... Es hat sich so manches entwickelt nach bald 2 Jahren freineteln (z.Z. 6. Klasse Hauptschule) oder auch nur ‚rumprobieren'. Neulich beim Vergrößern von Fotos war ein Bild dabei: 2 kleine Regale im Eck vor der Heizung, mit Büchern drauf, Spiele dabei. Harmlos — nichtssagend — langweilig. Nur: Fotografiert im Klassenzimmer und somit für mich Symbol für ‚Umgestaltung', ‚Veränderung', ‚Selbstgesteuertes Lernen'! Die Geschichte geht weiter: Lange stehen die Regale drin (kaum als Leseecke, oder gar Studierecke benutzt, verständlicherweise), bis wir zwei Trennwände dazubauen — damit sich die Kinder zurückziehen und auf die Bücher, oder irgendeine Arbeit konzentrieren können, denke ich — damit wir uns abschirmen, verstecken, Musik hören und tuscheln können, denken die Kinder, verhängen die Nische mit Vorhängen und nehmen sie in ihrem Sinne in Besitz. Flutsch! — ist wieder mal eine Veränderung des Schulalltags der pädagogischen Intention entglitten, um von den Kinderbedürfnissen absorbiert zu werden."[137]

Die Bedürfnisse der Kinder sind mit dem Alltag in der Normalschule oft nicht in Übereinstimmung zu bringen, umso weniger, als durch diesen Alltag bestimmte Bedürfnisse überhaupt erst entstehen. In einem Kontext, der den Kindern erlaubt, sich frei auszudrücken, haben sie es nicht nötig, sich abzuschirmen, zu verstecken, zu tuscheln!

Wie ernst meint es der Lehrer?

In der Schule hat von vornherein der Lehrer die Macht. Wenn er damit beginnt, sie abzubauen, werden die Kinder zunächst mißtrauisch: etwas stimmt nicht mehr. Dann beginnen sie auszuprobieren, ob es sich wirklich um einen Abbau der Macht des Lehrers zu ihren Gunsten handelt, zu testen, ob sie wirklich freier sind als vorher.

„Einige Kinder wollen Poster an die Wände hängen, anstelle der eigenen Produkte, wird beschlossen, und die Poster und Bravo-Bilder überschwemmen das Klassenzimmer. Große Empörung, als ich finde, die neue Europa-Karte und die neuen Zeichnungen bräuchten unbedingt mehr Platz, Blondie müsse dringend umgehängt werden...
Und ich muß wieder mal schlucken, daß die Kinder eben (zum Glück!) nicht die Prämisse im Kopf haben, alles, was in der Schule passiert, macht Lernen ein Stückchen mehr zu einem Akt der Befreiung, sondern daß sie mit hellwachem ‚Überlebensinstinkt' aus Veränderung das Moment der Befreiung herausfiltern und in Besitz nehmen..."

Anpassung

Es ist nicht möglich, die schulische Umwelt mit ihren Erwartungen einfach zu ignorieren. Sie erwartet zunächst von jedem, Lehrer wie Schüler, daß er sich ihren Normen anpaßt. Sich vom Anspruch dieser Erwartung frei zu machen, ist nicht einfach, für den Lehrer noch weniger als für den Schüler.

„Der Wolfgang und der Oliver wollen nicht arbeiten, sie suchen sich was anderes, spielen, unterhalten sich, träumen, suchen Kontakt... hauptsächlich spielen sie (geht allein nicht!). Das geht eine Woche gut, bis ich getane ‚Arbeit' sehen will, und zwar die gleiche, wie bei den anderen auch, (was vielleicht falsch ist). Dann flippen sie regelmäßig aus, verzweifeln, schimpfen auf den Scheiß-Wochenplan/auf mich/auf die Schule... und das, was sie dann arbeiten, bringt kaum was. Sie hatten nicht gemerkt, daß die ‚Freiheit', die sie die Woche über hatten, nur ‚geliehen' war mit dem Pfand, daß die vorgegebenen Arbeiten irgendwann gemacht werden müssen und mit der nicht endenwollenden Hoffnung von mir, daß sie beim Rumtoben oder Nichtstun von allein einem Lern-Interesse nachgehen, das alle Verpflichtungen in den Schatten stellt.

Sie hatten nicht gemerkt, daß die Umorganisierung der Veranstaltung Unterricht die Wirkung der ‚Schule' nicht außer Kraft setzt, nur verändert. Und nun sind sie enttäuscht. Auch ich bin enttäuscht, auch ich hatte nicht gemerkt, wie sehr ich mich doch anpasse (anpassen muß?), wie sehr die ‚Schule' hinter mir, durch mich zuschlägt — und ich bin wütend auf die Kinder, die die Schule (sprich: Anpassung) nicht internalisiert haben/nicht internalisieren wollen.

Ich passe mich an, denn: ich verlange Arbeit an sich! Ich will den Schein nach außen waren — den Schein der ‚funktionierenden' Schule im Sinne der Bürokratie: bienenfleißige Kinderlein, die mit gedämpfter Stimme das Brutverhalten der Kraniche erforschen, oder sich 7 x die englische Kassette anhören, weil sie's immer noch nicht verstanden haben. Und ich werde zum Verwalter von Schülertätigkeiten, nicht zum Helfer..."

Kompromisse

Für echtes Leben ist in der Normalschule nur wenig Raum. Wenn ein Lehrer im Rahmen dieser Schule versucht, Freinet'sche Grundsätze zu verwirklichen, stößt er deshalb auf Schwierigkeiten. Er kommt kaum umhin, Kompromisse einzugehen.

„Ich bin so sehr dahinter, daß sie Pflichtaufgaben machen — obwohl die oft zur Beschäftigungstherapie im schlechten Sinne dienen — aber mir zur Legitimation vor der Öffentlichkeit (und vor mir selber?) Mein Schulprogramm, wie ein Gitter über den Schultag gezogen, mit der Hoffnung, daß sich darunter ‚Freiheit' und ‚Individualisiertes Lernen' entwickelt. Aber es entfaltet sich Individualität — die aus der Schule rausreicht (Tanzen, Albern, Spielen, Erfahrungen austauschen...). Selten mal ein Moment, wo viele das Gleiche wollen, angestoßen durch ‚Schule', (wie neulich das Malen der Traumhäuser, oder die Klassenzeitung) und dann schiebe ich oft so viel ‚Schule' hinterher, damit die Begeisterung auch Früchte bringt. Für viele bedeutet das: Die Unlust am Lernen bleibt. Nur wenige lesen ein Buch und berichten darüber. Wenn was erledigt ist, was Pflicht heißt, will man am liebsten nix mehr damit zu tun haben. Sie lernen (noch) nicht (oder kaum) aus Interesse an einer Sache. Es reduziert sich die *Angst* in und vor der Schule, aber es bleibt der *Ärger*: der Ärger mit der Schule, der Ärger mit der eigenen Unlust, der Ärger mit dem Widerspruch zwischen Interesse und Pflicht, und Enttäuschung über verdorbenen Spaß am In-der-Schule-sein.

Kompromiß zwischen Schule und Leben, Chaos und Organisation, Schülerinteressen und Lehrplänen/Institution, Kindern und Erwachsenen, Kindern und Gesellschaft.

Wie kann ich die Ichstärke aussehen, die jeder dabei entwickelt? Wie kann ich lernen, Kompromißangebote ehrlich zu meinen, ernst zu nehmen?"

5.3. Überleben — Wie?

Der Realität Rechnung tragen

Immer wieder Probleme, Schwierigkeiten, Auseinandersetzungen... — lohnt sich die Mühe eigentlich? Oft bleibt man unbefriedigt, weil man überfordert, der Situation nicht gewachsen ist, weil die Kluft zwischen den eigenen Unterrichtszielen und der Realität sich als unüberbrückbar erweist. Kein Problem ist jemals endgültig gelöst. Erreichen kann man seine Ziele nie — man kann nur immer wieder von neuem versuchen, ihnen so nahe zu kommen, wie es innerhalb unseres Schulsystems möglich ist. Dabei sollte man nicht vergessen, daß Freinet selbst zu einem schrittweisen Vorgehen geraten hat: ,,Es handelt sich nicht darum, mit einem Schlag eine ganze Vergangenheit hinter sich zu lassen, deren Schwächen man spürt, um etwas Neues auszuprobieren, das höchstens ein paar besonders Begabte sofort beherrschen können... Versuchen wir zuerst eine Sache. Wenn das gut geht, können wir im nächsten Jahr etwas weiter gehen..."[138)] Nicht mehr auf einmal verändern wollen, als man sich selbst zutrauen kann und als in der augenblicklichen Situation möglich scheint. Freinet-Lehrer verfolgen kein utopisches Ziel, sondern tragen der Realität Rechnung!

,,Wenn wir die uns zur Verfügung stehenden Möglichkeiten konsequent ausnützen, sollte uns der Weg zu Unterricht im Sinne von Freinet nicht überfordern. Wir stellen selbst häufig viel zu hohe Ansprüche an uns. Wir müßten lernen, mit bescheideneren Erfolgen zufrieden zu sein. Wir sollten an dem Punkt mit Freinet beginnen, wo wir uns sicher fühlen und die Auswirkungen in andere Bereiche an uns herankommen lassen. Die Klasse wird Gefallen finden an jeder kleinen Freiheit und dann mehr wollen. Geben wir diese im demokratischen Entscheidungsprozeß über den Klassenrat."[139)]

Sich absichern

Auf Probleme und Schwierigkeiten trifft jeder — aber in der Optik der Freinet-Lehrer stellen sie kein grundsätzliches Hindernis dar. Sie sind vielmehr Anlaß zur Suche danach, wie man ihnen am besten begegnen kann. Austausch und Zusammenarbeit mit Gleichgesinnten sind auch hierbei wieder wesentlich. Vor einigen Jahren entwickelte eine Arbeitsgruppe des ICEM ein ausführliches Dossier zum Thema „Sicherheits-Barrieren".[140]
In diesem 120 Seiten umfassenden Dossier wurden alle Punkte, an denen es erfahrungsgemäß immer wieder zu Schwierigkeiten kommt, aufgezählt, notwendige und nützliche Informationen sowie konkrete Ratschläge und Beispiele dazu gegeben. Folgende Bereiche wurden behandelt:
Personen, mit denen der Lehrer beruflich zu tun hat; Dokumente, die auf dem Laufenden zu halten oder aufzubewahren sind; Schulische Verwaltungsfragen; Lehrerverantwortlichkeit, Unfälle; Gesundheit; Kenntnis der einzelnen Kinder und der Klasse; Organisation der Arbeit; Arbeitsvorhaben Klassenzeitung; Umgang mit Vorschriften.

Die Autoren dieser Arbeit sagen dazu:
„Es geht uns nicht darum, Auseinandersetzungen zu vermeiden, sondern das Terrain, auf dem sie stattfinden, soweit wie möglich abzustecken. Deshalb vermeiden wir es, Kritik an Details zu provozieren, geben uns aber zugleich Mühe, in den Gebieten, auf die wir besonderen Wert legen, so unangreifbar wie möglich zu sein. (Organisation der Arbeit und des Lebens in der Klasse durch die Kinder selbst usw.) Es kann keine Rede davon sein, selbst alles zu tun, was wir in verschiedenen Klassen gesehen haben. Jeder wählt, den lokalen Umständen und seiner Persönlichkeit entsprechend aus, was er tun will und entwickelt diese Dinge mit den Kinder weiter. Wo keine Entwicklung stattfindet, ist Mißerfolg unvermeidbar!

Die wichtigste ‚Sicherheits-Barriere' ist der Lehrer selbst; wenn er weiß, was er will, wenn er genau festgelegte Ziele hat und die Mittel, diese zu erreichen, klug auswählt, riskiert er wenig Mißerfolge."

Daß sie auf Schwierigkeiten treffen, wissen die Lehrer der Freinet-Bewegung. Sie verweisen auf Freinet, der selbst sagte: „Wir müssen mit dem Widerstand der pädagogischen Reaktion als einem Element der sozialen und politischen Reaktion rechnen — wir können sie weder vermeiden noch etwas daran ändern."

Anstatt diese jedoch einfach anzuprangern, wird versucht, sie auf konstruktive Weise zu bewältigen. Sich dabei so weit wie möglich gegen zu erwartende Angriffe abzusichern, gehört zu den notwendigen Überlebenstechniken.

Die Isolierung durchbrechen

Die meisten in der Freinetpädagogik engagierten Lehrer arbeiten in einem Kontext, der ihnen gleichgültig, wenn nicht gar feindlich gegenüber steht. D.h., daß sie sehr stark auf sich selbst angewiesen sind. In vielen Fällen leiden sie unter einer gewissen Isoliertheit. Der Dialog mit den Kollegen, die einen kritiklosen und in erster Linie auf die Erfüllung des Lehrplans orientierten Lehrbuchunterricht halten, bleibt oft im Ansatz stecken: diese fühlen sich selbst und ihre Sicherheiten durch unser Anderssein in Frage gestellt. Daher reagieren sie in einer Weise, die nach Möglichkeit der Diskussion ausweicht. Solches Verhalten erlaubt ihnen, ihre Sicherheit zu bewahren und in der Überzeugung zu leben, ihre Aufgabe als Lehrer gewissenhaft zu erfüllen, ohne sich selbst je in Frage zu stellen. Das Argument ,,Es ist ja immer so gemacht worden, warum sollte es auf einmal nicht mehr gut sein?" ist nur für den anfechtbar, der zur Infragestellung bereit ist und die Möglichkeit akzeptiert, daß etwas nicht unbedingt positiv sein muß, nur weil es Tradition ist.

Dieser Mangel an echten Austauschmöglichkeiten, der umso schwerer zu ertragen ist, wenn man sich selbst in Frage zu stellen gewohnt ist, wird zu einer Ursache des Engagements in Arbeitsgruppen mit ,,Gleichgesinnten". Dies erklärt vielleicht, warum die an sich durch ihre Praxis häufig schon überbelasteten Lehrer sich sehr oft in Arbeitskreisen der Freinet-Bewegung engagieren, und warum sich zum anderen in diesen Arbeitskreisen viel freundschaftliche Beziehungen entwickeln: Es ist einfach wichtig, die eigene Infragestellung anerkannt zu wissen und eine Möglichkeit zu haben, die in der Praxis aufgeworfenen Fragen durchdiskutieren zu können.

Man sollte aber auch versuchen, die Isolierung innerhalb des Kollegiums zu überwinden. Ein Engagement zu mehreren (Projekt z.B.) kann einen Dialog möglich werden lassen und zur Schaffung besserer Arbeitsbedingungen für die Kinder führen.

Teil C:
Freinet-Pädagogik in Deutschland?

Viele der bisher angeführten Beispiele und Berichte stammen aus französischen Schulklassen. Wie sieht es mit der Möglichkeit aus, einen an Freinet orientierten Unterricht in deutschen Schulen zu realisieren? Um festzustellen, ob die Situation eines Lehrers in Deutschland sich wesentlich von der eines französischen Lehrers unterscheidet, soll hier auf einige Unterschiede zwischen beiden Schulsystemen eingegangen, vor allem aber deutschen Freinet-Lehrern selbst das Wort erteilt werden.

1. Die deutsche Schulsituation im Vergleich zur französischen Schulsituation

Das französische Schulsystem

Das französische Bildungswesen ist stark zentralisiert: Schulzeitdauer, Lehrpläne, Lerninhalte usw. werden zentral vom französischen Erziehungsministerium festgelegt. Sämtliche Schulen funktionieren als Ganztags-Schulen. Die Schulpflicht geht bis zum vollendeten 16. Lebensjahr.

Vorschulerziehung

Ab 2 — 3 Jahren können die Kinder die ,,Ecole maternelle" (Vorschule) besuchen. Es handelt sich hier um eine staatliche Einrichtung, die kostenlos ist und allen Kindern offen steht. Sie kommt in ihrer Zielsetzung dem Kindergarten in Deutschland nahe, ist aber in der Struktur der Primarschule ähnlich. Die Kinder sind in Klassenverbänden zusammengefaßt, die von jeweils einer Lehrerin betreut werden. Die Schülerzahl liegt zwischen 25 und 40 Kinder pro Klasse. Jede Klasse verfügt nur über einen Klassenraum (einen zusätzlichen größeren Spiel- und Turnsaal müssen sich mehrere Klassen teilen). Die ‚Ecole maternelle' wird von praktisch allen fünf- bis sechsjährigen Kindern besucht. Im letzten Jahr ist sie schon verhältnismäßig stark verschult (Einführung in mathematisches Denken, Lesen, Schreiben usw.) Eins der wesentlichen Ziele der Ecole maternelle ist, allen Kindern Chancengleichheit zu sichern. Angesichts der großen Schülerzahlen ist jedoch eine wirksame Förderung der Kinder aus sozial minderbemittelten Schichten kaum zu realisieren.

Primarschule

Die ,,Ecole primaire" (Primarschule) umfaßt 5 Schuljahre (Altersgruppe der Sechs- bis Elfjährigen). Die Stundenzahl für alle 5 Klassen beträgt 27 Wochenstunden, wobei die Schwerpunkte Französisch (10 Wochenstunden) und Mathematik (5 Wochenstunden) sind. In der Regel werden diese Schwerpunktfächer auf den Vormittag gelegt, während alle übrigen Fächer nachmittags unterrichtet werden. Da jedoch die Lehrer in ihren Klassen alle Fächer unterrichten, sind sie verhältnismäßig frei, den Tagesablauf ihren eigenen Vorstellungen entsprechend einzurichten. Es ist wenig üblich, daß ein Lehrer eine Klasse über mehrere Jahre behält, d.h. die Schüler haben in den meisten Fällen jedes Jahr einen anderen Lehrer.

Sekundarstufe I

Sie umfaßt 4 Schuljahre (6. bis 9. Klasse) und ist im Laufe der 60er und 70er Jahre durchgehend zu einer Gesamtschule ausgebaut worden, die alle Schüler nach der Grundschule durchlaufen: dem ,,Collège d'Enseignement Secondaire''. Auf dem Prinzip der Chancengleichheit aufbauend, erfolgt die Klassenzusammenstellung so heterogen wie möglich. Es findet kein differenzierter Unterricht statt. Für den Gleichschrittunterricht ergeben sich daraus z.T. unüberwindliche Probleme.

Die 4 Schuljahre sind aufgegliedert in eine 2-jährige Beobachtungsstufe (6. und 7. Klasse) und einen ebenfalls 2-jährige Orientierungsstufe (8. und 9. Klasse). In der Beobachtungsstufe wurden seit 1978 in den Hauptfächern (Französisch, Mathematik, Fremdsprache) Förderstunden für die schwachen Schüler eingerichtet. In der Realität erwiesen sich diese Förderstunden jedoch als problematisch: Die Lehrpläne blieben unverändert, aber 1 Stunde des Wochenkontingentes wurde zur Förderstunde (für maximal ein Drittel der Schüler) umfunktioniert. Außerdem sollen die übrigen zwei Drittel der Schüler in derselben Zeit stärker zu autonomer Arbeit und einer Vertiefung der Unterrichtsinhalte angehalten werden. Die Lehrer sind durch diese verschiedenen Ansprüche vielfach überfordert.

Die Schüler können nach der Beobachtungsstufe vom Collège auf eine berufsbildende Schule überwechseln. Diese Möglichkeit wird von durchschnittlich einem Viertel der Schüler wahrgenommen (meistens handelt es sich um schwächere Schüler).

In der Orientierungsstufe kommen zu den Pflichtfächern noch 1 bis 3 Wahlfächer. Die schulischen Anforderungen steigen, da möglichst alle im Gymnasium geforderten Lehrplaninhalte durchgearbeitet werden sollen.

Sekundarstufe II

Nach abgeschlossenem 9. Schuljahr besteht die Möglichkeit, eine Oberschule (,,Lycée'') zu besuchen, die nach 3 Jahren mit dem Abitur (Baccalauréat) abschließt (allgemeines studienbezogenes Abitur mit Wahlschwerpunkten, oder technisches Abitur mit einer gleichzeitigen abgeschlossenen Berufsausbildung). Ca. zwei Drittel der Schüler absolvieren jedoch eine gleichzeitig schulische und berufliche Ausbildung in einem ,,Lycée d'Enseignement Professionnel'' (berufsbildende Vollzeitschule). Die Ausbildung in einer Lehre mit nebenherlaufender Berufsschule ist vehältnismäßig selten.

Versuch eines Vergleichs

Ein wesentlicher Unterschied gegenüber dem zentralistischen französischen Bildungssystem liegt in der Vielfalt des föderalistischen Systems der Bundesrepublik: je nach Bundesland stark unterschiedliche Schulformen, Lehrpläne, Toleranzspielräume.

Auf den ersten Blick scheint es, daß die Lehrpläne in der Bundesrepublik enger gehalten sind als in Frankreich. Dies trifft jedoch nicht für alle Bundesländer zu. Während die in einigen Bundesländern inhaltlich sehr engen Lehrpläne eine Arbeit nach Freinet fast ausschließen, können sich Freinet-Lehrer in anderen Bundesländern geradezu auf ihre sehr offenen Lehrpläne berufen. ,,Für die Arbeit in der Klasse bieten die Richtlinien und Lehrpläne des Landes Nordrhein-Westfalen Möglichkeiten, um auch nicht alltägliche Unterrichtskonzepte zu verwirklichen. In einzelnen Bereichen werden solche Konzepte sogar ausdrücklich gefordert", sagt Klaus Hoff dazu.[141]

Viele Lehrer setzen irrtümlicherweise den Begriff Lehrplan mit dem inhaltlichen Pensum von Schulbüchern gleich. Zum anderen werden über der inhaltlichen Stoffmenge der Lehrpläne leicht die Richtlinien vergessen. ,,Zur Argumentation und zur Sicherheit des Lehrers ist wichtig: daß die Richtlinien ausdrücklich die stoffliche Überfrachtung ablehnen und eine kind- und erfahrungsbezogene Pädagogik vorschreiben", heißt es in diesem Zusammenhang in einer Diskussion von Lehrern über Richtlinien der Lehrpläne für die Grundschule in Nordrhein-Westfalen[142].

Außerdem sind gerade in Bezug auf Lehrpläne und Richtlinien bedeutende Veränderungen zu erwarten. Der 1981 auf dem Deutschen Juristentag erarbeitete ,,Musterentwurf für ein Landesschulgesetz"[143] sieht Lehrpläne in einer Sicht, die der der Freinet-Pädagogik nahe kommt: ,,In Erfüllung des Bildungsauftrages der Schule und der Aufgabe des Unterrichts bestimmen die Lehrpläne:
1. Die wesentlichen Ziele der Unterrichtsfächer,
2. Unterrichtsinhalte, die in Form von Auswahlkatalogen festgelegt werden.

Die Unterrichtsinhalte dürfen nur in dem Maße bestimmt werden, wie es erforderlich ist, um die wesentlichen Ziele der Unterrichtsfächer zu erreichen"

Und als Aufgaben des Unterrichts für Primar- und Sekundarstufe I nennt der Entwurf

,,1. Sicherheit im mündlichen und schriftlichen Ausdruck, im Lesen und in der Rechtschreibung;
2. Sicherheit in grundlegenden mathematischen Operationen;
3. Erfahrungen mit Literatur und Musik;

4. Erfahrungen im Umgang mit Material und Werkzeugen sowie Kenntnisse von Verfahren;
5. sportliche Fähigkeiten und Freude an sportlicher Betätigung;
6. Grundkenntnisse in mindestens einer Fremdsprache;
7. naturwissenschaftliche Grundkenntnisse unter Einbeziehung der Ökologie;
8. Grundkenntnisse der Geschichte und Geographie;
9. Grundkenntnisse von Einrichtungen und Vorgängen im Gemeinwesen.
10. Grundkenntnisse der Arbeits- und Wirtschaftswelt."

Außer in den beiden ersten Schuljahren sind überall zu benotende Klassenarbeiten vorgeschrieben. Aber auch der Zensierungsdruck des französischen Lehrers ist sehr groß: Ausnahmen sind weniger verbrieftes Recht als tolerierte Praxis.

Die französische Ganztagsschule hat allerdings die Möglichkeit, dem freien Ausdruck der Schüler mehr Raum zu gewähren.

Die Tatsache, daß in Frankreich ein Lehrer der Primarstufe im Prinzip alle Fächer in ein- und derselben Klasse unterrichtet, läßt den Schülern mehr Spielraum in der Freiheit, ihre Arbeiten selbst auszusuchen und einzuteilen.

Andererseits betonen deutsche Lehrer, die einen Eindruck ins französische Schulwesen gewinnen konnten, immer wieder, daß ihnen dieses insgesamt stärker reglementiert, formaler und mehr auf Frontal- und Lernunterricht ausgerichtet scheint. Selbst Freinet-Lehrer machen auf ihre deutschen Kollegen einen „autoritären" Eindruck; die französischen Schüler werden als disziplinierter beurteilt. In der deutschen Schule scheint in dieser Hinsicht immer noch der Einfluß der Reform-Pädagogik spürbar zu sein.

Unterschiede zwischen dem französischen und dem deutschen Schulsystem sind also zweifellos vorhanden. Bewirken aber diese Unterschiede eine grundsätzlich andere Ausgangssituation für den Lehrer? Wenn man betrachtet, was einzelne deutsche Lehrer im Unterricht machen — ob sie sich auf Freinet berufen[144)] oder nicht[145)] , — scheint dies nicht der Fall zu sein. Deutsche Freinet-Lehrer sagen: „Es ist bei uns nicht viel anders als in Frankreich, mit dem Unterschied, daß wir keine fertigen Arbeitsmaterialien haben, uns aus Kostengründen meist Setzkästen und -pressen selbst basteln, noch fast keine Karteien haben usw. Dies ist sicher ein großes Handicap, erschwert die Arbeit enorm, ist aber nicht das Kernproblem. Uns fehlt noch viel mehr die Sicherheit der französischen Alt-Freinetiker im Umgang mit der Lehrerrolle, und viele von uns wissen gar nicht, ob sie die eigentlich wollen. Hier scheint der eigentliche Unterschied zu liegen."[146] „Die Geburtsstunde einer Reformbewegung, wie sie die ‚Ecole Moderne' darstellt, hat bei uns noch lange nicht geschlagen".[147] Die französische Freinet-Bewegung hat eine jahrzehntelange Tradition, mehrere Generationen arbeiten hier miteinander an ein- und derselben Sache. Die Sicherheit, die aus einer solchen Tradition erwächst, fehlt im deutschen Raum, wo die Freinet-Pädagogik hauptsächlich in „alternativen" Kreisen, vor allem bei jüngeren Leuten, populär geworden ist. Gerade aber diese Lehrer haben oft zwiespältige Empfindungen ihrer Lehrerrolle gegenüber. „Die Lehrerrolle zu übernehmen — das ist für mich, der ich aus der 68er Generation der antiautoritären Bewegung komme, verdammt schwer, und ob ichs schaffe, weiß ich noch nicht. Auch nach 5 Jahren Schule (oder gerade) stellt sich für mich die Frage, ob ich Schule durchstehe, ob das der richtige Platz für mich ist", sagt einer von ihnen[148]. Sie stellen die Umgangsformen der Schule insgesamt — und damit auch ihr eigenes Verhalten — stärker in Frage als „traditionelle" und „traditions-linke" Lehrer.

Folgender Auszug aus einer Diskussionsrunde von deutschen Freinet-Lehrern kann dies illustrieren:

Elise: Vor allem habe ich Angst, den Überblick zu verlieren und damit auch die Kinder durch zu chaotisches Arbeiten zu keiner stabilen Arbeitshaltung zu erziehen. Wie erreiche ich die Geduld, allen, die kommen, zuzuhören und Hilfen zu geben? Ich müßte selbst mehr darauf achten, daß das Helferprinzip durchgehalten wird...

Jenny: Ich habe den Eindruck, daß die Zeiten, die man selbst als Lehrer für „richtigen Unterricht" hält, von den Kindern auch so angesehen werden. Der Rest ist dann „freie Zeit", „Spielstunde", eventuell auch eine Art Belohnung für die vorangegangenen Anstrengungen. Die Arbeitshaltung ist daher völlig anders und einige fangen an, Unsinn zu machen, die Stunden als Ventile für den vorherigen Leistungsdruck anzusehen. Deswegen bin ich dazu gekommen, auf den „richtigen Unterricht" wieder ganz zu verzichten. Nicht einmal ein Pflichtpensum im Wochenplan möchte ich fordern, denn all diese Regelungen führen von dem Ziel, daß Kinder ihre Arbeit selbst in die Hand nehmen, weg und machen einzig und allein den Lehrer für das Lernen der Kinder verantwortlich...
Aber andererseits bekomme ich auch oft Angst, ob sie denn auch wirklich genug lernen, wenn sie selbständig darüber entscheiden. Ich habe, um mit meiner eigenen Unsicherheit fertig zu werden, Wochenpläne eingeführt... Und trotz allem schleicht sich eine alte Unsicherheit von Zeit zu Zeit wieder ein: „Ist es nicht doch besser, wenn man mit allen Schülern das gleiche macht? So arbeitet wie die meisten Lehrer? Wäre es nicht besser, wenn die Klasse möglichst homogen wäre? Wenn der und der nicht drin wäre...?"

Ob sie denn auch wirklich genug lernen, wenn sie selbständig darüber entscheiden?

Rolf: Der Lehrer, der den Kindern was beibringen, was vormachen, sich selbst für unentbehrlich halten soll. Das erleben wir ja oft, daß wir durch die Gegenüberstellung von dem, was wir selbst in unserer eigenen Schulzeit erlebt haben mit dem, was wir heute machen wollen, in einen inneren Zwiespalt kommen. Dieses traditionelle Bild — der Lehrer steht vorn, alle müssen still sein, wenn er guckt — wird durch eine in Ansätzen andere Ausbildung (beispielsweise zum Gruppenunterricht) nicht ausgetrieben. Es bleibt bei einer Vermittlung von Techniken, die das Selbstwertgefühl als Lehrer nicht verändert.

Als die Kinder neulich mal eine Diskussion über einen Pausenkonflikt selbständig zu Ende führen wollten, stimmten sie darüber ab, ob ich mich auch zu Wort melden sollte. Die Mehrzahl der Kinder war der Meinung, ich sollte still sein. Ich bekam etwas Bauchweh, weil ich gefühlsmäßig noch nicht über meine traditionelle Lehrerrolle rauskam.

Angela: Und man meint oft, daß es die Aufgabe des Lehrers ist, neue Impulse zu geben, und eine Angst schleicht sich ein, daß es nicht weitergeht. Vereinzelt kommt es vor, daß ein Kind trotz aktiver Arbeit keine feststellbaren Fortschritte macht. Solch eine Feststellung ist für mich oft mit Angst verbunden, daß es so bleiben könnte. Obwohl es bisher nie so war, und das Kind meist dann plötzlich einen Riesenschritt vorwärts gemacht hat. Trotz dieser Erfahrung schaffe ich es noch nicht, so ein „Stehenbleiben" ganz locker zu nehmen.

Jenny: Ich kann mich doch auch trotzdem einmischen — ich fühle mich jetzt nicht zu völliger Zurückhaltung verpflichtet. In dem Moment, wo die Kinder keine Sanktionen mehr von mir fürchten müssen, wenn sie nicht arbeiten, kann ich nämlich zum Berater werden. Und je nach der besonderen Beziehung zum einzelnen Kind, kann ich sehr offen oder vorsichtiger über ihre Leistungen, ihre Arbeit, ihre Schwierigkeiten mit ihnen sprechen.[149]

Diese tiefgreifende und aufrichtige Infragestellung, die in den deutschen Freinet-Gruppen immer wieder zum Ausdruck kommt, steht natürlicherweise im Gegensatz zu der Sicherheit älterer französischer Freinet-Lehrer (die aber auch für die jüngeren Anhänger der französischen Bewegung nicht unbedingt typisch ist!)

2. Was realisierbar ist

Unterschiede also nicht nur im Schulsystem, sondern auch im Bewußtsein der Lehrer. Eine Unterrichtspraxis, die den weiter oben dargestellten Beispielen entspricht, ist jedoch grundsätzlich möglich.

Konflikte aushalten

Selbstverantwortung der Schüler, kooperative Klassenorganisation, Korrespondenz, freien Ausdruck, Erkundungen usw. — alle diese Freinet-Techniken kann man als Methode anwenden. Jedenfalls solange sie die Schule in ihrem Wesen nicht verändern. Der Lehrer gerät jedoch immer wieder in Konfliktsituationen — nämlich dort, wo das System ,,Schule`` als solches in Frage gestellt wird.

,,Natürlich kann ich drucken..., wenn das schön diszipliniert verläuft, eine brave Klassenzeitung rauskommt, usw. Aber dazu hatten meine Großen gar keine Lust, es sei denn, es wäre an Stelle von Vokabeln lernen in Englisch getreten. Aber stell dir vor, was laufen würde, wenn die Schüler das Drucken als ein Mittel für sich entdecken würden, z.B. die Schule mit Zetteln zu dekorieren ‚Lehrer Maier ist ein Schläger'?
Natürlich kann ich die kooperative Klassenorganisation verwirklichen, und nahezu ein Jahr liefen die Klassenräte in meiner Klasse sehr schön. Aber wenn die Schüler den Klassenrat zu ihrem Organ für den Kampf gegen die Schule — also hauptsächlich gegen den Lehrer — machen, bricht das zusammen...
Die ganze Problematik läßt sich an der Selbstverantwortung der Schüler verdeutlichen. Was sicher — natürlich nach behutsamer Hinführung und einer Menge Lernarbeit — möglich ist, ist die tendenzielle Selbstorganisation des Unterrichts durch die Schüler. Dies ist zwar bei mir nach einem

Jahr gescheitert, aber an Gründen, die in meiner Person liegen. Selbstorganisation heißt aber — wenn sie funktioniert —: es wird gearbeitet, und zwar hauptsächlich das, was der Lehrer (genauer die Institution, die das vom Lehrer erwartet) bestimmt.
Selbstverantwortung, die Arbeitsverweigerung ja begrifflich mit einschließt, ist m.E. nicht möglich. Vorstellungen, durch Veröffentlichung von Lehrplänen, Prüfungsaufgaben usw. mit den Schülern gemeinsam die Notwendigkeit bestimmter Arbeiten zu erarbeiten, war zumindest bei mir nicht möglich. Kraß formuliert: für den größten Teil der Schüler mußte ich die Verantwortung allein tragen, d.h. sie durch Zwang soweit bringen, daß sie den Hauptschulabschluß schafften. Das war vor allem dadurch bedingt, daß unsere Schüler bis zu ihrem 14. Lebensjahr nahezu keine Möglichkeit hatten, Selbstverantwortung zu lernen, weder in der Schule noch in der Familie. Um nicht falsch verstanden zu werden: Dies heißt jedoch nicht, daß die Freinet-Techniken nicht sinnvoll wären. Sie sind vielmehr kleine Schritte, um die Schule ein wenig menschlicher zu gestalten, kleine Freiräume zu schaffen, Möglichkeiten von Mitbestimmung, Solidarität, und Verantwortung... Es ist aber unerläßlich, die Grenzen zu sehen um nicht zu scheitern an überhöhten Ansprüchen, um sich klarzuwerden, daß die Lehrerrolle übernommen werden muß."[150]

Die Schule zu verändern, sie menschlicher zu machen, ist durchaus möglich; es beinhaltet jedoch zugleich das permanente Durchstehen von Konfliktsituationen. Wieweit einem das gelingt, hängt von den jeweiligen Gegebenheiten ab. (In der Sekundarstufe wird man z.B. in den meisten Fällen auf mehr Schwierigkeiten stoßen als in der Grundschule.) Wenn man bereit ist, in schwierigen Situationen nach neuen Möglichkeiten zu suchen, ist aber in jedem Fall vieles realisierbar. Folgender Bericht kann das einmal mehr illustrieren.

Bericht: Meine Arbeit nach Freinet

Was mich zur Arbeit nach Freinet bewogen hat...
Angeregt durch die Petersen-Pädagogik, aber auch durch Montessori-Pädagogik habe ich mich schon immer für *selbständiges Arbeiten* der Kinder im Unterricht eingesetzt. Ich glaube jedoch, daß die Freinet Pädagogik sich dafür noch besser eignet, weil ich sie an jeder Schule und in jeder Klasse durchführen kann. Mit einfachen Mitteln fördert Freinet die Selbständigkeit der Kinder. Das Montessori-Material ist mir zum Teil zu starr und zu unflexibel.

Auf welche Hindernisse ich gestoßen bin...
Von den Eltern höre ich oft: ,,Was ist denn mit dem *Gymnasium*?" Lernen unsere Kinder auch genug? Ich habe viel mit ihnen darüber diskutiert. Wir haben gemeinsame Ausflüge gemacht, Feste gefeiert, zusammen gegrillt und immer wieder über Erziehungsfragen gesprochen. Viele sind inzwischen angetan von dieser Art zu lernen.

Die Zusammenarbeit mit anderen Lehrern war am Anfang sehr gering. In letzter Zeit hat sich einiges zum Positiven hin verändert. Es gibt schon *Lehrer*, die ihre Pläne und ihre Vorhaben untereinander austauschen. Oder andere, die über ihre Probleme im Unterricht miteinander reden, zum Beispiel über Schwierigkeiten, die sie mit Schülern haben.

Mit welchen Techniken ich arbeite...
Vor drei Jahren habe ich mit der *Freiarbeit* im zweiten Schuljahr angefangen. Das ging gleich sehr gut, weil die Kinder zum größten Teil in Montessori-Kindergärten gewesen waren. Deshalb waren sie an selbständiges Arbeiten gewöhnt. Sie hatten allerdings ihre Schwierigkeiten mit der Gruppenarbeit. Aber das haben sie dann auch relativ schnell gelernt.

Dagegen habe ich jetzt ein erstes Schuljahr mit sehr schwierigen Kindern, die selbständiges Arbeiten erst noch lernen müssen. Sie können sich nur schwer konzentrieren, und deshalb ist es wichtig, sie ständig zu *ermutigen*. Das ist nicht immer einfach.

Wenn wir ein Diktat schreiben, und einige kommen nicht mit, diktiere ich diesen Kindern den Text später noch einmal alleine. Vor allem langsamer, so daß alle mitkommen. Dann haben auch diese Kinder ihr *Erfolgserlebnis*.

Schon im ersten Schuljahr halte ich es für wichtig, den freien Ausdruck zu fördern. Die Kinder erfinden *Geschichten* und erzählen Erlebnisse, die sie auch selber illustrieren.

Ich schreibe die Texte auf, weil die meisten Kinder dazu noch nicht in der Lage sind. Anschließend vervielfältigen wir die Texte — aber nicht in der Klasse, sondern im Lehrerzimmer, denn eine andere Möglichkeit gibt es im Moment nicht. Einige Kinder helfen mir dabei.

Die Texte werden dann zusammengefaltet, so daß jedes Kind den Text jedes anderen hat. Das ist praktisch unser *Lesebuch*. Viele Kinder verschönern es noch mit einem Deckblatt, mit Bildern aus der Zeitung oder mit selbstgemalten, je nachdem. Die selbst geschriebenen Texte machen den Kindern viel mehr Spaß beim Lesenlernen als die Texte aus den Schulbüchern.

Wir haben zwar einen *Setzkasten*, aber damit umzugehen, ist aus meiner Erfahrung für Erstkläßler noch zu schwierig. Es geht zu langsam und zu mühsam. Wenn überhaupt, setzen und drucken wir nur kurze Texte. Das macht den Kinder viel Spaß.

Im ersten Schuljahr arbeite ich oft mit dem Material der „Pädagogik-Kooperative", vor allem mit der *Schreibkartei*.

Im zweiten Schuljahr möchte ich häufiger die Druckerei einsetzen und mit anderen Klassen in Darmstadt bzw. Oldenburg *korrespondieren*.

Frontalunterricht mache ich nur, wenn neue Probleme zu besprechen sind. In Mathematik zum Beispiel oder in Grammatik. Im Sachunterricht lasse ich die Kinder nach Möglichkeit völlig selbständig arbeiten. Das klappt am

besten im dritten und vierten Schuljahr. Da haben sich die Kinder mit großer Begeisterung zum Beispiel an das *Thema „Köln"* gemacht. Das hatten sie vorher selbst ausgewählt.
Sie haben sich freiwillig in *Gruppen* aufgeteilt und selber festgelegt, was sie interessierte: Das römische Köln, der Tourismus in Köln, die Sehenswürdigkeiten in Köln, die Industrie in Köln usw. Nachmittags sind sie freiwillig in die Innenstadt gefahren, haben sich Prospekte besorgt oder sind beispielsweise auf den Dom gestiegen.
Nicht immer lief das so reibungslos ab, wenn es um einheitliche Themen und ihre *Realisierung* ging. Als im neuen Schuljahr keine Einigung gelingen wollte, habe ich vorgeschlagen: Jede Gruppe kann ein anderes Thema behandeln, wenn sie anschließend vor der Klasse darüber berichtet. Damit waren die Kinder einverstanden.
Schwierig wurde es am Anfang der Themenarbeit immer dann, wenn alle Gruppen gleichzeitig nach Material verlangten. Das gab sich mit der Zeit. Nach und nach beschaffen sich die Kinder das Material selber, zum Beispiel in Büchereien, im Lehrmittelraum, bei Bekannten usw. Je nach Thema beschaffen sich die Kinder ihre Informationen während des Unterrichts *außerhalb der Schule*, zum Beispiel in der Apotheke oder im Blumenladen.
Sie haben anschließend *Berichte* darüber geschrieben, *Ausstellungen* organisiert und andere Klassen dazu eingeladen. Eine Gruppe hatte sogar einen Schaufelradbagger im Modell ausgestellt. Bei solchen Projekten entwickeln viele Kinder eine richtige Arbeitswut. Sie kommen früher in die Schule oder bleiben länger.
Um die Ergebnisse der freien Arbeit kontrollieren zu können, haben wir *Wochenpläne* erstellt. Darin wird angekreuzt, was jedes Kind an Stoff bewältigt hat. Auf diese Weise können die Eltern sehen, was wir gemacht haben, die Kinder wissen, auf welchem Stand sie sind, und ich weiß, ob wir unser Ziel erreicht haben.
Auch im *Klassenrat*, der wöchentlich tagt, werden die Arbeitsergebnisse der Woche besprochen. Wir diskutieren aber ebenfalls über die Konflikte, die in der Klasse entstanden sind, zum Beispiel während der Gruppenarbeit. Dabei kommt es schon mal häufiger zu Reibereien, weil sie den Kindern ungewohnt ist.

Welche Schlüsse ich aus meinen Erfahrungen ziehe...
Freinet-Pädagogik hat nichts mit „laisser-faire" zu tun. Das haben viele Lehrer mißverstanden. Kollegen, die das glaubten, mußten zwangsläufig scheitern, weil ihnen die Disziplinprobleme über den Kopf wuchsen. Man muß schon wissen, was man will, und das auch gegenüber den Kindern durchsetzen. Manche Lehrer aber haben aufgegeben, weil sie Schwierigkeiten mit ihren Schulleitern hatten. Bei aller Konsequenz: Wenn man etwas Neues ausprobiert, sollte man flexibel genug sein, auch *Kompromisse* einzugehen.
Ein dritter Aspekt ist schließlich: Freinet-Pädagogik ist auch mit *Mehrarbeit* verbunden. Darüber darf man sich keine Illusionen machen.[151]

Schüler Menschen sein lassen

„Schüler (wenigstens die, die noch in der 3. Klasse sind) haben Lust, was zu machen und haben auch Lust, was zu lernen. Schüler bei uns haben dann noch viele andere Sachen: kaputte Familien, unsichere emotionale Beziehungen, Unsicherheit und Angst... Das bringt mich manchmal zum Verzweifeln. Da will einer (eine) was und kann es nicht eingehen, weil er so total aufgewühlt ist.
Ich meine, daß dieser persönliche Bereich viel zu wenig in unser Bewußtsein gedrungen ist. Wir sehen immer nur die Organisation der Klasse, bzw. die Organisation des Schülers im Rahmen eines Wochenplanes z.B..."[152]

Schüler haben persönliche Probleme — dadurch, daß der Lehrer diese Probleme berücksichtigt, sie in ihren verschiedenen Ausdrucksformen akzeptiert, kann er den Schülern helfen, sie zu bewältigen. Häufig wird er zunächst indirekt damit konfrontiert: im störenden Verhalten des Kindes oder seinem Nichtstun. Beides scheint die Lehrer-Autorität in Frage zu stellen — und ist doch oft nur ein Zeichen hilfloser kindlicher Not.

„Ich habe die Erfahrung gemacht, daß es Kinder gibt, denen einfach das Selbstbewußtsein zum selbständigen Arbeiten fehlt. Es gibt zweitens Kinder, die besonders viel Zuwendung brauchen, aber bereits gelernt haben, diese durch Stören zu erhalten. Und drittens kenne ich Kinder, denen mangels häuslicher Anregung oder aufgrund entsprechender schulischer Vorerfahrung der Zugang zum Lernen versperrt ist.
Bei all diesen Kindern ist der Rahmen, in den die individuelle Arbeit eingebettet ist, sehr wichtig. Für sie ist es wichtig, Bestätigung zu bekommen — etwa durch besondere Aktivitäten wie kochen, aufräumen, tanzen, organisieren, einkaufen, Fahrkarten besorgen etc. Und ganz wichtig ist auch die persönliche Zuwendung des Lehrers bei den Arbeiten, die das Kind ablehnt, und eine Hilfestellung zu ersten Erfolgserlebnissen — bis zum Vorstellen gelungener Arbeiten im Morgenkreis."[153]

„In der Bereitschaft, das ‚Nichtstun‘ in der Schule zu erlauben sehe ich einen der allerwichtigsten Ausgangspunkte zu freinetischem Unterricht...
In der englischen Primarschule wird immer stärker nach dem Grundsatz gearbeitet: Im allgemeinen arbeiten Kinder dann am besten, wenn sie solche Probleme zu lösen versuchen, die sie sich selbst gestellt haben.
Wenn nun unsere Kinder schon so verbogen sind, daß sie sich keine Probleme stellen, daß ihr Forscherdrang und Wissensdurst nicht mehr zum Tragen kommen, dann müssen wir ihnen Zeit geben, um zu diesen Qualitäten zurückzufinden. Anstatt Lehrplanforderungen durchzusetzen, müssen wir dem Leistungsdruck gegenüber, der ohnehin für diese Kinder zu groß ist, als Prellbock auftreten. Das schulische Nichtstun einzelner Kinder hat seine Gründe und die liegen meistens im außerschulischen Bereich. Wir müssen das Vertrauen des Kindes gewinnen, damit es seine Probleme bei uns oder der Klasse abzuladen beginnt. Nur so können wir beitragen zur Entkrampfung der persönlichen Situation solchermaßen blockierter

Schüler. Ein Kernstück der Freinet-Pädagogik ist der freie Ausdruck. Das Kind kann sich nur frei ausdrücken, wenn es seelisch frei ist. Zu dieser Freiheit tragen wir bei, wenn wir ‚Zeit vergeuden' lernen, indem wir das ‚Nichtstun' akzeptieren als Ausdruck innerer Gestimmtheit des Kindes."[154]

3. Was deutsche Freinet-Lehrer wollen

Zielsetzungen

Prinzipiell sind die Zielsetzungen der deutschen Freinet-Lehrer nicht anders als die ihrer französischen Kollegen (vgl. S. 28 ff). Lassen wir einige von ihnen zu Wort kommen:
,,Die Zielsetzung der Freinet-Pädagogik, wie ich sie verstehe, steht fundamental im Gegensatz zu den impliziten Zielen des normalen Unterrichts. Freinet-Pädagogik zielt für mich auf einen offenen und ehrlichen Kontakt, Authentizität des Ausdrucks und der Beziehungen und eine Einheit von Kopf und Körper — wohingegen die Werte des traditionellen Unterrichtssystems viel äußerlicher sind, weniger an dem interessiert, was aus den Personen *wird*, als an dem, was sie zeigen, leisten, bringen. Also, Freinet-Pädagogik: die Schüler sollen sich zum Ausdruck bringen. Traditionelle Schule: die Schüler sollen das und nur das zum Ausdruck bringen, was in die Werte und Muster der Schule paßt. Daß hinter dem allen ein ganzes Menschen- und Gesellschaftsbild liegt, ist klar..."[155]
,,Ich verfolge das Ziel, die Schüler zu Konfliktfähigkeit zu erziehen. Das soll heißen: eigene Interessen erkennen, Strategien lernen, sie durchzusetzen, auch Kompromisse schließen, solidarisch handeln können, Kritik üben und damit umgehen usw. Dazu ist der Klassenrat, die Klassengemeinschaft ein wichtiges Instrument. Natürlich steht diese Zielsetzung im Gegensatz zu üblichen Unterrichtsverfahren, ja zur gesamten Schule, die auf Konkurrenz aufbaut, Schülerinteressen höchstens als methodischen Motivationstrick für ihre Unterrichtsinhalte zuläßt und dafür sorgt, daß grundlegende Interessen der Schüler eben nicht durchgesetzt werden können."[156]
,,Ich möchte es den Kindern möglich machen, viel an Sachen arbeiten zu können, die sie wichtig finden. Beim freien Text ist das ganz deutlich: Ein Kind, das sonst unheimlich lange an einer Schreibaufgabe sitzt, hat einen freien Text in zehn Minuten fertig."[157]
,,Selbständige Entscheidung und Verantwortung der Schüler für eine Arbeit; damit zusammenhängend kreative Gestaltung eines Themen-/Arbeitskomplexes...; Erlernen unterschiedlicher, individuell abgestimmter, aber sozial vermittelter (kooperativer) Arbeitstechniken."[158]
Immer wieder wird die Unterschiedlichkeit zur Zielsetzung der Regelschu-

le hervorgehoben, und der Widerspruch, in den der Lehrer dadurch gerät: ,,Ich komme als Vertreter der Schule natürlich in den Widerspruch, selbst im Gegensatz zu meinen Zielsetzungen handeln zu müssen, Widerstand von Schülern gegen Schule, Leistung usw. brechen zu müssen. Dieser Widerspruch stellt sich überall dort ein, wo soziale Lernziele auf den Leistungsapparat Schule treffen, dessen wichtigstes Lernziel Gehorsam ist."[159]

Offenheit gegenüber anderen Ansätzen

Angesichts dieser widersprüchlichen Situation ist es wichtig, einen Akzent auf Zusammenarbeit, Unterstützung und gegenseitigen Rückhalt zu legen, nicht nur innerhalb der Freinet-Bewegung, sondern auch, soweit dies möglich ist, nach außen hin. ,,Unsere pädagogischen Zielvorstellungen decken sich in vielen Punkten mit den von Gegenschulen und von vielen engagierten Lehrerinnen und Lehrern außerhalb, ,am Rande' oder innerhalb des Regelschulwesens verfolgten Zielsetzungen... Wir bekunden... unseren Willen, keinen Trennungsstrich zu denjenigen zu ziehen, die die Veränderung der Schule unter ähnlichen Zielsetzungen betreiben, ohne sich dabei auf Célestin Freinet und die Bewegung der ,Ecole Moderne' zu berufen. Wir sind im Gegenteil daran interessiert, mit allen gleich- oder ähnlich gesinnten Lehrer(inne)n und Erzieher(inne)n in Zukunft bei geeigneten Projekten und Initiativen zusammenzuarbeiten."[160]

So wurden z.B. im Rahmen eines Arbeitstreffens für Sekundarstufenlehrer, das im November 1981 in Bergisch-Gladbach stattfand, Schulbesuche in zwei Kölner Montessori-Schulen und in der Gesamtschule Köln-Holweide durchgeführt. Man war offen für diese Anregungen von außen. Gleichzeitig fanden jedoch Diskussionen statt, deren Ziel es war, die Eigenheiten der Freinet-Pädagogik gegenüber diesen Modellen herauszuarbeiten.

Folgender Auszug aus einem Gespräch einer Gruppe von Freinet-Lehrern illustriert dieses Bemühen, offen zu sein, ohne Unterschiede zu verwischen:

Angela: Für mich ist Freinet-Pädagogik sehr viel weiter gefaßt, als es Leute, die nicht soviel damit zu tun haben, erstmal darunter verstehen. Und deshalb will ich unsere Arbeit nicht mehr als Freinet-Pädagogik bezeichnen. Erstens, weil ich in meiner Klasse nicht das mache, was ich selber darunter verstehe und auch immer offen für andere Sachen bleiben will. Der Unterricht richtet sich immer nach der Klasse und der Situation der Kinder.

Rolf: Ich finde es schon richtig, daß man sich erstmal an einer Person orientiert, die das erstmals gemacht hat. Für mich ist aber Freinet-Pädagogik mehr ein Arbeitstitel und kein festes Programm. Uns ist

neben der Bezeichnung Pädagogik-Kooperative nichts anderes eingefallen...
Wir machen uns selbst und auch den anderen etwas vor, wenn wir in unserem Hinterkopf zwar Freinet haben, aber den Namen nicht nennen. Wir orientieren uns erstmal an dem, was Freinet entwickelt hat. Bestimmte Elemente von ihm und auch von anderen Richtungen übernehmen wir für unseren Unterricht, deshalb halte ich es für wichtig, daß wir klarmachen, daß die Freinet-Pädagogik keine Scheuklappen-Pädagogik ist, die nicht nach rechts und links, sondern nur auf ihren eigenen Nabel sieht, sondern daß wir offen nach allen Seiten sind.

Jenny: Für mich ist Freinet-Pädagogik mehr ein Ausdruck dafür, daß Leute in der Lehrerbewegung aktiv sind.

Friedegund: Erst allmählich sehe ich Unterschiede zwischen dem institutionalisierten offenen Unterricht in England und der Freinet-Arbeit hier in Deutschland. Der Freinet-Unterricht geht mehr nach draußen, bezieht die Arbeitswelt ein, meint, Tun als sinnvolles Tun in den Vordergrund stellen zu müssen. Er leitet hin zu Funktionalem, z.B. bei der Arbeit in der Druckerei keine Geschichten zu den Buchstaben zu erfinden, sondern den Buchstaben funktional zu sehen, eben daß man damit schreiben kann.

Jenny: Dann sehe ich noch einen wesentlichen Unterschied zwischen der Freinet-Pädagogik in Frankreich und dem offenen Unterricht in England. Während bei den Franzosen mehr gesellschaftliche Bezüge, Gruppenprobleme und auch so Psychosachen behandelt werden, sehe ich bei den Engländern mehr einen individualisierten Unterricht.

Klaus: So ist der Bereich des Freien Ausdrucks im offenen Unterricht überhaupt nicht zu finden. Freier Ausdruck ist für mich ein eigener Ansatz, den ich anbiete und in dem die Kinder den Freiraum haben, einmal selbst aus sich raus zu kommen. Das ist z.B. einer der wichtigsten Punkte unserer Arbeit, der in den Richtlinien nicht abgedeckt ist.

Friedegund: Das Material beim offenen Unterricht in England ist schon der Endzweck. Das Material wird angeboten, es ist zu bewältigen, damit hat sich seine Funktion schon erfüllt. Wenn du als Schüler mit dem Material umgehen kannst oder so rechnen kannst, wie das Material es vorgibt, dann ist es gut. Während es in Frankreich so ist, daß du damit erst zu anderen Dingen kommst, daß es eine Hilfe ist, daß du z.B. die Druckerei einsetzt, um eine Klassenzeitung zu machen.

Angela: In England ist praktisch das Material das Motivierende, das die Impulse gibt. In der Freinet-Pädagogik, wie ich sie verstehe, ist das Material Hilfsmittel, um etwas Sinnvolles zu machen, und die sinnvolle Arbeit ist das eigentliche Motivierende...[161]

4. Schwierigkeiten bewältigen

Wie überall haben Freinet-Lehrer auch in Deutschland Schwierigkeiten. Manche resignieren, verlieren den Mut. Die Frage ,,Ist in der Schule eigentlich noch der geeignete Platz für mich?" wird in ihren Kreisen häufiger gestellt als in Frankreich. Trotzdem quittieren nur wenige den Schuldienst. Die meisten setzen sich in konstruktiver Weise mit der Situation auseinander.

Schule — ein eingespieltes System

Auch hier sind die Unterschiede zur Situation in der französischen Schule nicht wesentlich. Offene Verbote und direkte Opposition sind selten (kommen aber vor). Viel stärker behindernd sind die Schranken, die das Schulsystem durch seine Organisationsformen setzt: zu große Klassen, keine geeigneten Räume, Mangel an Arbeitsmaterial, Benotung, Zwang zur Auslese, Fachlehrerprinzip usw.

Weitere Probleme ergeben sich aus der Einstellung dazu, was Schule ist oder sein soll, sowohl bei den Schülern selbst (man sieht zu, mit so wenig Aufwand wie möglich durchzukommen), als auch bei Eltern, Kollegen, Vorgesetzten (Zensuren werden hochgespielt, Mißerfolge überbewertet, positive Faktoren vernachlässigt, Initiativen gebremst usw.)

,,Die Schwierigkeiten, die ich als Person mit der Freinet-Praxis habe/hatte, sind zum großen Teil systembedingte: Leistungsdruck, vor allem in Fächern wie Deutsch, Mathematik, Englisch — in Baden-Württemberg jetzt verschärft durch die Hauptschulabschlußprüfung. Diesen Leistungsdruck muß ich als Lehrer zumindest tendenziell an die Schüler weitergeben, sonst schaffen die keinen Abschluß. Das heißt aber, Schüler dazu zu zwingen, die irrsinnigsten Inhalte zu pauken, fremdbestimmt zu lernen, kurz: den Zwangsapparat Schule aufrecht zu erhalten. Das zwingt mich zum Einsatz der ganzen Sanktionsmittel (Strafarbeiten, Nachsitzen, Elternbriefe usw.), verschärft also den Konflikt zwischen Lehrer und Schülern.
Hier liegt meines Erachtens der Kernpunkt der Schwierigkeiten. Ich bin gezwungen, den aufflammenden Widerstand der Schüler zu ersticken, und das ist natürlich besonders hart, wenn die Schüler nach 7 Jahren traditionellem Unterricht in der achten Klasse erstmals die Möglichkeit spüren, wenigstens ein wenig aus dem verhaßten Schulsystem auszubrechen.
Natürlich kommen umweltbedingte Schwierigkeiten dazu, Konflikte mit Kollegen und Rektor wegen des anderen Unterrichts, Matratzen im Klassenzimmer und Werkzeug. Natürlich kommt dazu, daß geeignete Unterrichtsmaterialien fehlen, die Klassenzimmereinrichtung ungenügend ist, das Zimmer zu klein usw. Aber dies alles würde ich erst an zweiter Stelle sehen."[162]

Strategien entwickeln

Aber wir haben es schon weiter oben gesehen: Schwierigkeiten sind dazu da, bewältigt zu werden. Freinet-Pädagogik — das bedeutet, Unterrichtstechniken einführen, die Veränderungen innerhalb der Regelschule bewirken können. „Freinet und seine Mitstreiter sind bewußt in der Staatsschule geblieben. Sie lehnen Privat-, Modell- und Alternativschulen ab. Sie haben als Ziel, daß die staatliche Regelschule für alle Schüler so verändert wird, daß sie sowohl den gesellschaftlichen Ansprüchen als auch den Interessen der Schüler gerecht wird. Das bedeutet, daß Freinet-Lehrer ihre Erziehungsziele unter den Bedingungen der ‚normalen' Staatsschule zu erreichen suchen. Das erfordert einerseits, daß diese Arbeit, dieses Konzept übertragbar sein muß. In jeder Schule, für jeden Lehrer sollen solche Veränderungen möglich sein. Andererseits aber ist die aus jahrzehntelanger Praxis erwachsene Konzeption der Freinet-Pädagogik stark auf das angewiesen, was das staatliche Schulsystem an Bedingungen setzt, was im Unterricht eingebaut werden kann, aber auch, was umgangen oder kompensiert werden muß. Freinet-Pädagogik besteht daher zu einem Teil aus Strategien, die bedingt sind durch (störende) Vorgaben des Schulsystems. So gibt es kaum Strategien oder Konzepte, die Ziele der Freinet-Pädagogik in einem Freiraum, z.B. als Versuchsschule, zu verwirklichen. Freinet-Pädagogik, das ist oft nur die Arbeit eines Lehrers in einer Klasse; oder gar nur die Anwendung einiger Freinet-Techniken, weil mehr nicht durchzusetzen ist."[163]

Mißerfolge analysieren

„Nach einer Phase mehr schlecht als recht freinetischen Unterrichtens (Arbeit nach Wochenplan, verschiedene selbstgewählte Arbeitsgruppen, schön eingerichtetes Klassenzimmer usw.) mache ich jetzt wieder herkömmlichen Unterricht (hauptsächlich Lehrergesteuertes, frontal und in Gruppen), bzw. versuche es.

Warum?
Die Widerstandsformen der Schüler gegen Schule wurden so weit ausgebaut, daß Unterricht in jeglicher Form nahezu nicht mehr möglich war. Genauer:
Eine Gruppe von Schülern versuchte Leistungsverweigerung, durch Schwänzen und/oder Nichtmachen der Wochenplanaufgaben zur Norm zu machen.
Die meisten Schülerinteressen (Heimgehen, Fußballspielen, einen Drauf machen) waren nicht mit Schule vereinbar, also nicht integrierbar, z.T. explizit gegen Schule gerichtet. Andere wieder waren so kurzlebig, z.T. weil die Frustis ansteckend wirkten, Nichtstun oder Schwätzen schlichtweg einfacher ist.

Im schulischen Sinne motivierte Schüler (egal ob jetzt Klassenzeitung machend, Korrespondenz schreibend, Plakat herstellend usw.) hätten eigentlich noch mehr freie Arbeitszeit benötigt, während die Frustis schon jetzt von Langeweile geplagt waren. Für die Langeweile-Fraktion waren (sind) keine Techniken, Themen, Arbeitsmöglichkeiten vorhanden, die nicht dezidiert schulisch-verbal und doch nicht ausdrücklich gegen die Institution selber gerichtet sind, nämlich keine Möglichkeiten zu Handarbeit, die über die Wegwerfbastelei im Zeichenunterricht hinausgeht — bis zur polytechnischen Ausbildung...
Stattdessen setzten die Schüler den Klassenrat als Antilehrer, bzw. Antischultribunal ein. Eine Gruppe führte diese Debatten dabei durchaus ernst, andere machten dagegen nur Scheiß. Diskussionsregeln wurden nur noch eingehalten, wenn ich dies mit massiven Sanktionen erzwang, ansonsten großes Geschrei. Dabei, gleichzeitig im Motzen, der Ruf nach dem starken Mann. Dieses bekannte Ausbrechen an Schwachstellen des Systems. Unbewußter Widerstand bei gleichzeitiger Internalisierung des Systembewußtseins (in der Schule muß man l rnen, büffeln, schreiben und und und und...)

Und dazwischen dann ich.
Ziemlich menschlich, d.h. auch emotional reagierend, wütend werdend, aber auch sich überzeugen lassend (echt), nachgebend und damit natürlich unheimlich schwankend, oft ausfallend, weil mich persönlich angegriffen fühlend, dann wieder mitlachend und mitmachend bei Blödsinn, und damit natürlich im Sinne normativen absoluten Rechts total ungerecht, weil gestern Erlaubtes heute verboten war, ja Normen stundenweis schwankten („aber dr Frank hot doch vill me gsteert wia i" bekam ich dann zu hören, und so war es auch richtig).

Mein Verhalten also schlichtweg *distanzlos*.
Das Ganze stellte (und stellt) sich mir dar als Chaos, das nicht entwickelbar ist zur Klärung, weil zum einen Schule das nicht zuläßt, zum andern ich das auch nicht durchstehe...
Untauglich für die Charaktermaske *strenger Lehrer*.

Schminken und Abschminken
Das Abbauen der Distanz zwischen Schülern und Lehrern überforderte meine Schüler völlig und führte tendenziell zum Abbau meiner rollenspezifischen Autorität. Die aber ist nicht verzichtbar.
Diese Distanzlosigkeit (heißt aber auch Nähe) stellt sich scheinbar auf die gleiche Stufe mit den Schülern, allerding nur scheinbar, weil ich ja etwas mit ihnen vorhabe, sie erziehen möchte und v.a. Schule repräsentiere und durchsetzen will/muß...
Abbauen von Distanz heißt, immer stärker verwundbar werden für persönliche Angriffe, Machtrituale aufgeben. Kampf gegen Schule wird von Schülern aber gegen Lehrer geführt.

Diese Angriffe, verstanden als solche auf meine Person, tun mir weh, machen mich fertig, ich rotiere. Dieses Rotieren heißt für Schüler: einen Punkt gewonnen im Kampf gegen Schule (ein altbekanntes Spiel, schon unsere Eltern erzählten vom Lehrer ärgern). Dieses Rotieren heißt für mich: emotionale Reaktionen, Wut, Schreien, situativer Rückfall eben in diese prinzipiell aufgegebenen Machtrituale, Übernahme der Rolle in ihrer schlimmsten Ausformung und damit natürlich sofort wieder das Ablegen in sich bergend. Also nicht konsequente Übernahme eine Maske, sondern ständiges Schminken und Abschminken, wodurch das Schminken seinen Sinn verliert, weil es in seiner Übertreibung schlechtes Gewissen erzeugt und durch Entschuldigungen wieder zurückgenommen wird...

Ich habe selbst zu wenig strukturiert und unterstützt
Die Schüler waren mit dem selbstständigen Arbeiten an ‚selbstgewählten' Themen meist überfordert:
Es kamen von ihnen nie so schön freinetische Eigeninteressen, sondern nur solche, die nicht in Schule integrierbar sind (Heimgehen, Fußball, ins Eiscafé gehen, nichts tun), zum andern wehrten sich meine Schüler auch massiv dagegen, wirkliche Interessen (der ganze Beziehungskram, wer geht grad mit wem, welche Disco ist in, wann gehn wir flippern) in die Schule zu integrieren, weil Schule ‚Scheiße' ist, sie sich wenigstens noch ein bißchen ‚Privatsphäre' nicht nehmen lassen wollen. Weiterdenken muß man hier sicherlich auch an dem Fehlen (d.h. Verloren-Gegangen-Sein) ‚produktiver Interessen', diesem konsumorientierten Fernsehverhalten, das auch in der Freizeit vorherrscht. *Langeweile.*
Die dann doch gewählten Themen der Schüler waren schon ihr Kompromiß an Schule, allerdings sehr stark durchdrungen vom Versuch, einfach nichts zu tun, d.h. sehr viel, nämlich: knutschen, schlagen und alles dazwischen.
Ein Teil hatte jedoch durchaus (zumindest kurzfristig) an diesem Kompromiß (Theater, Elektrobasteln, Griechenland usw.) Interesse. Allerdings zeigte sich nicht sofort Erfolg, z.B. wurden Briefe nicht beantwortet, war irgendwelches Material nicht da usw., dann gaben sie es schnell auf.
Wenn in solchen Frustrationsgefahrmomenten stärkere Unterstützung von mir kommt (nicht nur moralisch und Tips geben, sondern eben z.B. selbst Material besorgen) kann ich mir vorstellen, daß so was wie Freude oder Interesse an der Arbeit entsteht. Hier also: Mein Plädoyer für viele Strukturierungshilfen, auch Material anschleppen, vor allem in der Anfangsphase, d.h. konkret helfen...

Ich habe die organisatorischen Fäden aus der Hand gegeben und zu wenig Kontrollmöglichkeiten behalten
Die Arbeit nach dem Wochenplan hatte einige zentrale Fehler. Die Kontrollmöglichkeiten waren einfach nicht ausreichend. Die formale Kontrolle (wurden die Aufgaben gemacht?) ging gerade noch, die inhaltliche war nur ganz beschränkt möglich und vom Abschreiben will ich gar nicht anfan-

gen. Diese organisatorische Form Arbeit nach Wochenplan (die ich nach wie vor für gut und richtig halte) führte bei mir dazu, daß für viele Schüler mehr Freiraum geschaffen wurde, als die neue Organisation verarbeiten konnte, den sie mit Interessen füllten, die ich für nicht mit der Schule vereinbar und auch nicht sinnvoll halte.

Hier wird der Fehler deutlich:
Freiraum als solcher bringt nichts, er muß mit Interessen, die für mich noch in der Schule verwirklichbar sind (durchaus bis Mofabasteln und Jazztanz), ausgefüllt sein. Erst wenn diese Sachen laufen, d.h. die Gruppen funktionieren, die vorher in einer festgelegten Stunde entstanden sind, kann ich ihnen mittels Wochenplan mehr Freiraum einplanen.
Wie man allerdings die Kontrollmöglichkeiten verbessern kann, weiß ich im Moment noch nicht..."[164]
Man begnügt sich nicht damit, Schwierigkeiten und Mißerfolge festzuhalten, sondern versucht, ihre Ursachen zu ergründen. Ist dies nicht der erste Schritt auf dem Wege, sie zu überwinden?

Schwach sein können

Von Lehrern wird erwartet, daß sie sich durchsetzen, wenn notwendig mit Härte. Deutsche Freinet-Lehrer stellen ein solches Lehrerkonzept in Frage: ,,Wir müssen eingestehen, daß wir dicke Schwierigkeiten mit der Richtung von Schule haben, die sie seit Jahrzehnten nimmt, und ich bin sicher, daß Schüler diese Schwierigkeiten erkennen. Und diese Schwierigkeiten zunächst als Schwierigkeiten von Lehrern deuten werden: ,Där isch halt unfähig!' Nur: wir müssen auch erkennen, daß wir es in absehbarer Zeit kaum schaffen werden, die Schule widerspruchsfrei zu machen: gegen Jahrhunderte angewandter Pädagogik (in allen Verständnissen, die sie bisher hatte) anzugehen und zu meinen, wir schaffen eine Änderung in Jahren, wäre schon utopisch. Aber vielleicht entsteht aus den Widersprüchen eine Kraft? In uns/in den Schülern?... Ich komme einfach nicht über den Punkt, warum gerade die Lehrer, die sich auf die Seite der Schüler stellen, immer unter den Hammer gerade jener kommen: daß der herkömmliche Unterricht in geringerer Diskrepanz zu bislang erlebter Erziehungspraxis stehen mag, kann ein Erklärungsansatz sein. Daß Schwachgehaltene sich auf solche stürzen, die durch ihre Entscheidung zugleich signalisieren, daß sie ebenso schwach (oder besser: beinahe ebenso schwach) sind, ist vielleicht eine weitere Erklärung. Nur: wollen wir deshalb lieber stark sein?"...[165]

Hinter seinem Vorhaben stehen

,,Die Schwierigkeit ist, glaube ich, die, als Lehrer hinter dem zu stehen, was man macht (auch Schule überhaupt). Natürlich merken es die Schüler sofort, wenn der Lehrer selbst nicht von seinem Tun überzeugt ist. Und das hängt nicht von den Inhalten ab. Es ist ein Irrtum, zu glauben, die Schüler lehnen den Unterricht nur ab, weil der Stoff langweilig ist, oder für sie irrelevant. Kinder und Jugendliche (und nicht nur die) machen alles, wenn man sie dafür richtig begeistert und ihnen das Gefühl gibt, es ist wichtig, was sie tun. Und da kommt nämlich genau der heikle Punkt: der Lehrer muß selbst entscheiden, was er für wichtig hält. Um diese Entscheidung kommt er nicht herum. Ist es nur eine halbherzige Entscheidung, reagieren die Schüler mit Langeweile. Ich glaube, wenn man sich das mal klargemacht hat, daß man als Lehrer (zunächst mal) hinter seinem Vorhaben stehen muß, dann fällt es auch nicht mehr schwer mit der Konsequenz der Durchführung. Was durchaus nicht eine Diskussion, oder Revidierung ausschließt. Aber zunächst mal haben die Schüler etwas Festes, womit sie sich auseinandersetzen müssen und wozu sie Stellung beziehen — dafür oder dagegen, das ist eigentlich dann gleichgültig...'' Es ist also kein Zufall, wenn Freinet-Lehrer vielleicht mehr als andere das Bedürfnis verspüren, ihre Praxis immer wieder kritisch in Frage zu stellen.

Spannungen aushalten

Daß man immer wieder Mißerfolge erlebt, ist bei einer Praxis der Freinet-Pädagogik in der Normalschule fast selbstverständlich. Es wäre deshalb unrealistisch, zu glauben, daß sich Probleme und Schwierigkeiten vermeiden lassen. Es ist unumgänglich, entstehende Spannungen aushalten. Man sollte aber im Auge haben, daß aus Spannungen eine starke dynamische Kraft enstehen kann.

,,Vor einem halben Jahr strich ich das ,freie Arbeiten' aus dem Stundenplan und nahm mir vor, konventionellen Unterricht zu machen.

Ich hatte bis dahin mit meiner Klasse über 1 1/2 Jahre viel Höhen und Tiefen eines möglichst freinetischen Unterrichts durchlebt. Nun war der Nullpunkt erreicht.
Die Schüler forderten ,endlich einmal wieder ordentlichen Unterricht'. Ärgerlich und beleidigt nahm ich ihren Wunsch auf und schimpfte insgeheim und bei freinetischen Freunden über diesen ,blöden, faulen Haufen', der keine Lust mehr hätte zu arbeiten und der sich alles von mir nur vorkauen lassen wollte (sprich: didaktisch-methodisch aufbereitet). Ich tröstete mich damit, daß ,Perlen vor die Säue werfen' sich nicht lohne und daß der gewünschte traditionelle Unterricht mich nach 13 Jahren Schulpraxis weniger Nerven und Arbeitsaufwand kosten würde als die freinetischen Projekte...

Wenn ich mir das letzte halbe Jahr durch den Kopf gehen lasse, so kann ich sagen, daß ich meine Schüler in der ,alten Schule' wiedergetroffen habe, d.h., indem ich auf ihren Wunsch eingegangen bin, ,mal wieder ordentlichen Unterricht' (wie sie es nannten) zu machen.

In dieser für mich zunächst als ärgerlich empfundenen Situation (ich erzähle darüber immer nur in der abwertenden Form) begannen sich unsere Beziehungen zueinander zu entspannen. Während ich frustriert meine Stunden vorbereitete, übersah ich fast, daß die Freinet-Pädagogik schon an einigen Ecken wieder hervorwuchs... Viele kleine Ansätze aus dem Unterricht des letzten halben Jahres stimmen mich in der Rückschau wieder etwas versöhnlich und hoffnungsvoll. Ich weiß jetzt, daß ich vor einem halben Jahr nicht an der Freinet-Pädagogik gescheitert bin, sondern eher an meinem Anspruch, alles gleich ganz toll machen zu wollen. Ich habe die Schüler erschreckt und ihre Ablehnung hat in mir Ängste erzeugt. Z.B. fürchtete ich mich davor, aufgesogen zu werden von der Rolle des Lehrers, der mit ‚sanfter Gewalt' die Schüler dazu motiviert, Unterdrückung als eine Notwendigkeit des Lebens zu erfahren; in der totalen Fremdbestimmung den eigentlichen Sinn des Lebens zu sehen.

Ich hatte Angst, daß ich bei dem ständigen Kampf Schüler gegen Lehrer irgendwann einmal — ohne es zu merken — in die mir immer wieder angebotene Rolle des ‚beschissenen Lehrers' einsteige, weil ich mich getroffen fühle von den laufenden Angriffen und nicht mehr unterscheiden kann, ob ich als Person oder als Vertreter der derzeitigen Institution Schule gemeint bin.

Ich vertraue jetzt darauf, daß das nicht so leicht zu bewerkstelligen ist. Ich kann nicht auf der einen Seite Freinet-Pädagogik für sinnvoll und richtig halten und in meinem Unterricht genau entgegengesetzt handeln... Wer die Freinet-Pädagogik für richtig hält, kann und muß wahrscheinlich — mehr als ihm lieb ist —, seine Ansprüche innerhalb der jeweiligen Gegebenheiten immer wieder herunterschrauben, aber überzeugte Freinetiker werden auch immer wieder um jeden möglichen Freiraum kämpfen, weil es ihnen sonst unerträglich ist. Diese Spannung auszuhalten, ist nicht ganz einfach, vielleicht wird es auch mir einmal zuviel. Dann würde ich auch nur noch die Möglichkeit sehen, mich aus dem Schulbetrieb zurückzuziehen. Aber noch schöpfe ich Kraft und Optimismus aus allen — wenn auch manchmal kleinen — Anfängen, Möglichkeiten und Erfolgen..."[166]

5. Zusammen kommt man weiter

Wie bereits erwähnt, ist es leichter, mit Schwierigkeiten fertigzuwerden, wenn man nicht allein ist. So haben sich auch die deutschen Anhänger Freinets zu kooperativen Gruppen zusammengeschlossen, und zwar in zwei verschiedenen Bewegungen.

Der Arbeitskreis Schuldruckerei

„Im Arbeitskreis Schuldruckerei (AKS) sind die seit über 20 Jahren in der Bundesrepublik Deutschland arbeitenden Schuldrucker zusammengeschlossen... Freinet gilt unter anderem als Erfinder der Schuldruckerei.

So gehören — neben der weiteren Verbreitung der Schuldruckerei — auch die Verbreitung der pädagogischen Ideen Freinets auf Bundesebene sowie die engere Zusammenarbeit zwischen den deutschsprachigen Schuldruckern zu den vordringlichen AKS-Zielen. Darüber hinaus wird die stärkere Kooperation mit Schuldruckern in anderssprachigen Ländern angestrebt. Um all diesen Aufgaben gerecht werden zu können, wurde die AKS-Informationszentrale eingerichtet, wo Interessenten entsprechende Informationsmaterialien anfordern können."
(Information im Verbindungsblatt des AKS „der Schuldrucker" 2. Juli 1979)

Wie aus dieser Selbstdefinition hervorgeht, bestimmen zwei Hauptschwerpunkte die Tätigkeit des AKS:

Die Verbreitung der Schuldruckerei:
Schuldruckerei wird als ein wesentliches Element in der Pädagogik des Lesen- und Schreibenlernens unterstrichen. Als solches kann sie aber auch unabhängig vom pädagogischen Gedankengut Freinets gebraucht werden. D.h., nicht jeder Schuldrucker macht unbedingt Freinet-Pädagogik.

Die Verbreitung der pädagogischen Ideen Freinets:
Diese betreibt der AKS hauptsächlich in pädagogischen Seminaren und Klassenbesuchen, zum einen bei deutschen Schuldruckern, zum andern in französischen Freinet-Klassen in Lothringen. Professor Hans Jörg, Gründer des AKS und Übersetzer Freinets, mit dem er auch persönlich lange Jahre in Verbindung stand, legt bei der Verbreitung des Freinet'schen Gedankengutes großen Wert auf eine in seinem Sinn authentische Auslegung und kritisiert, daß dieses Gedankengut sowohl von französischen als auch von deutschen Freinet-Lehrern weiterentwickelt und den gegenwärtigen gesellschaftlichen und schulischen Bedingungen entsprechend interpretiert und angewendet wird.

Die Pädagogik-Kooperativen

Diese verhältnismäßig junge Bewegung beschreibt sich in einem Mitteilungsblatt an neue interessierte Lehrer folgendermaßen:

„Wir stehen mit unserer Arbeit noch am Anfang und es läßt sich schwer abschätzen, wieviele jener typischen Freinet-Klassen bereits existieren, wie sie aus Frankreich in der Literatur und in verschiedenen Filmen dokumentiert sind. Zum gegenwärtigen Zeitpunkt sind viele von uns in den regionalen Gruppen davon in Anspruch genommen, Vorstellungen von einer befriedigenden pädagogischen Arbeit an unseren Schulen näher zu kommen; so kommt es uns vor allem darauf an, geeignete Materialien, „Techniken" und Hilfen für den Unterricht zu finden, die den Spielraum für ein offenes motiviertes Lernen der Schüler erweitern. Bisher haben verschiedene Lehrer(innen) mit unterschiedlichem Erfolg versucht, einzelne Elemente der Freinet-Pädagogik wie z.B. das Drucken von Klassenzeitungen, die Korrespondenz oder gemeinsame Planung des Unterrichts, die Selbstverwaltung oder ein entdeckendes Lernen im sach- und naturkundlichen Bereich zu verwirklichen. Erste Karteien sind zunächst zum Bereich ,,Rechtschreibung'' entwickelt worden, um den Schülern und Lehrer(inne)n bei der Lösung dieses schwerwiegenden Problems zu helfen. Wir haben aber bisher keine fertigen Lösungen und Modelle anzubieten, sondern versuchen, gemeinsam herauszufinden, inwieweit uns die Freinet-Pädagogik bei der Entwicklung einer offenen und schülerorientierten Unterrichtskonzeption weiterhelfen kann. Zu diesem Zweck haben sich an verschiedenen Orten Lehrergruppen gebildet, haben wir mehrere Treffen auf Bundesebene veranstaltet und eine ,,Pädagogik Kooperative'' als eingetragenen Verein gegründet, um Materialien der Freinet-Pädagogik aus Frankreich einfacher und preiswerter beziehen zu können. Die Pädagogik Kooperative (e.V.) soll außerdem in Zukunft der Verbreitung wichtiger neuer Informationen und von uns neu entwickelter Unterrichtsmaterialien dienen. Solche Ansätze, die Zusammenarbeit zu intensivieren, folgten der Annahme, daß nur die Kooperation und der Erfahrungsaustausch unter Lehrer(inne)n in ähnlicher Weise wie in der Bewegung der Ecole Moderne weitergehende Veränderungen an unseren Schulen bewirken können. In diesem Zusammenhang scheint es für unsere weiteren Bemühungen wichtig zu sein, noch mehr interessierte Kolleg(inn)en für die Mitarbeit zu gewinnen, die unabhängig von der Freinet-Pädagogik ähnliche Versuche durchführen, deren einzeln gewonnene Ergebnisse und Erfahrungen aber erst im Austausch mit anderen weiterentwickelt und fruchtbar gemacht werden können.''[167]

Der Akzent liegt hier also auf der Kooperation der Lehrer, denen es nicht um Freinet an sich geht, sondern um die Möglichkeiten, die sein pädagogischer Ansatz für eine Verbesserung des Schulalltages bieten kann. Zusammenarbeit und Austausch finden ebenso auf den in regelmäßigen Abständen veranstalteten Lehrertreffen wie in regionalen Arbeitsgruppen statt.

Informationen dazu bei: Pädagogik-Kooperative (e.V.); Goebenstr. 8, 2800 Bremen und in ,,Fragen und Versuche'', Zeitschrift der Pädagogik-Kooperative, die über diese Adresse bezogen werden kann (Abonnement: 20 DM für 4 Nummern).

Kontaktadressen (November 1992)

Schleswig-Holstein
Hans-Georg Schachtner, Kieler Kamp 54a,
2300 Kiel, 04 31/71 20 50

Hamburg
Lotte Busch, Sophienallee 5,
2000 Hamburg 20, 0 40/4 39 67 58

Bremen
Klaus Glorian, Ronzelenstr. 93,
2800 Bremen, 04 21/23 04 74

Berlin
Marie-Claude Flügge, Wielandstr. 22,
1 Berlin 41, 0 30/8 51 16 22
Ulli Keimig, Flughafenstr. 25,
1 Berlin 44, 0 30/6 24 77 48

Saarland
Bernd Weismüller, Auf Weißmauer 35,
6694 Berschweiler, 0 68 27/14 46

Hessen
Ernst Purmann, Mörikestr. 10,
3504 Kaufungen, 0 56 05/39 93
c/o Doris Hausl-Heinr., Kirchstr. 3,
6109 Mühltal 1, 0 61 51/14 55 89

Thüringen
Reinhold Mau, Pfaffenbach 98,
O-6080 Schmalkalden
Ursula Höppel, Karl-Marx-Str. 23,
O-6800 Saalfeld/S., 0 03 77 92/25 63

Nordrhein-Westfalen
Lernwerkstatt, Pavillon der GGS,
Alte Wittener Str. 19,
4630 Bochum-Laer, 02 34/36 07 92
Magdalena Decker,
Alverskirchener Str. 12a,
4400 Münster-Wolbek, 0 25 06/2807
Klaus Hoff, Usinger Straße 38,
5000 Köln 91, 02 21/8 30 17 34
Gudrun Jäger, Max-Ernst-Straße 5,
5210 Troisdorf, 0 22 41/40 89 78

Baden-Württemberg
Dieter & Ingrid Mauch, Rietgasse 19,
7730 VS-Rietheim, 0 77 21/2 83 54
Jürgen Oppenländer, Dorferstr. 57,
7272 Altensteig, 0 74 53//65 45

Niedersachsen
Heidrun Schümer, Wilhelm-Busch-Str. 7,
3006 Burgwedel, 0 51 39/77 08
Klemens Wolf, Schorfteichstr. 11,
4557 Fürstenau, 0 59 01/13 59
c/o Alfred Engelskirchen, Stresemannallee 11,
3000 Hannover
Gisela Leser, Am Prüßenforth 42,
2720 Rotenburg/W., 0 42 61/8 28 11
Verein f. ganzh. Lernen,
Simmerhauser Str. 1,
2833 Prinzhöfte, 0 42 44/6 44

Bayern
Anna Warwas, Bücherstr. 74,
8500 Nürnberg 10, 09 11/39 76 73
Ulrike Hinder, Dachstraße 44,
8000 München 60, 0 89/83 76 11
Claudia Schmude, Münchener Str. 17,
8025 Unterhachting, 0 89/6 11 13 73

Sachsen-Anhalt
Klaus Altermann, Freiherr-v. Stein-Str. 48,
O-3080 Magdeburg

Sachsen
Elke Richter, Kamenzer Str. 27,
O-8060 Dresden

Schweiz
Arbeitsgruppe Freinet, Postfach 3017,
Ch-8031 Zürich

Österreich
Emmerich Gradauer, Thalia-Straße 6/15,
A-1160 Wien
Brigitte Horn, 291,
A-8940 Weißenbach/Liezen
Verein zur Förderung d. Freinetpäd.
Päd. Akademie, Akademiestraße 23,
A-5020 Salzburg
Materialvertr. Österr.
c/c Reinhard Bachmann, Freiarbeit/AOL,
Hohe Wies 15,
A-6845 Hohenems, 0 55 76/52 13

Vermittlung
Klassenkorrespondenz
Dora Eng-Küssner, Steinbergstr. 35,
5000 Köln 60, 02 21/72 99 52

Materialvertrieb Päd. Koop.
Geschäftsadr. Zeitschr. FuV
Anschrift Vorstand
Goebenstr. 8,
2800 Bremen 1, 04 21/34 49 29

Organisationsformen der „Freinet-Bewegung"

„Wie ist die ‚Freinet-Bewegung' in Deutschland organsisiert? Folgendes sind ihre ‚Institutionen': die örtlichen *Gruppen*, die regionalen *Kontaktadressen*, die *Regionaltreffen*, die Zeitung *„Fragen und Versuche"*, die *Redaktion* der Zeitung, der *Materialvertrieb*, der *Verein* Pädagogik-Kooperative e.V., die *bundesweiten Treffen*.

Im einzelnen: regionale oder örtliche *Gruppen* bilden sich dort, wo mehrere an einem Ort sich gemeinsam mit der Freinet-Pädagogik beschäftigen wollen. Die meisten dieser Gruppen waren bisher relativ instabil; einige arbeiten aber auch schon seit vielen Jahren. Zur Zeit gibt es unseres Wissens örtliche Gruppen in: Nürnberg/Franken, Tübingen/Hechingen, Winnenden (bei Stuttgart), Darmstadt, Köln, Ruhrgebiet, Düsseldorf, Münster, Bielefeld, Hannover, Berlin, Bremen, Hamburg. Ganz sicher sind wir nicht, ob alle diese Gruppen gegenwärtig noch existieren und ob nicht neue dazugekommen sind. Der weitaus größte Teil der „Freinetiker" ist aber nicht in örtlichen Gruppen aktiv, sondern lebt irgendwo, wo keine solche Gruppe vorhanden ist. Daher die besondere Bedeutung der regionalen und bundesweiten Treffen.

Die *regionalen Treffen* (z.B. NRW, Norddeutschland, Baden-Württemberg, Bayern) finden je nach Aktivitätsgrad der betroffenen Region in unregelmäßigen Abständen statt. Organisiert werden sie beim ersten Mal von irgendeiner Gruppe, die gerade die Initiative ergreift; die Organisatoren der nachfolgenden Treffen finden sich dann jeweils auf den Regionaltreffen.

Ähnlich ist es mit den *bundesweiten Treffen*, die seit Anfang 1976 jeweils Pfingsten und über Neujahr stattfinden. Die Treffen werden von Gruppen (meist regionalen Gruppen) organisiert, die sich jeweils auf dem letzten Treffen dazu bereiterklärt haben. So wurde das letzte bundesweite Treffen von der Franken-Gruppe vorbereitet, für das nächste hat sich die Ruhrgebiets-Gruppe gefunden. Die Vorbereitung der Treffen ist vor allem technischer Art: Räumlichkeiten, Material, Ausschreibung und Anmeldungen etc. Inhaltlich findet keine Vorbereitung statt, da die Inhalte auf den Treffen von den Teilnehmern selbst gewählt werden.

Die regionalen *Kontaktadressen* sind besonders wichtig für neu hinzukommende Leute. Sie führen auch die Adressenlisten aller in einer bestimmten Region an der Freinet-Pädagogik Interessierten. Man kann sich an sie daher wenden, wenn man wissen will, ob in der eigenen Stadt bzw. Gegend andere Freinet-Leute wohnen.

Der *Verein* Pädagogik-Kooperative e.V. ist der juristische Träger des Materialvertriebs und der Zeitung. Durch die Vereinskonstruktion ist gesichert, daß z.B. die Gelder, die durch den Materialverkauf hereinkommen, nicht in einen privatwirtschaftlich organisierten Betrieb fließen. Bisher — und das soll auch so bleiben — wurden Entscheidungen z.b. über die Verwendung des Geldes und über andere Dinge immer von entsprechenden Arbeitsgruppen auf den bundesweiten Treffen getroffen, wobei die Vereinsmitgliedschaft unerheblich war. ,,Mitglied der Freinet-Bewegung" ist nach der bisher geübten Praxis, wer mitarbeitet und auf den Treffen erscheint. Die Mitglieder in diesem Sinne entscheiden, was geschieht. Die formelle Mitgliederschaft im Verein hat demgegenüber keine Bedeutung. (Vgl. Anmerkung*)

Der *Materialvertrieb* verkauft die aus Frankreich importierten Druckerei- und Limographenmaterialien sowie das in Deutschland erstellte Unterrichtsmaterial, das im Freinet-Sinn verwendbar ist. Der Materialvertrieb sorgt auch für den Druck dieser deutschen Unterrichtsmaterialien und übernimmt Druck und Versand von ,,Fragen und Versuche". Gegründet wurde der Materialvertrieb in Freiburg, seit 1976 ist er in Bremen.

Die Zeitung *,,Fragen und Versuche"* soll dem Austausch und der gegenseitigen Information der ‚Freinetiker' dienen. Sie steht allen Lesern für Beiträge offen. Aufgabe der jährlich wechselnden *Redaktion* (z.Zt. in Erlangen) ist nicht etwa die Auswahl der Beiträge, sondern vor allem die Gestaltung der Zeitschrift (Grafik, Anordnung der Beiträge, evtl. Vorgabe von Rahmenthemen usw.) Vergessen haben wir noch die *Mathematikzentrale* (in Nürnberg) und die *Sachkundezentrale* (in Darmstadt), Gruppen oder einzelne, die Arbeit auf einem bestimmten inhaltlichen Gebiet (vor allem an Unterrichtsmaterial) koordinieren und anregen sollen. Es ist zu hoffen, daß noch mehr derartige dezentrale ,,Zentralen" dazukommen..."[168]

---

* Anmerkung:
Der Begriff ,,Pädagogik-Kooperative(n)" ist mißverständlich. ,,Pädagogik-Kooperative" ist der Name des Vereins, ,,Pädagogik-Kooperative" nannten und nennen sich auch einige regionale Freinet-Gruppen. ,,Zeitung der Pädagogik-Kooperativen" schließlich wurde auch als Untertitel von ,,Fragen und Versuche" gewählt, da der Begriff der damaligen Redaktionsgruppe, die Konzept und Titel von ,,Fragen und Versuche" entwarf, offener schien als ein direkter Bezug auf Freinet im Untertitel. Der Begriff der ,,Pädagogik-Kooperativen" sollte die Bedeutung der selbstorganisierten Zusammenarbeit betonen.

Teil D: Anhang

1. Nachwort

Die Freinet-Bewegung in der veränderten politischen Situation

Nach der Regierungsübernahme durch die linken politischen Kräfte im Mai 1981 wurde in der französischen Freinet-Bewegung sehr schnell eine grundlegende Bereitschaft zur Zusammenarbeit mit der neuen Regierung und zur Unterstützung ihrer Politik deutlich. Schon der ICEM-Kongress Grenoble im September 1981 bestätigte diese Tendenz, die sich im Laufe der Folgezeit konkretisierte. Dabei ging und geht es für das ICEM in keiner Weise darum, die Regierungspolitik blindlings zu akzeptieren. Die Regierungsvertreter erwarten im Gegenteil von der Freinet-Bewegung, daß sie ihre eigenen Konzeptionen und Vorschläge einbringt.
Die Krise im Schulwesen wird von vielen Seiten kritisiert, aber es fehlt an Alternativen, mitels derer sie überwunden werden kann. Die Freinet-Bewegung hält Alternativvorschläge bereit. Sie bietet auch Arbeitsmaterialien an, durch die Veränderungen ermöglicht und unterstützt werden. Gerade in diesen konkreten, direkt nutzbaren Angeboten liegt ihre Stärke im Vergleich zu anderen pädagogischen Bewegungen, Lehrergewerkschaften usw. Zum anderen fehlt es der Freinet-Bewegung, auf Grund ihrer räumlichen Verbreitung, nicht an Möglichkeiten der Breitenwirkung. Sie kann dazu beitragen, erste Breschen, die sich in der schwerfälligen Institution Schule aufgetan haben, zu nutzen und zu verbreitern. Sie kann bewirken, daß Initiativen, Angebote des Erziehungsministeriums im langsamen Getriebe der regionalen und lokalen Behörden nicht untergehen oder leere Phrasendrescherei bleiben, sondern realisiert werden.
Seit dem Sommer 1981 finden regelmäßige Kontakte zwischen Regierungsvertretern und Vertretern des ICEM statt. Dabei erhielten beide Seiten genaueren Einblick in Strukturen und Arbeitsweisen des Partners. Dies erleichtert eine Zusammenarbeit auf klaren Grundlagen. Es führte außerdem sehr bald dazu, daß sich neue und positive Beziehungen der Freinet-Bewegung zu regionalen und überregionalen pädagogischen Informations- und Dokumentationseinrichtungen entwickeln ließen. Das ICEM wird als eine pädagogische Bewegung anerkannt, die innerhalb er Schule wirksam wird und damit in ihrer Eigenheit gegenüber außerschulischen pädagogischen Bewegungen abgegrenzt. Ihr umfangreiches Angebot direkt verwendbaren Arbeitsmaterials ist dabei wesentlich und soll auch in seiner Verbreitung gefördert werden. Materielle Unterstützungen - etwa, daß Räume in pädagogischen Einrichtungen zur Verfügung stehen, daß Freinet-Lehrer vom Unterricht freigestellt weren, daß Fortbildungsveranstaltungen finanziell unterstützt weren - solche Unterstützun-

gen haben zum Ziel, die positiven Beiträge der Freinet-Bewegung zu einer neuen Erziehungspolitik in verstärktem Maße zu fördern und bekannt zu machen.
Fundamentale Elemente der Freinet-Pädagogik fanden Eingang in Richtlinien des Erziehungsministeriums. Die Realisierung von Arbeitsvorhaben und Projekten wird erleichtert. Es kann sich dabei sowohl um verhältnißmäßig bescheidene Vorhaben (Klassenkorrespondenz, Schülertreffen) als auch um Projekte größeren Ausmaßes (Vorbereitung und Durchführung eines Poesie- oder Theaterfestivals, Schaffung und Herausgabe neuer Jugendzeitschriften) handeln. Kooperative Zusammenarbeit von Lehrern (Teamarbeit) soll unterstützt werden. Auch in der Lehraus- und -fortbildung wird dem Beitrag der Freinet-Pädagogik verstärkt Rechnung getragen.
Es muß allerdings hinzugefügt werden, daß diese positive Einstellung gegenüber der Freinet-Bewegung auf höchster Ebene sich nur langsam und wenig spürbar in den regionalen und lokalen Kontakten zu Behörden des Erziehungswesens durchsetzt. Hauptsächlich liegt das wohl daran, daß zwar wesentliche Funktionen im Erziehungsministerium neu besetzt, aber die lokalen und regionalen Verwaltungsorgane im Großen und Ganzen unverändert geblieben sind. Zum anderen fehlt es an materiellen Möglichkeiten, die verbale Anerkennung auch praktisch zu realisieren. So wird zum Beispiel ein Lehrerfortbildungslehrgang, den die Straßburger Freinet-Gruppe für das laufende Schuljahr anbietet, höchstwahrscheinlich nicht in der vorgeschlagenen Form durchgeführt werden können, weil es an Vertretungslehrern fehlt.
Wie wird sich die Situation der Freinet-Bewegung im französischen Erziehungswesen weiter entwickeln? Man muß bei solchen Überlegungen im Auge behalten, daß z.Z. vielerorts nach Möglichkeiten gesucht wird, die derzeitige Krisensituation zu überwinden. Besteht dabei nicht eine gewisse Gefahr, daß die Freinet-Bewegung im Sog eines umfassendes Reformbedürfnisses einen Teil ihrer Identität verliert? Daß sie in eine gewisse Abhängigkeit gerät, sich weniger kritisch oder gar herausfordernd verhält als in einem Kontext, in dem sie entweder vollkommen ignoriert oder abgelehnt wurde, sei es direkt oder indirekt. Derlei Fragen werden z.Z. innerhalb der Bewegung aufgeworfen und diskutiert.
Sicher bleibt aber: Freinet-Lehrer haben etwas weiterzugeben, nicht in ihrem eigenen Interesse, sondern in dem ihrer Schüler. Daran ändern die äußeren Umstände nichts Wesentliches. Aber günstigere Bedingungen ermöglichen vielleicht ein stärkeres Echo auf die Forderung: Laßt Schüler selbst sein!

Ottrott, Frankreich, im Frühjahr 1983 *D. Baillet*

2. Glossar

Dieses Glossar enthält eine kurze alphabetisch gegliederte Erklärung der wichtigsten gebräuchlichen Begriffe der Freinet-Pädagogik.

Ämter (Responsabilités)
An Schüler in der Klasse verteilte Verantwortlichkeiten, z.B. für die verschiedenen Ateliers, für die Klassenkorrespondenz usw.

Arbeit (Travail)
Für Freinet steht die Arbeit im Zentrum der Erziehung und im Zentrum des Lebens überhaupt. Arbeit ist ,,jede Tätigkeit, die die Befriedigung der individuellen Bedürfnisse zum Ziel hat und die deshalb vom Kinde in natürlicher Weise erstrebt wird" (Freinet in ,,Die moderne französische Schule" S. 171). Die allgemein übliche Gegenüberstellung von Arbeit und Spiel lehnt Freinet ab. Er nennt Arbeit und Spiel zwei fundamentale Elemente des aktiven Handelns und unterscheidet dabei folgende zwei Begriffe:

,,Arbeit mit Spielcharakter" (,,travail-jeu"): Damit sind die grundlegenden kindlichen Spiele gemeint, die sich zu allen Zeiten und an allen Orten ähneln und vom Kind mit großer Ernsthaftigkeit ausgeführt werden. Das dabei entstehende euphorische Vergnügen ist nur eine Folge dieser dynamischen und schöpferischen kindlichen Tätigkeit, in der sich Auseinandersetzung mit der Umwelt, Anpassung und Befreiung vollziehen.

,,Spiele mit Arbeitscharakter" (,,jeux-travaux"): Sie befriedigen primäre Bedürfnisse des einzelnen mit dem unbewußten Ziel, das Leben zu sichern, zu erhalten und weiterzugeben. Ihnen liegt der Selbsterhaltungstrieb des Individuums und der Gattung zugrunde. Die Notwendigkeit solcher Spiele für das Kind ergibt sich daraus, daß Kinder innerhalb der Gesellschaft zu wenig Möglichkeiten haben, wirklich selbst Arbeit zu leisten. ,,Das Kind spielt, wenn die Arbeit seine Energie nicht ganz aufbrauchen konnte." Spiel ist also nicht als Gegensatz zur Arbeit zu sehen, sondern als zusätzliche und weniger wichtige Aktivität. Es ist ein Ventil für überschüssige Energie, wobei das Kind die Zweckbestimmtheit der Erwachsenenarbeit aufgreift.

Der treibende Motor der kindlichen Tätigkeit ist also das Bedürfnis nach Arbeit: ,,Es gibt beim Kind von Natur aus kein Spielbedürfnis. Es gibt nur ein Arbeitsbedürfnis, d.h. die organische Notwendigkeit, die Lebenskraft für eine sowohl induelle als auch soziale Aktivität zu nutzen und zwar auf ein deutliches Ziel hin, im Rahmen der kindlichen Möglichkeiten" (Freinet in ,,Pädagogische Texte" S. 87).

Die Schule sollte es dem Kind möglich machen, dieses natürliche Bedürfnis nach sinnvoller Arbeit zu befriedigen und selbständig sein eigenes Wissen und Können aufzubauen — so unabhängig wie möglich vom Lehrer und so frei wie möglich von den Zwängen eines der Klassengruppe auferlegten Arbeitsrhythmus'. In dem Maße, wo dies geschieht, fallen Disziplinschwierigkeiten weg: bei Beschäftigungen, die seinen natürlichen Bedürfnissen entsprechen, diszipliniert sich das Kind von selbst.

Arbeitsbibliothek (Bibliothèque de travail)
In Frankreich von der CEL herausgegebene Sammlung von Sachheften zu mittlerweile über 1000 Themen, nach den verschiedenen Schulstufen aufgegliedert. In der Bundesrepublik existiert nichts Entsprechendes. Der erste Ansatz dazu ist eine Liste von Büchern (herausgegeben vom Materialversand der Pädagogik-Kooperative), die geeignet sind für eine Arbeitsbücherei in der Grundschule.

Arbeitshefte (Livrets de travail)
Zur individuellen Schülerarbeit bestimmte Hefte, die die Bearbeitung von Themenkomplexen zum Inhalt haben (z.B. z.Z. im ICEM in Ausarbeitung befindliche Heftreihe für den Sprachunterricht oder ,,Libres recherches et créations mathématiques", Arbeitshefte für den Mathematikunterricht in der Sekundarstufe)

Arbeitskartei (Fichier de travail)
Es gibt viele verschiedene Arten von Arbeitskarteien:
— Individuelle Lehrgänge mit Selbstkontrolle (z.B. Rechtschreib-, Grammatik- oder Rechenkartei)
— Arbeitsanweisungen in Kartenform (z.B. Karteien zum Werken, zur künstlerischen Gestaltung, zum Erlernen sprachlicher oder literarischer Arbeitsformen)
— Unsystematische Sammlung von Anregungen zum freien Ausdruck und freien Forschen (vgl. ,,Fichier de travail coopératif", von der CEL herausgegeben)

Arbeitskarten (Fiche de travail)
Im Gegensatz zu Arbeitsblättern sind diese Arbeitskarten zu wiederholter Verwendung gedacht. Sie werden nicht im Klassenrahmen eingesetzt, sondern von den Schülern den individuellen Interessen und Notwendigkeiten entsprechend benutzt.

Arbeitskreis Schuldruckerei
Vereinigung der deutschen Schuldrucker. (Genaueres s.S. 242 f)

Arbeitsplan (Plan de travail)
Es gibt individuelle Arbeitspläne und Arbeitspläne für die Arbeit der Klassengruppe (Tages-, Wochen- oder Monatspläne z.B.). In ihnen schlägt sich die kooperative Organisation des Unterrichts nieder.

Arbeitsvertrag (Contrat)
Der Schüler geht der Klassengruppe (Coopérative) gegenüber ein persönliches Engagement ein: er übernimmt Arbeiten und Verantwortlichkeiten und legt über deren Ausführung Rechenschaft ab.

,,Art Enfantin" (neuer Titel seit Sept. 1981 ,,Créations")
Den künstlerischen Produktionen von Kindern und Jugendlichen gewidmete Zeitschrift. Schildert Arbeitsweisen und beschreibt Arbeitsergebnisse in den Bereichen Zeichnen, Malen, Modellieren, Musik, Dichtung usw.. 6 Nummern jährlich, zusätzlich eine Cassettenaufnahme. Von der C.E.L. herausgegeben.

Ateliers (Ateliers)
Arbeitsecken für manuelle Elementararbeiten (Natur, Handwerkliches, Hauswirtschaft, Konstruktion, Mechanik, Handel...) und für kooperative geistige Arbeitsvorhaben (Wissensquellen, Experimentieren, Forschen, Kreative Produktion, Korrespondenz, Künstlerisches Schaffen, Freier Ausdruck).

Bilanz (Bilan)
Geleistete Arbeit wird eingeschätzt, vom Kind selbst, von der Gruppe und vom Lehrer. Noten werden ersetzt durch eine Konfrontation mit den verwirklichten Arbeiten. Sie wirkt motivierend, anspornend und ermutigend. Bilanz ist eine der Funktionen der Klassenversammlung, sie kann mündlich (im Kreisgespräch) oder schriftlich stattfinden, je nach Ort und Gegebenheiten in unterschiedlichen zeitlichen Abständen.

„La Brèche"
Verbindungsblatt der Sekundarstufenlehrer, 10 Nummern jährlich, Herausgeber: C.E.L.

B.T.R. (Bibliothèque de Travail et de Recherches)
Untersuchungen und Analysen von Arbeitsdokumenten aus Klassen. Erscheint zur Zeit nicht mehr, aber 40 Nummern sind noch erhältlich (C.E.L.)

C.E.L. (Coopérative de l'Enseignement Laic.)
Von Freinet 1927 als Einrichtung zum Austausch der Lehrer untereinander und zur Herstellung von Arbeitsmitteln gegründet. Ihre Eigenheit liegt in der Herstellung und dem Vertrieb sämtlicher in der Freinet-Pädagogik gebräuchlichen Arbeitsmittel. Die Lehrer der Freinet-Bewegung sind dadurch vom Marktangebot der großen Verlagshäuser und deren kommerziellen Bedingungen unabhängig. Die C.E.L., ihre Cooperative, stellt die von ihnen als notwendig erachteten und selbst erarbeiteten Arbeitsmittel her und vertreibt sie — selbst wenn sie keinen Gewinn einbringen. Sie ist also die materielle Trägerin der permanent schöpferisch tätigen Lehrerkooperation. Außer den Arbeitsmitteln trägt sie auch die Herausgabe und den Versand der pädagogischen Zeitschriften der Freinet-Bewegung und sichert außerdem einen Teil des internen Informationsaustausches des I.C.E.M., ohne welchen eine kooperative Zusammenarbeit der über ganz Frankreich verstreuten Lehrer undenkbar wäre. Bestelladresse: CEL, Publications de l'Ecole moderne française, F 06376 MOUANS-SARTOUX CEDEX

Cooperative (Coopérative)
Organisatorische Struktur des gesamten Unterrichts. Techniken wie freier Text, Korrespondenz, Klassenzeitung, Arbeitspläne usw. finden erst dadurch ihre eigentliche Bedeutung, daß sie im Rahmen einer wirklich kooperativen Unterrichtsorganisation stattfinden. Diese ist unerläßlich, wenn man von den Interessen der Kinder ausgehen will. Die gleichzeitige Ausführung verschiedenartigster Tätigkeiten in der Klasse setzt voraus, daß das Unterrichtsgeschehen von Schülern und Lehrer gemeinsam organisiert wird. Im Französischen bedeutet „Coopérative scolaire" außerdem eine offiziell anerkannte Strukturform der Klasse.

"Créations": vgl. "Art Enfantin"

Dokumentation (Documentation)
Sammlung von verschiedenartigsten Informationen, die von Lehrern und Schülern laufend ergänzt wird und den Schülern zur freien Verfügung steht. Zur Erleichterung des Einordnens und Wiederfindens steht ein spezielles Sachregister zur Verfügung (beim Materialversand der Pädagogik-Kooperative erhältlich).

"D.P." (Dossier Pédagogique)
In "L'Educateur" oder "La Brèche" veröffentlichtes Arbeitsmaterial zu verschiedenen Themenkomplexen.

"L'Educateur"
Zeitschrift des I.C.E.M. (Primar- und Sekundarstufe), 15 Nummern jährlich, einschließlich Pädagogischer Dossiers (s. "D.P.")

F.I.M.E.M. (Fédération Internationale des Mouvements de l'Ecole Moderne)
Internationale Trägerorganisation der nationalen Freinet-Bewegungen in den verschiedenen Ländern. Sorgt für Verbindung und Austausch zwischen den einzelnen Bewegungen durch ein regelmäßig erscheinendes Verbindungsblatt und führt internationale Arbeitstreffen durch (R.I.D.E.F.: Rencontre Internationale des Educateurs Freinet).

"Fragen und Versuche"
Dem Austausch und der gegenseitigen Information gewidmete Zeitung der Pädagogik-Kooperativen.

Freier Ausdruck (Expression libre)
Das Kind hat ein natürliches Mitteilungs- und Kommunikationsbedürfnis. Die Schule kann diesem Rechnung tragen, indem sie ihm erlaubt, sich in verschiedensten Formen auszudrücken. Das Kind lernt dabei, sich selbst mitzuteilen und seine Mitteilung zu gestalten, durchläuft aber auch einen sozialen Lernprozeß: die Entwicklung der Bereitschaft, auf andere einzugehen.

Freies Forschen (Recherche libre)
Aus Schülerinitiative hervorgegangene praktische Arbeitsvorhaben, Experimente, Untersuchungen, Erkundungen. Dazu anregendes Arbeitsmaterial wird den Schülern zur Verfügung gestellt.

Freier Text (Texte libre)
In Eigeninitiative ohne äußeren Druck entstandener Text.

Gesetze, Regeln (Lois, règles de vie)
Die Kinder regeln ihre Konflikte in der Klassenversammlung, erkennen dabei Möglichkeiten, diese zu vermeiden und stellen Gesetze und Regeln für das Zusammenleben in der Klasse auf.

I.C.E.M. (Institut Coopératif de l'Ecole Moderne)
1948 gegründete Vereinigung der Freinet-Lehrer, die sich selbst folgendermaßen charakterisiert: ,,Das I.C.E.M. ist gleichzeitig: — eine Einrichtung der pädagogischen Forschung (ohne jedes offizielle Statut, dafür aber offen für jeden), die Treffen organisiert, Zeitschriften veröffentlicht und ein Netz interner Korrespondenz unterhält; — eine Bildungseinrichtung (zur Ausbildung und Weiterbildung), die Treffen und Seminare durchführt, Arbeitsbegegnungen in Klassen, Klassenbesuche ermöglicht usw.; — eine Einrichtung, in der Werkzeuge und Arbeitsmaterialien erarbeitet und Forschungs- und Arbeitsergebnisse veröffentlicht werden; — eine Einrichtung der Grundlagenforschung" (Darstellung im ,,Memento de l'U.C.E.", Grenoble 1981). Es besteht aus zahlreichen verschiedenen Arbeitsgruppen, sowohl Regionalgruppen als auch überregionalen Fachkommissionen. In diesen Arbeitsgruppen wird von der Schulpraxis der engagierten Lehrer ausgegangen. Ihre funktionelle Grundlage ist das Prinzip der kooperativen Arbeit.

Klassenversammlung, Klassenrat (Conseil, réunion de cooperative)
Hier geschieht die Organisation der Arbeit. Es werden Vorschläge für die Arbeit gemacht, es wird Kritik und Zustimmung ausgesprochen und die Lösung von Konflikten in Angriff genommen. Sie wird von einem gewählten Schüler geleitet, ein Protokollführer notiert die Beschlüsse und Regeln.

Klassenzeitung (Journal scolaire)
Keine Schulzeitung im herkömmlichen Sinne, bei der eine Redaktion etwas für viele Leser produziert. Vielmehr Zusammenstellung von in freier Arbeit entstandenen Schülertexten, die ein Zeugnis vom Leben der Klasse darstellt. Der Text des Kindes gerät durch die Veröffentlichung in der Klassenzeitung in größeren Kommunikationszusammenhang, seine Arbeit wird aufgewertet, und das Kind wird motiviert.

Kooperative Organisation des Unterrichts (Organisation coopérative du travail)
Umfaßt die räumliche, zeitliche und finanzielle Organisation, die Verteilung von Verantwortlichkeiten (festgehalten in Wandzeitungen mit vielen verschiedenen Formen von Tabellen und Plänen), und die Festlegung der Unterrichtsziele. Diese schlägt sich nieder in einem kollektiven Arbeitsplan und berücksichtigt neben Vorhaben der Klassengruppe und des einzelnen auch schulische Anforderungen.

Korrespondenz (Correspondance)
Austausch von Briefen, Klassenzeitungen, Schülerarbeiten, Cassetten, Geschenken, Fotos, Dias usw. Vielfach findet die Korrespondenz zwischen zwei Klassen statt und umfaßt sowohl die Kommunikation zwischen je zwei Schülern als auch zwischen den beiden Klassen. Sie ist aber genauso möglich mit bestimmten Personen oder Institutionen. Eine andere Form ist die sogenannte ,,natürliche Korrespondenz", bei der mehrere Klassen miteinander in Verbindung stehen, das Korrespondenzangebot also größer ist, aber nicht von allen Kindern mit der gleichen Intensität genutzt wird.

Limograph (Limographe)
Einfaches siebdruckartiges Vervielfältigungsgerät. Limographen und dazu notwendiges Material werden über den Materialvertrieb der Pädagogik-Kooperativen vertrieben, sind aber auch leicht selbst herzustellen.

Materialvertrieb der Pädagogik-Kooperativen (Siehe Kontaktadressen)
Verkauft aus Frankreich importierte Druckerei- und Limographenmaterialien. Sorgt für den Druck des in Deutschland erstellten Unterrichtsmaterials, das im Freinet-Sinne verwendbar ist und verkauft es. Übernimmt Druck und Versand von „Fragen und Versuche."

Natürliche Methode (Méthode naturelle)
Arbeitsweise, die auf dem natürlichen Nachahmungstrieb und Tätigkeitsdrang des Kindes beruht und seiner Neugierde und seinem Mitteilungsbedürfnis Rechnung trägt. Der Lernprozeß läuft nicht einer vorgegebenen Konzeption entsprechend ab, sondern geht vom Kind, seinen persönlichen Interessen, Erfahrungen und Mitteilungen aus und paßt sich dem natürlichen Rhythmus des Kindes an.

Pädagogik-Kooperativen
Einige deutsche Freinet-Gruppen gaben sich den Namen Pädagogik-Kooperativen, um damit ihr Vorhaben einer selbstorganisierten Zusammenarbeit von Lehrern zu dokumentieren.
Die Zusammensetzung „Pädagogik"-Kooperative soll zeigen, daß ein Personenkult um Freinet vermieden werden soll.
Auf Grund des hohen Anspruchs, den der Begriff Kooperative beinhaltet und der Unverständlichkeit gegenüber der Öffentlichkeit, bleiben die meisten lokalen und regionalen Gruppen bei der Bezeichnung „Freinet-Gruppe". Z.Z. gibt es als lokale Kooperativen nur die Pädagogik-Kooperative ELSE in Hannover und die Freinet-Kooperative Köln.

„Der Schuldrucker"
Verbindungsblatt des Arbeitskreises Schuldruckerei.

Schuldruckerei (Imprimerie à l'école)
Druckerei im Kleinformat für die Hand des Schülers (Setzkasten mit Bleilettern, Setzrahmen, Handpresse, Walze). Die von Freinet speziell entwickelte, leicht zu bedienende Handpresse erlaubt Kindern vom frühesten Schulalter an echten Buchdruck.

Soziale Einrichtungen (Institutions)
Freinet *geht nicht aus* von veränderten Lehrer-Schüler-Beziehungen, sondern *bewirkt* eine Veränderung dieser Beziehungen durch entsprechende Arbeitstechniken und Arbeitsmittel. Anstelle des im Frontalunterricht einzig möglichen Bezugsschemas (Beziehungen zwischen dem Lehrer und jedem einzelnen Schüler) treten vielfältige und verschiedenartige Beziehungsgeflechte, bei denen keineswegs immer der Lehrer im Mittelpunkt steht. Dadurch werden neue soziale Einrichtungen in der Klasse notwendig: Ämter, Cooperative, Arbeitspläne und -verträge, Bilanzen, Klassenrat usw.

Tastendes Versuchen (Tâtonnement expérimental)
Von Erfahrungen im Alltagsleben ausgehendes forschendes Verhalten, das die individuelle Aneignung von Erkenntnissen und Lebenstechniken zum Ziel hat. Dem Schüler wird die Möglichkeit eingeräumt, seine eigenen Entdeckungen auszuprobieren und Schlußfolgerungen daraus zu ziehen. Durch ein solches eigenes Erkennen und Herausarbeiten schon bekannter Naturgesetze und Lebensregeln kann er sich diese wirklich selbst aneignen. Dabei ist die Möglichkeit der Wiederholung gegeben, durch die eine gelungene Handlung sich konsolidiert und als Lebenstechnik niederschlägt.

Wandzeitung (Journal mural)
Wichtiges Kommunikationsmittel innerhalb der Klasse. Als Ort, an dem das neue vielfältige Beziehungsgeflecht in der Klasse sich ausdrücken kann, bietet sie Raum für Kritiken, positive Bemerkungen, Arbeitsvorschläge u.dgl.m.

Werkzeuge (Outils)
,,Werkzeug" wird in der Freinet-Pädagogik alles genannt, was eine Veränderung der Lehrer-Schüler-Beziehungen bewirken und damit eine Veränderung im Leben der Klasse hervorrufen kann, sowohl entsprechende Arbeitstechniken als auch geeignetes Arbeitsmaterial.
Derartige pädagogische Werkzeuge bewirken jedoch nicht notwendigerweise und an sich eine echte tiefgreifende Veränderung in der Klasse. Sie können im Extremfalle sogar mißbraucht werden, indem sie den Anschein einer pädagogischen Erneuerung erwecken, hinter der aber keine echte Veränderung der Einstellung zum Kind steht. ,,Es scheint uns unerläßlich", sagen Vertreter des ICEM, ,,daß alle Erzieher, die die Notwendigkeit empfinden, neue Werkzeuge einzuführen, sich über die ideologische Zielsetzung dieser Werkzeuge und die bestmögliche Anwendung der Möglichkeiten, die sie bieten, auseinandersetzen" (,,Memento de l'Unversité Coopérative d'Ete", Grenoble 1981, S. 9).

3. Literaturempfehlungen

Diese Angaben stellen eine Auswahl dar und erheben nicht den Anspruch auf Vollständigkeit. Aus der umfangreichen Literatur in französischer Sprache enthalten sie nur Titel, auf welche sich dieses Buch direkt bezieht. Außerdem enthalten sie die wesentlichsten deutschsprachigen Erscheinungen der letzten Jahre.

La pédagogie Freinet par ceux qui la pratiquent
Maspéro Paris 1976

Reportagen aus einer ganzen Reihe von Freinet-Klassen in der Vor-, Grund- und Sonderschule. Darstellung vieler verschiedener Seiten der Unterrichtspraxis. Dialoge über die Verbindung von Praxis und Wissenschaft, über Probleme und Versuche, diese zu bewältigen usw.

Perspectives pour une éducation populaire
Maspéro Paris 1979

In kooperativer Arbeit entwickeltes Dokument, das die derzeitige grundsätzliche Position der Freinet-Bewegung wiedergibt. Durch zahlreiche Beispiele und Berichte aus der Praxis illustriert. In der Übersetzung herausgegeben von I. Dietrich, Beltz-Verlag 1982 (Titel: Politische Ziele der Freinet-Bewegung).

C. Freinet: *La méthode naturelle*
L'apprentissage de la langue
L'apprentissage de l'écriture
Edition Marabout Verviers 1975

Anhand der Darstellung der Entwicklung einzelner Kinder wird das ,,Lernen nach natürlicher Methode" aufgezeigt und die Theorie der ,,methode naturelle" erklärt.

C. Freinet: *Die moderne französische Schule*. Schöningh Paderborn 1965, 2. verbesserte Auflage 1979

Übersetzung der Schrift ,,L'école moderne francaise", ergänzt durch einen Beitrag des Herausgebers, Hans Jörg, über das Leben und Wirken Freinets, die Entwicklung der Freinet-Bewegung und das französische Schulwesen. Freinet führt in dieser Schrift zunächst Grundprinzipien der ,,Volkserziehung" (,,éducation populaire") aus und zeigt dann auf, wie die schrittweise Veränderung der schulischen Praxis mittels nach und nach eingeführter neuer Strukturen möglich ist.

A. Vaquez, F. Oury u.a.: *Vorschläge für die Arbeit im Klassenzimmer*. Rowohlt 1976

Nach einer einführenden Darstellung wesentlicher Grundzüge der Freinet-Pädagogik (Selbsttätigkeit der Schüler, Selbstverwaltung der Klasse, kooperative Arbeit, entdeckendes Lernen, freier Ausdruck) wird gezeigt, wie der schulische Alltag dadurch verändert wird, daß Kinder ihren Lernprozeß selbst steuern lernen. Praxisbezogene Ausführungen mit zahlreichen Beispielen.

C. Koitka: *Freinet-Pädagogik*. Basis-Verlag Berlin 1977

Beispiele aus der Praxis, Verfahrensweisen, Anregungen und Tips. Auszüge aus Arbeitsmaterialien (,,Dossiers pédagogiques") des I.C.E.M. zu folgenden Themen: freier Text, Druckerei in der Schule, Korrespondenz, Klassenzeitung, Selbstverwaltung, Organisation der Klasse, natürliche Lesemethode, Rechnen und Mathematik, Untersuchungen, Musik.

C. Freinet: *Pädagogische Texte*. Hrsgg. von H. Boehncke u. C. Hennig, Rowohlt 1980

Übersetzung pädagogischer, philosophischer und politisch-gesellschaftlicher Überlegungen Freinets, die die Grundlage seiner Schulpraxis darstellen. Ergänzt durch Praxisberichte einiger deutscher Freinet-Lehrer.

Lehrer und Schüler verändern die Schule. Bilder und Texte zur Freinet-Pädagogik. Hrsgg. von M. Zülch.

Bericht über die Arbeit in mehreren französischen Freinet-Klassen. Bildband mit erläuternden Texten der Lehrer. Eignet sich gut als erste Information über die Freinet-Pädagogik.

E. Freinet: *Erziehung ohne Zwang.* Klett-Cotta 1981

Elise Freinet schildert die Entwicklung der pädagogischen Arbeit C. Freinets und zeichnet anhand vieler Zitate aus den Werken ihres Gatten die theoretischen Grundlagen nach, auf denen diese Entwicklung beruht.

Hans Jörg: *Praxis der Freinet-Pädagogik.* Schöningh Paderborn 1981

Übersetzung und Bearbeitung des Buches ,,Les techniques Freinet de l'école moderne" von C. Freinet, in dem Freinet die Grundzüge seines pädagogischen Konzepts erläutert und ihre praktische Realisierung ausführt.

Roland Laun: *Freinet — 50 Jahre danach.* bvb-Edition Meichsner und Schmidt Heidelberg 1982

Durch seine zahlreichen Kindertexte, Zeichnungen, Unterrichtselemente und szenischen Protokolle aus dem Schulleben bietet das Buch einen direkten Einblick in das Leben dreier Freinet-Klassen. Mit detailliertem Informationsteil über Literatur zum Thema, Kontaktadressen, Medien, Arbeitsmaterialien und ständigen Einrichtungen der internationalen Freinet-Bewegung.

4. Anmerkungen

1) K. Hoff in ,,Grundschule" 13 H. 11 S. 477
2) Aus ,,La pédagogie Freinet par ceux que la pratiquent" Maspéro 1976 S. 167 f
3) ,,Perspectives pour une éducation populaire": ein zwischen 1975 und 1979 in kooperativer Arbeit entwickeltes Dokument, das die derzeitige grundsätzliche Position der Freinet-Bewegung wiedergibt. Im folgenden ,,PEP" genannt. In: ,,L'Educateur" (Numéro spécial), November 1978, S. 12. Dieses auch als Buch vorhandene Dokument, ergänzt durch zahlreiche Praxisbeispiele, wurde in der Übersetzung herausgegeben von I. Dietrich: ,,Politische Ziele der Freinet-Pädagogik" Beltz Weinheim/Basel 1982.
4) Ebd., S. 51
5) Dossier ,,Premiers regards sur la pédagogie Freinet" in ,,L'Educateur" 1. Sept. 1979
6) In der Übersetzung veröffentlicht in ,,Fragen und Versuche" (im Folgenden FuV genannt) 11 S.7

7) ,,La Méthode naturelle — L'Apprentissage de la Langue" Edition Marabout, Verviers 1975 S. 12
8) Siehe hierzu BTR 21 S. 33 f
9) PEP S. 22 f
10) Zahlreiches dazu in Frankreich vorhandenes Material soll hier nicht genannt werden. Über deutschsprachiges Arbeitsmaterial finden sich Hinweise und Tips in verschiedenen Nummern von ,,Fragen und Versuche"
11) ,,Fichier de travail coopératif": Hier handelt es sich um eine umfangreiche Kartei, die Anregungen zu Versuchen, Experimenten und praktischen Arbeitsvorhaben für verschiedene Altersgruppen gibt. Auch in Kreisen deutscher Lehrer wird derartiges Material ausgearbeitet, Beispiele dazu siehe in ,,Fragen und Versuche" (z.B. Nr. 9, 11, 13 und 14)
12) Eine von der CEL herausgegebene, über 1000 Titel umfassende Sammlung von informativen Schriften, die, in 3 verschiedene Altersgruppen aufgeteilt, die verschiedensten Themenbereiche umfassen. Sie stellen eine reichhaltige Schülerenzyklopädie dar, so wie die Freinet-Pädagogik eine solche versteht: Ein Arbeitsmittel, das dem Kind erlaubt, die Informationen verschiedener Schriften zu vergleichen und Beziehungen zu erkennen.
13) Genauere Informationen zu Lehrertreffen in der Bundesrepublik s.S. 246
14) In ,,La Méthode naturelle — L'Apprentissage de la Langue", oben genannte Ausgabe S. 51
15) Grundschule in Straßburg. Eine der wenigen Schulen, deren Lehrer sich alle an Freinet'schen Prinzipien orientieren. Siehe auch S.99 ff
16) PEP S. 25
17) Siehe als Beispiel hierzu im Bericht ,,Wie ich angefangen habe" (S.207 ff). Erläuterungen und Skizze über die Veränderungen im Klassenzimmer.
18) Vgl. besonders das Dossier ,,L'Organisation coopérative de la Classe" in ,,L'Educateur" supplément au n°8 (1.2.81)
19) Eine z.Z. laufende Arbeitsgruppe des ICEM setzt sich mit dem Problem der Bewertung der Schülerarbeit auseinander. Ihr Ziel ist es, durch eine umfangreiche Sammlung von Material und die grundlegende Diskussion dieses Materials eine gemeinsame Position erarbeiten zu können.
20) C. Freinet in ,,La méthode naturelle — L'apprentissage de la Langue", oben genannte Ausgabe S. 87
21) Ebd. S. 55
22) J.-M. Reibaldi, Lehrerin in Straßburg
23) Praktikumsbericht von R. Stephan, Lüneburg
24) Bericht von M. Bialas, Lehrerin in einer Einklassenschule
25) C. Freinet a.a.O. S. 181 f
26) Ebd. S. 250
27) Siehe Dossier ,,L'Entretien du Matin" dans BTR 37 (supplément de l'Educateur) Februar 1980
28) Ebd.
29) U. Moschnitschka in FuV 11 S. 12
30) Weitere Anregungen zum freien Schreiben s.S. 116, 159 und 161
31) P. Moschnitschka in FuV 8 S. 24 ff

32) Vgl.: C. Freinet „Die moderne französische Schule",
A. Vasquez, F. Oury „Vorschläge für die Arbeit im Klassenzimmer",
C. Koitka „Freinet-Pädagogik",
C. Freinet „Pädagogische Texte"
33) P. Moschnitschka a.a.O. S. 24 und 37
34) a.a.O. S. 249
35) Ebd. S. 183
36) K. Hoff in FuV 8 S. 38
37) a.a.O. S. 245 f
38) a.a.O. S. 164
39) Eine Straßburger Gruppe von Grundschullehrern arbeitete 1979/80 über das Thema der „natürlichen Grammatik". Die beiden im Folgenden zitierten Lehrerinnen arbeiteten in dieser Gruppe mit. Einige ihrer Unterrichtserfahrungen und Berichte sind in einem regionalen Verbindungsblatt der ostfranzösischen Freinet-Gruppen abgedruckt:
— M. van de Velde: „Le classeur de francais" in „Chantiers pédagogiques de l'Est" 71/72 (März/April 1980)
— R. Baltz: Dossier „Apprentissage naturel de la grammaire" in „Chantiers pédagogiques de l'Est" 79 (November 1980)
40) Informationen über den derzeitigen Stand kann der Materialvertrieb der Pädagogik-Kooperativen geben (siehe Kontaktadressen S. 245)
41) P. Moschnitschka in FuV 6 (Mai 1979) S. 49
42) Üblicherweise werden solche Lehrgänge von Lehrerbildungsinstituten geplant und durchgeführt.
43) Artikel von L. Buchi über Mathematikunterricht im 1. Schuljahr in „Chantiers pédagogiques de l'Est" 73 (Mai 1980) S. 11
44) Ebd. S. 12 — 13
45) Nach den Arbeitsnotizen von R. Baltz, Ecole Karine Straßburg
46) Editions de l'Ecole Moderne Francaise Cannes o.J.
47) Ebd. S. 26
48) Ebd. S. 23
49) „Art Enfantin" 89 S. 1
50) Artikel „Notre Exposition départementale et l'art des enfants" in „Art Enfantin" 88 S. 1 ff. Auch die folgenden Zitate dieses Kapitels sind diesem Artikel entnommen
51) C. Coupe in „Art Enfantin" 86 S. 33 ff
52) „Musique libre" DP 91-93, in Auszügen übersetzt und veröffentlicht in C. Koitka „Freinet-Pädagogik" Basis-Verlag 1977. Alle Zitate dieses Kapitels sind diesem Dossier entnommen.
53) Vgl. BTR 31 „Des enfants qui recherchent" (Nov. 1978) S. 2 — 5
54) Vgl. BTR 21 „Une pédagogie de la curiosité" (Nov. 1976) S. 22 f
55) A. Weiler in FuV 11 S. 70 ff
56) BTR 21 S. 4
57) Ebd. S. 6
58) Ebd. S. 17
59) Ebd. S. 8

60) Ebd. S. 29 f
61) Weitere Informationen: M. Bonnetier in ,,Chantiers Pédagogiques de l'Est'' 61 (Mai 1979) S. 11 — 17 und 73 (Mai 1980) S. 17 — 20
62) In ,,Grundschule'' 13 H. 11 S. 463
63) Tonbandprotokoll von einer Arbeitstagung deutscher Freinet-Lehrer im November 1981
64) Aus dem Arbeitsmaterial dieser Tagung
65) A. Weiler in FuV 11 S. 72
66) J. Koranda in ,,Grundschule'' 12 H. 10 S. 436 ff
67) Praktikumsbericht von R. Stephan, Lüneburg
68) Siehe Artikel ,,Vers l'Equipe pédagogique'' in ,,Chantiers pédagogiques de l'Est'' 35/36 (März/April 77) S. 45
69) In der Vorbereitung einer im August 1980 durchgeführten Arbeitstagung des ICEM für die Sekundarstufe haben sich engagierte Lehrer gefragt, welche Konstanten in ihrer Praxis Freinet-Pädagogik charakterisieren können. Zum anderen zeigen Berichte aus ihrer Arbeit das konkrete Vorgehen in verschiedenen Fächern. Diese Überlegungen und Berichte wurden in der Zeitschrift für die Freinet-Pädagogik in der Sekundarstufe veröffentlicht: Vgl. ,,La Brèche'' 58/59 (April/Mai 1980) und 60 (Juni 1980)
70) Vgl. ,,La Brèche'' 33/34: Dossier ,,La part du maître'' (Material zum Thema ,,Die Rolle des Lehrers'') und ,,La Brèche'' 58/59: Dossier ,,Comment démarrer au second degré?'' (Material zum Thema ,,Wie kann man Freinet-Pädagogik in der Sekundarstufe einführen?'')
71) ,,La Brèche'' 58/59 S. 31
72) Beispiele hierzu siehe S. 49 f, 159 und 161 ff. Weitere Anregungen dazu finden sich z.B. in — BT 2 57 ,,Pour jouer avec les mots''
   — DP 122 ,,Des jeux pour animer un groupe''
73) J. Kasper in FuV 11 S. 30
74) ,,Gerbes'': von der CEL herausgegebene Sammlungen von freien Texten
75) W. Bottin in FuV 16 S. 16
76) F. Söll in FuV 13 S. 56
77) vgl. Anm. 75
78) Schülertext in ,,Pädok'' (Verbindungsblatt der Kölner Freinet-Kooperative) Dez. 81
79) Text aus einer türkischen Vorbereitungsklasse, Hauptschule, Köln
80) vgl. Anm. 74
81) A. Alquier in ,,L'Educateur'' 8/1980 S. 30
82) Siehe besonders:
   — Dossier ,,Comment démarrer'' in ,,La Brèche'' 58/59 (April/Mai 1980) S. 23 — 31
   — ,,Dossier ouvert sur l'autocorrection en mathématiques au 2nd degré.'' Art. in ,,La Brèche'' 46
   — ,,La Bibliographie des outils en mathématiques''. Art. in ,,La Brèche'' 56
   — Liste der Arbeitshefte zum ,,freien mathematischen Forschen'' (,,Livrets de libre recherche et création mathématique'') im Katalog der CEL (siehe S. 253)

83) — ,,Über meine Versuche den Mathematikunterricht zu verändern" (J. Frommhold) in FuV 10 S. 49 ff. Auszüge daraus s.S. 129 ff
— ,,Mathe-Zentrale": Information über Arbeitsmaterialien und Bücher. Ebd. S. 55 ff. Ergänzung dazu in FuV 11 S. 50 ff.
84) Schüler einer 10. Klasse am technischen Zweig des Gymnasiums von Montceau-les-Mines
85) ,,La Brèche" 58/59 S. 27
86) Ebd. S. 28
87) J. Frommhold in FuV 10 S 49. ff.
88) MUED: ca. 200 Lehrer, selbstorganisiert. Kontaktadresse: Bahnhofsstr. 2, 4405 Appelhülsen
89) ,,La Brèche" 58/59 S. 30
90) Zwei Artikel zum Thema ,,Dessins bruts naturels" in ,,Educateur" 6/79 S. 13 ff und in ,,Art Enfantin" 92 S. 14 ff. Der erste Beitrag zeichnet eine Grundsatzdiskussion innerhalb der Freinet-Bewegung zu diesem Thema nach, der zweite illustriert diese durch eine Reihe von Schülerarbeiten.
91) ,,Educateur" 6/79 S. 15
92) Aus einem Interview in ,,Educateur" 2/78 S. 34
93) Bericht von J. Poillot in ,,La Bréche" 58/59 S. 43 f
94) Bericht von A. Alquier und R. Galon in ,,Art Enfantin" 96 S. 43
95) Bericht von J. und E. Lemery in ,,Art Enfantin" 92, S. 33 ff
96) M. Sauvageot in ,,La Brèche" 58/59 S. 32 f
97) M. Dagois ebd. S. 33
98) Siehe C. Koitka ,,Freinet-Pädagogik" S. 124
99) A.-M. Reyjal in ,,La Brèche" 58/59 S. 19
100) s. Anm. 67
101) Die Kinder der 6. Klasse sind neu im Collège. Da in unserem Kontext jedoch die meisten den Elsässer Dialekt sprechen, und da zum anderen im Elsaß vielerorts im 4. und 5. Schuljahr schon eine audio-orale Einführung ins Deutsche durchgeführt wird, verfügen sie über eine verhältnismäßig breite Skala an deutschen Ausdrucksmöglichkeiten. Das erleichtert natürlich eine Arbeit wie die hier dargestellte. Ich bin aber davon überzeugt, daß in entsprechend bescheidenerem Maße Ähnliches in jedem Fremdsprachenunterricht durchführbar ist.
102) In dieser Klasse, die ich das zweite Jahr habe, zeigten die Kinder im 6. Schuljahr keinerlei Interesse für grammatische Fragen. Die Arbeit war in erster Linie auf freien Ausdruck, mündlich wie schriftlich, und auf Kommunikation orientiert, und die Kinder haben gelernt, sich verhältnismäßig gut verständlich zu machen. Ich hatte eigentlich erwartet, daß angesichts meiner zahlreichen Korrekturen in ihren schriftlichen Arbeiten Fragen auftauchen und somit ein Interesse für gewisse Regeln der Sprachstrukturierung entstehen würde — dies war jedoch nicht der Fall. Um ihnen die bewußte Aneignung der im Lehrplan für das 6. und 7. Schuljahr geforderten grammatischen Strukturen zu ermöglichen (intuitiv beherrschen sie diese z.T. schon dank ihres aktiven Sprachgebrauchs) stelle ich in diesem Schuljahr Auszüge aus Schülertexten auf Arbeitsblättern zusammen. Ein solches Arbeitsblatt (es wird vervielfältigt und

jeder Schüler hat ein Exemplar davon) verlangt zum einen, nach den korrekten Ausdrucksmöglichkeiten für eine gegebene Idee zu suchen. Zum anderen fordert es die Kinder auf, Gesetzmäßigkeiten selbst herauszufinden. Für die Arbeit an einem solchen Blatt (einzeln oder in Gruppen) haben sie 5 — 10 Tage Zeit. Dann werden die Übungen des Blattes gemeinsam in der Klasse besprochen, und in vielen Fällen ist es möglich, aus den Beobachtungen der Kinder die entsprechenden Gesetzmäßigkeiten abzuleiten.
Dies ist also ein Versuch einer ,,natürlichen Grammatik", der mich jedoch nicht befriedigt, da in Wirklichkeit kein echtes Kinderinteresse vorhanden ist und ich ihnen diese Arbeit aus meiner Sorge heraus, den Lehrplan zu respektieren, ,,aufpfropfe".
103) D. Gross in FuV 11 S. 66
104) K. Hoff in ,,Grundschule" 13 H. 11 S. 476 ff
105) ,,La Brèche" 58/59 S. 24
106) vgl. Anm. 63
107) S. von Katzler in FuV 13 S. 47
108) vgl. Anm. 63
109) D. Müller in FuV 5 S. 5 ff
110) ders. ebd.
111) In ,,La pédagogie Freinet par ceux qui la pratiquent" S. 112 f
112) vgl. Anm. 63
113) In ,,La pédagogie Freinet par ceux qui la pratiquent" S. 124 f
114) Ebd. S. 192
115) vgl. Anm. 109
116) U. Berker-Horsch in FuV 16 S. 4 f
117) vgl. Anm. 107
118) F. Söll in FuV 13 S. 56 f
119) vgl. Anm. 63
120) vgl. Anm. 63
121) K. Hoff in FuV 8 S. 39 f
122) vgl. Anm. 55
123) vgl. Anm. 116
124) In ,,Pädok" Nov. 81
125) Ebd.
126) vgl. Anm. 24
127) In ,,La pédagogie Freinet par ceux qui la partiquent" S. 261 f
128) vgl. Anm. 109
129) In ,,La Brèche" 58/59 S. 18
130) In ,,La pédagogie Freinet par ceux qui la pratiquent" S. 80
131) G. Barrier in ,,La Brèche" 61 S. 19
132) vgl. Anm. 24
133) vgl. Anm. 63
134) vgl. Anm. 63
135) vgl. Anm. 103
136) vgl. Anm. 24
137) G. Reisch in FuV 9 S. 23 ff. Diesem Artikel sind auch die folgenden Zitate entnommen.

138) In „Pour l'école du peuple" Maspéro Paris 1969 S. 122 f
139) vgl. Anm. 103
140) „Garde-Fous": ein von der Regionalgruppe IDEM 60 ausgearbeitetes und veröffentlichtes Dossier (1. Trimester 1978). Die folgenden Zitate sind diesem Dossier entnommen.
141) Siehe „Grundschule" 13 H.11 S. 478
142) Ebd. S. 461
143) Ebd. S. 450
144) Vgl. hierzu die Schilderungen aus der Unterrichtspraxis deutscher Lehrer in
    — A. Vasquez, F. Oury u.a.: „Vorschläge für die Arbeit im Klassenzimmer
      — Die Freinet-Pädagogik", Rheinbeck: Rowohlt 1976
    — C. Freinet: „Pädagogische Texte". Mit Beispielen aus der praktischen Arbeit nach Freinet. Hrsg. von H. Boencke und Ch. Hennig. Rheinbeck: Rowohlt 1980
    — „Fragen und Versuche" — Zeitschrift der Pädagogik-Kooperativen
145) Berichte über offenen Unterricht wie z.B.
    — Bert/Guhlke: „Nun differenziert mal schön". Frankfurt, Diesterweg 1977
    — Stöckelmann: „Die Schule ist Erfahrungsraum". In: Grundschule 12 H. 10
    — B. Scheel: „Offener Grundschulunterricht". Beltz Weinheim und Basel 1978
146) D. Müller
147) Im Entwurf einer Selbstdarstellung der Pädagogik-Kooperativen
148) vgl. Anm. 146
149) vgl. Anm. 63
150) vgl. Anm. 146
151) U. Hoff
152) P. Moschnitschka in FuV 9 S. 62
153) vgl. Anm. 63
154) D. Gross in FuV 11 S. 63
155) C. Hennig
156) vgl. Anm. 146
157) U. Moschnitschka
158) M. Fuxen
159) vgl. Anm. 146
160) vgl. Anm. 147
161) vgl. Anm. 63
162) vgl. Anm. 146
163) K. Hoff in „Grundschule" 13 H. 11 S. 478
164) D. Müller in FuV 8 S. 41 ff
165) Diskussionsbeiträge in FuV 9 S. 64 ff. Das folgende Zitat ist derselben Quelle entnommen.
166) D. Mahlstedt in FuV 10 S. 42 ff
167) vgl. Anm. 147
168) in FuV 12 S. 65 f.

5. Quellenverzeichnis der Abbildungen

Abb.	Seite	Quelle
1	14	Foto Klaus Hoff
2	22	DP 153 S. 8
3	24	Foto Régine Baltz
4	25	Foto Ecole Karine
5	28	Foto Rolf Wagner
6	31	Foto Rolf Wagner
7	31	Foto Rolf Wagner
8	32	Foto Rolf Wagner
9	33	Foto Anja Barsanti
10	35	Foto Rolf Wagner
11	36	Plan DP 153 S. 5
12	37	DP 149/50 S. 7
13	37	DP 149/50 S. 6
14	40	G.G.S. Kopernikusstr. Köln
15	41	aus „Reflets" Ecole Karine, Strasbourg
16	42	G.G.S. Kopernikusstr. Köln
17	43	„Reflets" Ecole Karine, Strasbourg
18	45	Foto Klaus Hoff
19	47	G.G.S. Kopernikusstr. Köln
20	54	Foto Régine Baltz
21	55	aus Chanties pédagogiques de l'Est 79 (Nov. 80)
22	57	Foto Ecole Karine
23	60	Foto Liliane Buchi
24	61	Foto Marguerite Bialas
25	62	Liliane Buchi
26	64	„Reflets" Ecole Karine
27	66	Foto Marguerite Bialas
28	71	Ecole Karine Strasbourg
29	73	DP 149/50 S. 10
30	75	ebd. S. 12
31	77	Foto Christian Bermon
32	79	Foto CEL Cannes
33	81	Klassenzeitung „Petit oiseau bleu"
34	83	BTR 31 S. 2 u. 3
35	86	BTR 21 S. 4
36	87	BTR 21 S. 8
37	88	Foto Patrick Reeb
38	97	Grundschule 12 H. 10 S. 436 f
39	98	Grundschule 12 H. 10 S. 436 f
40	100	Foto Rolf Wagner
41	101	Foto Rolf Wagner
42	102	Foto Christian Bermon

43	106	Foto Anja Barsanti
44	109	Foto Christian Bermon
45	117	Foto Dietlinde Baillet
46	121	Foto ,,Educateur" 9/81 S. 11
47	133	,,Art enfantin" 92 S. 14, 15 und 16
48	134	,,Art enfantin" 92 S. 14, 15 und 16
49	134	,,Art enfantin" 92 S. 14, 15 und 16
50	138	,,Art enfantin" 96 S. 47
51	140	,,Joie de vivre"
52	142	ebd.
53	151	Foto Claudie Leser
54	155	Collège Rosheim
55	157	ebd.
56	168	ebd.
57	172	ebd.
58	174	ebd.
59	176/77	ebd.
60	179	ebd.
61	182	Klasse R6 Realschule Niederstetten an Klasse 5D Collège Rosheim
62	190	Foto Régine Baltz
63	194	Foto Rolf Wagner
64	195	Foto Ecole Karine
65	201	,,Educateur" 4/80 S. 12
66	203	Foto Rolf Wagner
67	212	Foto Régine Baltz
68	227	Foto Rolf Wagner

Gedichte lesen mit Kindern

Gedichte sind für alle da! Wir können sie miteinander teilen, uns im Gedicht verständigen. Nur sollten wir uns leise nähern. Respektvoll, aber ohne Scheu. Klang und Rhythmus laden ein zu empfinden, was gesagt wird, wenn der Kopf noch zögert, es zu denken. Ein dreifacher Dialog entsteht, wenn Kinder und Erwachsene sich miteinander Gedichten zuwenden, und dreifach die Mahnung beherzigt wird: Versteh mich nicht so schnell!

»Ein wunderbarer Wegweiser in die kindliche Phantasie bei der Begegnung mit einer Lyrik, die sich angeblich nur Erwachsenen erschließt.«

DIE WELT

»Eine notwendige Arbeitsgrundlage für Pädagogen, ein Band für neugierige Freunde von Lyrik und besonders ein Buch für alle, die Kinder lieben, weil es deren Gefühle und Gedanken auf liebevolle Weise darstellt und ernst nimmt.« *spielen und lernen*

Ute Andresen
Versteh mich nicht so schnell!
Gedichte lesen mit Kindern
Beltz Taschenbuch 36, 336 Seiten
ISBN 3 407 22036 7

Kindliche Lernfähigkeit entfalten

John Holt

Kinder lernen selbstständig

ODER GAR NICHT(S)

BELTZ Taschenbuch

John Holts Buch gilt als Klassiker der Reformpädagogik. Basierend auf seinen langjährigen Erfahrungen als Lehrer und seiner geradezu genialen Verhaltensbeobachtung von Kindern entwickelt er sein Lern- und Erziehungsmodell und seine Kritik am bestehenden Schulsystem. An vielen Beispielen stellt er dar, wie seiner Meinung nach ein Unterricht aussehen müßte, der die Lernfähigkeit der jungen Schüler auch auf unkonventionelle Weise zur Entfaltung bringt. Seine Unterrichtsvorschläge setzen dabei auf Selbständigkeit, Spontaneität und den eigenen, nahezu unerschöpflichen Wissensdurst der Kinder.

John Holt gilt als Wegbereiter einer Pädagogik, die von der Weltsicht des Kindes ausgeht. Wie auch in diesem Buch hat er Zeit seines Lebens die emotionale Intelligenz der Kinder in den Vordergrund gestellt, ohne die keine wirklichen Lernerfolge erzielt werden können. Der amerikanische »Lehrer-Philosoph« (Ute Andresen) hat sich immer wieder gegen starre Erziehungsprinzipien gewandt ohne einem anti-autoritären Habitus das Wort zu reden.

John Holt
*Kinder lernen selbständig
oder gar nicht(s)*
In neuer Rechtschreibung
Beltz Taschenbuch 9, 304 Seiten
ISBN 3 407 22009 X

»If you need help press F1«

Christian Büttner (Hrsg.)
Elke Schwichtenberg (Hrsg.)

Computer in der Grundschule

GERÄTE, DIDAKTISCHE KONZEPTE, UNTERRICHTSSOFTWARE

Unser Alltag ist ohne Computer nicht mehr vorstellbar. Auch immer mehr Grundschüler verfügen schon über Erfahrungen mit dem PC und bewältigen selbst komplizierte Computerspiele mit Leichtigkeit.

Es liegt also nahe, das Medium Computer mit seinen vielfältigen Möglichkeiten bereits im Unterricht der Grundschule einzusetzen: Die Arbeit am PC hat für Kinder einen hohen Motivationsanreiz, kann die Individualisierung und Differenzierung fördern und stellt bei richtigem Einsatz eine sinnvolle Ergänzung moderner Unterrichtsformen wie Projektunterricht und Wochenplanunterricht dar.

In den Beiträgen dieses Buches geht es unter anderem um Fragen der Gerätebeschaffung, der Qualität und Einsatzmöglichkeit von Unterrichtsprogrammen und um erste Erfahrungen mit dem PC im Unterricht und in der Lehrerfortbildung. Ein praxisorientiertes Buch, das wichtige Hinweise gibt und Berührungsängste abbaut.

Christian Büttner/Elke Schwichtenberg (Hrsg.)
Computer in der Grundschule
Geräte, didaktische Konzepte, Unterrichtssoftware
Beltz Taschenbuch 15, 224 Seiten
ISBN 3 407 22015 4